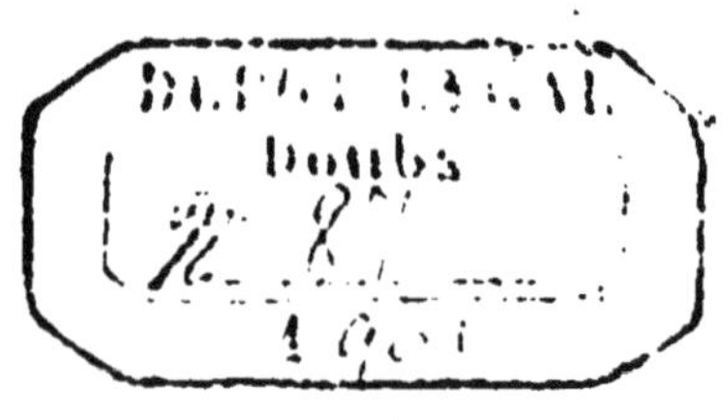

LA

SOCIÉTÉ FRANÇAISE

DU XVIe SIÈCLE AU XXe SIÈCLE

PAR

VICTOR DU BLED

2e SÉRIE

XVIIe SIÈCLE

LES PRÉDICATEURS — LE CARDINAL DE RETZ
LA FAMILLE DE MAZARIN — LE SALON DE MADEMOISELLE DE SCUDÉRY
LES AMIS DE MADAME DE SÉVIGNÉ
MODES ET COSTUMES

Librairie académique PERRIN *&* Cie

LA SOCIÉTÉ FRANÇAISE

DU XVIe SIÈCLE AU XXe SIÈCLE

XVIIe SIÈCLE

OUVRAGES DU MÊME AUTEUR

Histoire de la Monarchie de juillet, avec une introduction sur le droit constitutionnel aux États-Unis, en Suisse, en Angleterre, en Belgique. 2 vol. in-8. Calmann-Lévy, éditeur.
Couronné par l'Académie française.

Les Causeurs de la Révolution. 1 vol. in-12. Calmann-Lévy.
Couronné par l'Académie française.

Le Prince de Ligne et ses contemporains. 1 vol. in-12. Calmann-Lévy.

Orateurs et Tribuns. 1 vol. in-12. Calmann-Lévy.

La Société française avant et après 1789. 1 vol. in-12. Calmann-Lévy.

La Comédie de société au XVIIIe siècle. 1 vol. in-12. Calmann-Lévy.

La Société française du XVIe au XXe siècle, XVIe et XVIIe siècles. 1 vol. in-12. Librairie académique Perrin et Cie.

LA

SOCIÉTÉ FRANÇAISE

DU XVIe SIÈCLE AU XXe SIÈCLE

PAR

VICTOR DU BLED

2e SÉRIE

XVIIe SIÈCLE

LES PRÉDICATEURS — LE CARDINAL DE RETZ
LA FAMILLE DE MAZARIN — LE SALON DE MADEMOISELLE DE SCUDÉRY
LES AMIS DE MADAME DE SÉVIGNÉ
MODES ET COSTUMES

PARIS
LIBRAIRIE ACADÉMIQUE DIDIER
PERRIN ET Cie, LIBRAIRES-ÉDITEURS
35, quai des Grands-Augustins, 35
1901

A LA MÉMOIRE

DE

MADAME CHARLES CARTIER

SOUVENIR D'UN AMI RECONNAISSANT ET FIDÈLE

VICTOR DU BLED.

AVANT-PROPOS

L'étude attentive de la société française d'autrefois et d'aujourd'hui est une excellente école de modestie, de sérénité et d'espérance. Elle montre la différence qui sépare l'homme idéal, l'homme géométrique, de l'homme réel et vivant, combien il faut se défier des théories absolues, de la politique du tout ou rien appliquée aux peuples, aux individus, aux sentiments, des fanatismes d'admiration ou de dénigrement; elle atteste la pénétration d'un Montaigne, l'insuffisance d'axiomes tels que celui de Victor Cousin : « Dans un grand siècle tout est grand. » la nécessité d'entendre le son de toutes les cloches, de peser le pour et le contre, de scruter dans leurs moindres détails les événements et les pensées. Philosophes, moralistes, faiseurs de mémoires, prédicateurs, Pères de l'Église, tous ceux que leur nature d'esprit ou leurs fonctions conduisent à formuler des systèmes généraux, qui ne sont en somme que des idées particulières sur telle ou telle question, doivent être contrôlés avec soin. Supposez, en effet, que sur chaque siècle un écrivain groupe d'abord et publie les témoignages pessimistes, puis les jugements optimistes des contemporains, ceux qui liront une seule de ces anthologies seront tentés de croire que la vie était un enfer ou un paradis ; et cependant elle n'aura été ni l'un ni l'autre.

Lorsqu'on étudie les *Prédicateurs du XIIIe siècle au XVIIIe siècle*, le tableau qu'ils tracent de la société de leur temps semble poussé au noir : les sept péchés capitaux règnent, la vertu n'occupe qu'une petite province dans l'empire de la morale; des faits innombrables se dressent à l'appui de ces lamentations, et j'en ai rappelé quelques-uns. Mais, par la nature même de leur ministère, les sermonnaires se taisent sur le bien, et ne présentent guère à leur auditoire que ses défauts; ils demandent beaucoup pour obtenir un peu; peut-être ignorent-ils que si leur victoire était complète, le monde, devenu une sorte de couvent, périrait par l'ennui et la tristesse. Et puis, ils n'ont pas, en général, ce sens de la comparaison qui se résout en douceur et en équité ; ils ne l'ont pas, ils ne doivent pas l'avoir. On constatera, en lisant ce volume, des abus graves, des désordres dans notre société laïque et dans notre société religieuse d'autrefois; et sans doute les contemporains en étaient très frappés, puisque Guy

Patin s'écrie en 1666, dans une des belles époques de notre histoire : « Nous sommes la lie des siècles. » Mais que sont, par exemple, les fautes d'un archevêque de Harlay, d'un cardinal de Retz même, à côté des scandales d'un Bernard de Galen, prince-évêque de Munster, allié de Louis XIV en 1672 contre la Hollande, dont M. Pierre de Ségur a raconté la vie? Tyran sans foi ni loi, pillard, massacreur, bombardant, incendiant les villes en guise de sommation, passant des garnisons au fil de l'épée, répétant souvent qu'un homme de guerre doit prendre plaisir au carnage, à l'effusion du sang, — ce Galen proclamait que « l'argent et le fer sont les vrais maîtres du monde, » et ne voyait dans l'honneur et la justice que « des chimères, un peu de vent et de fumée dont se repaissent les âmes infatuées de préjugés; » ce qui n'empêcha point son successeur de célébrer ses hauts faits et ses « vertus extraordinaires. » De tels monstres laissent loin derrière eux les prélats les plus libertins de l'ancien régime, les seigneurs les moins scrupuleux. Mais les laideurs morales, les forfaits, la douleur ne doivent pas voiler la statue de l'humanité, les dévouements sublimes, l'harmonie suprême des choses, la joie de la création; les misères d'un règne, d'un état social n'empêchent pas d'en admirer les grandeurs. Rappelons-nous le vers de Lamartine :

L'homme est un dieu tombé qui se souvient des cieux.

Ce seul souvenir fait que la vie vaut la peine d'être vécue, pour les peuples comme pour les individus.

Cette loi de douceur, d'optimisme relatif, ce mélange d'infini et de fini, de noblesse et de médiocrité d'âme, d'actions généreuses, mesquines ou basses, j'ai essayé de les mettre en relief dans un précédent volume [1] : je les retrouve ici, et ils éclatent dans toutes les questions qui forment l'objet de ces études. Avec *le Salon de Mlle de Scudéry* et *les Amis de Mme de Sévigné*, nous pénétrons dans ces compagnies charmantes qui apportaient à une morale aimable le double attrait de la grâce et d'une culture très complète : et c'est par centaines que l'on pourrait citer les femmes du XVIIe siècle qui, telles Mme de Montmorency, la marquise de Maignelais, Mme de Miramion, Mme de la Guette, ont réuni, comme en un bouquet, toutes les vertus, et accru le trésor idéal de la France.

Dans *la Famille de Mazarin* elle-même, le devoir est représenté, et, de l'autre côté, les enchantements d'une duchesse de Bouillon, d'une duchesse de Ma-

1. *La Société française du XVIe siècle au XXe siècle; XVIe, XVIIe siècles*, in-12, Perrin, éditeur (la Société, les Femmes du XVIe siècle, le Roman de l'Astrée, la Cour de Henri IV, l'Hôtel de Rambouillet et la préciosité, la société intime du cardinal de Richelieu, la Société et Port-Royal).

zarin, le prestige de leurs salons, leurs qualités sociales ont dicté un verdict d'indulgence sympathique à la postérité. Enfin, les *Modes et Costumes* montrent la société parée, la société en action ; c'est là un sujet très frivole et très important; on peut même soutenir que le costume devient une vertu, tout au moins qu'il crée des vertus de civilisation, puisqu'il distingue l'homme de la brute, puisque, dans une certaine mesure, il produit le charme, la politesse, le mystère, la pudeur.

J'aurais voulu aussi faire ressortir les rapports de la société élégante avec la littérature, l'art, la politique, l'économie politique : mais, pour que ces rapports apparaissent clairement à la lumière des faits, il faut d'abord raconter rapidement l'histoire de cette société depuis son origine jusqu'à nos jours : alors seulement les causes et les effets s'illumineront, découleront en quelque sorte de ce tableau d'ensemble.

Un républicain de beaucoup d'esprit m'a dit un jour cette parole de conciliation, de sérénité supérieure : « Nous avons dans notre histoire moderne quatre périodes glorieuses : le règne de Henri IV, le gouvernement du cardinal de Richelieu, Louis XIV de 1660 à 1680, le Consulat; trois périodes heureuses : le ministère du cardinal de Fleury, la Restauration, la République actuelle. » Cette pensée très noble aurait besoin d'être complétée : à d'autres époques encore, il y a eu des sourires et des rayons, des âmes exquises et des âmes héroïques, des hommes de génie qui, par l'épée et la diplomatie, par la plume et la parole, ont sculpté l'image éternelle de la France, et bien mérité de celle-ci.

VICTOR DU BLED.

——➤✦➤——

LES PRÉDICATEURS

ET

LA SOCIÉTÉ FRANÇAISE D'AUTREFOIS

PREMIÈRE CONFÉRENCE

LES PRÉDICATEURS AVANT BOSSUET

MESDAMES, MESSIEURS,

Si l'éloquence de la chaire [1], inconnue aux religions païennes, semble plus facile à atteindre que l'éloquence de la tribune ou celle du barreau, puisqu'elle a pour complices, en quelque sorte pour collaborateurs, Dieu, la foi, le respect, le silence de l'auditoire, elle est cependant celle qui produit les effets les plus extraordi-

---

1. Antony Méray : *La vie au temps des libres prêcheurs, ou les devanciers de Luther et de Rabelais*, 2 vol., Claudin, 1878. — *Predicatoriana*, 1 vol., 1841. — Abbé Samouillan : *La chaire et la société française au XVe siècle, Olivier Maillard*. Thorin, éditeur. — Paul Thureau-Dangin : *Saint Bernardin de Sienne ; un prédicateur célèbre dans l'Italie de la Renaissance*, 1 vol., Plon. — Abbé Boursin :

naires, des résultats qui tiennent du miracle. Ne se taille-t-elle pas des royaumes dans l'univers des âmes qu'elle conquiert, tantôt à la façon d'une armée triomphante qui prend les provinces au pas de course, tantôt par des moyens lents, insinuants, et comme par une alluvion insensible ? N'a-t-elle pas été le grand instrument du christianisme à ses débuts ? N'est-elle pas devenue l'instrument des Croisades, de la Réforme, de la lutte contre le scepticisme et l'hérésie ? Ne reste-t-elle pas le levier par excellence des révolutions religieuses ?

Pour citer quelques exemples entre mille, de ces exemples particuliers qui, à force de se répéter, revê-

---

La prédication en France au XIIIe siècle et saint Thomas d'Aquin, 1882. — Boucher : *Histoire littéraire de la prédication*. — P. Bernard Gaudeau : *Les prêcheurs burlesques en Espagne au XVIIIe siècle, étude sur le Père Isla*. — Abbé Bourgain : *La chaire française au XIIe siècle, d'après les manuscrits*. — A. Vinet : *Histoire de la prédication parmi les réformés de France au XVIIe siècle*. — G. Renoux : *Les prédicateurs célèbres de l'Allemagne*, 1 vol., Bray et Retaux. — F. T. Perrens : *Les libertins en France au XVIIe siècle*. — Albert Cahen : *La prédication juive en France*. — Aubry-Vitet : *Les sermonnaires au moyen âge*, dans *Revue des Deux Mondes* du 15 août 1869. — Chérot : *La société au commencement du XVIe siècle d'après les homélies de Josse Clichtoue*, dans *Revue des questions historiques*, avril 1895. — Brantôme, t. VII. — Charles Labitte : *Études littéraires ; Les prédicateurs de la Ligue*. — Vicomte de Gastines : *Les prédicateurs orléanais au XIIIe siècle*. — Lecoy de la Marche : *La chaire française au moyen âge, spécialement au XIIIe siècle ; Anecdotes historiques, légendes et apologues, tirés du recueil inédit d'Étienne de Bourbon, dominicain du XIIIe siècle*, publiés par la Société de l'histoire de France. — Lenient : *La satire au moyen âge*. — Floquet : *Histoire du parlement de Normandie*. — *Œuvres de saint François de Sales*, 3 vol., Lecoffre. — Montalembert : *Les moines d'Occident*. — Villemain : *Tableau de l'éloquence chrétienne au IVe siècle*. — *Historiettes* de Tallemant des Réaux. — Petit de Julleville : *Histoire de la langue et de la littérature françaises*, t. II, III, V : Articles de

tent le caractère et s'élèvent à la dignité de lois d'ordre général, comment oublier ces sermons foudroyants au sortir desquels, des centaines de fidèles, illuminés d'un rayon divin, arrachés au péché, transfigurés par la parole, brûlent ce qu'ils ont adoré? cette prédication du Frère Richard, de saint Jean de Capistran, en 1429, en 1456, après lesquelles les hommes dans les rues allument cent feux qui consument tables, dés, billards, cartes, où les femmes jettent leurs parures les plus riches? ces sermons de Bernardino Orchino où ceux qui n'avaient pu trouver place à l'intérieur de l'église crevaient le toit pour entendre?

L'éloquence de la chaire a son histoire, son premier âge d'or avec les Pères grecs et latins, sa période de décadence à partir du VIIe siècle, sa renaissance fran-

---

MM. Arthur Piaget, Alfred Rébelliau, Charles Dejob. — Gérusez : *Histoire de l'éloquence politique et religieuse*, et *Essai sur l'éloquence et la philosophie de saint Bernard en France aux XIVe, XVe, XVIe siècles*. — *Histoire littéraire de la France*, t. XXI, XXIV, XXV et XXVI, articles de Victor Le Clerc, M. B. Hauréau et Paulin Paris. — *Sermons de saint Bernard*, publiés par Le Roux de Lincy, à la suite des *Quatre livres des Rois*, 1841. — A. Boucherie : *Le dialecte poitevin au XIIIe siècle*, 1873. — Toulmin Smith et Paul Meyer : *Les contes moralisés de Nicole Bozon*. — *The exempla, or illustrative stories from the sermones vulgares of Jacques de Vitry*, edited by Thomas Fred. Crave. London, 1890. — Abbé Bourret : *Essai historique et critique sur les sermons français de Gerson*. Paris, 1858. — J. P. Camus, évêque de Belley : *L'esprit du bienheureux François de Sales*, 3 vol. Autres vies du saint, par le P. Louis de la Rivière, dom Jean Goulu, H. de Maupas, J. P. Gaberel, J. Perennès, l'abbé Hamon. — Sainte-Beuve : *Port-Royal* et *Causeries du lundi*, t. VII. — A. Sayous : *Histoire de la littérature française à l'étranger*. — Abbé Lezat : *La prédication sous Henri IV*, 1871. — Abbé Sauvage : *Saint François de Sales prédicateur*. — Jules Vüy : *La Philothée de saint François de Sales, Mme de Charmoisy*. — *Œuvres* de Mme de Chantal, etc.

çaise au XIIe et surtout au XIIIe siècle. Puis, sous la tyrannie de la scolastique, voici venir le triomphe de la routine, l'introduction des manuels de sermons tout faits, machines à penser, machines à prier, machines à prêcher, le retour au mauvais goût, à l'emphase, aux formules pédantesques, aux défauts du genre familier. Enfin cette éloquence s'épanouit de nouveau, dans la deuxième partie du XVIIe siècle, avec un éclat, une force, une clarté de méthode, une décence de langage, une gravité de ton et d'allure qu'on n'a jamais égalés, ni avant ni après, et qui se retrouvent dans les écrivains profanes de l'époque : — car l'éloquence de la chaire suit le train général de l'esprit humain, sa réforme marche à peu près du même pas que la réforme de la littérature, de la langue ; et, dans les œuvres de Bourdaloue, Bossuet, Massillon, on reconnaîtrait aisément l'influence de Malherbe, Corneille, Boileau, Descartes, de l'Hôtel de Rambouillet, de l'Académie française aussi. Le prix d'éloquence décerné par celle-ci, fondé par Balzac, n'est-il pas un prix de sermon ou peu s'en faut, le sujet mis au concours touchant forcément la morale chrétienne ou la théologie ?

Ainsi, défauts et qualités des prédicateurs sont presque toujours les défauts et qualités de leur temps, et ceux-là n'empêchent aucunement leur succès, peut-être même y contribuent-ils. Il nous semblerait insupportable d'entendre exposer les opérations de la grâce sous l'emblème d'un traitement médical, de subir des homélies où l'orateur tirerait ses images et métaphores du jeu, du droit civil ou commercial, de la chasse, du duel. Tout ceci ravissait les fidèles d'autrefois, plus préoccupés des pensées que des mots, du fond que de la forme, peu sensibles au défaut de perspective, à l'anachronisme perpétuel qui éclate dans les sermons. D'ailleurs, l'éloquence de la chaire, très théâtrale, a ses coudées franches à une époque où la religion est en vérité le tout de l'homme, pénètre toutes choses, domine, écrase, enchante les pensées, les volontés, sinon les actes, où le surnaturel est devenu le fait normal de la vie. Olivier Maillard en vient à entonner des chansons tandis qu'il prêche; contes grivois, pantomimes, fables, légendes dramatisées, remplissent les sermons d'alors. Dante blâme cet abus du genre burlesque, qui conduira tel prédicateur italien, furieux de la concurrence d'Arlequin, à brandir le crucifix en criant : *Ecco il vero Pulcinella!* « Pour peu qu'on ait fait rire l'auditoire, observe-t-il, le capuchon se gonfle, et l'on n'en demande pas davantage. »

Dans son *Éloge de la Folie*, Érasme raille avec une pénétrante ironie les prêcheurs qui prouvent la nécessité de l'abstinence par les douze signes du zodiaque, la foi par la quadrature du cercle, et la charité par les branches du Nil. C'est en vain qu'au XVIe siècle, plusieurs conciles interdisent aux prêtres les plaisanteries équivoques, les récits fabuleux, les attaques véhémentes contre les puissances séculières et ecclésiastiques. Ces injonctions demeurent à l'état de lettre morte, la chaire catholique tombe de plus en plus, laissant le champ libre aux auteurs de la *tragédie luthérienne* qui, à quelques exceptions près, gardent le monopole de la science et du talent.

La voix timide des gens de goût se perdait dans le concert enthousiaste des foules : elles faisaient fête aux facéties du moine napolitain Barleta lorsqu'il discutait le teint de la Vierge Marie, la question de savoir qui devait être auprès d'elle l'ambassadeur de la Résurrection, ou le menu du dîner qu'elle envoie à son fils, après sa tentation par Satan. « Elle lui envoya, dit-il, des choux, de la soupe, des épinards, peut-être aussi des sardines. » Ce prédicateur exerçait sa verve sur ceux de ses confrères qui avaient des distractions pendant l'office ou la prière. En pleine chaire, il mime l'oraison de l'un d'eux :

« *Pater noster qui es in cœlis*.... (Garçon, sellez mon cheval pour aller en ville....)

« *Sanctificetur nomen tuum*.... (Catherine, mettez la viande sur le feu....)

« *Fiat voluntas tua*.... (Empêchez le chat d'aller au fromage....)

« *Panem nostrum quotidianum*.... (Donnez l'avoine au cheval blanc....)

« Est-ce là prier? » reprenait-il....

On vit en France un moine prêcheur imiter le coq, le bœuf, la brebis et l'âne dans un sermon sur la nativité du Christ; un autre débuter par ces mots : « Quand Jésus-Christ acheva sur le théâtre de la croix la pièce de notre salut »; un troisième annoncer en ces termes son prêche sur l'Annonciation : « Il y a promesse de mariage entre très haut et très puissant seigneur M^r le Saint-Esprit d'une part, et très haute et très puissante dame, Mme Marie Lévi, d'autre part. S'il y a quelqu'un qui sache quelque empêchement à ce mariage, il peut parler. » Comme tout le monde gardait le silence, il continua : « Puisque personne ne s'avance, moi, j'y mets opposition de la part du monde, de la part de la chair, de la part du démon. Monde, chair et démon seront les trois points sur lesquels je vous prie de m'accorder votre attention, sous les auspices de la bienheureuse fiancée, la très sainte Vierge. *Ave Maria.* »

Ce n'est pas seulement la bouffonnerie qui fait irruption dans la chaire, c'est la politique, avec son cortège coutumier d'exagérations furieuses, de louches et vilaines besognes. Déjà, aux XIVe et XVe siècles, plus d'un sermonnaire professe que la royauté, la papauté même, sont, comme les autres classes de la société, soumises à sa férule. Sous Philippe VI, les Franciscains dénoncent la rapacité du pape Jean XXII, nient son orthodoxie, bravent les arrêts de la Sorbonne. Sous Charles VI, un religieux Augustin, Jacques le Grand, prêchant devant la cour, en fait un portrait si âprement ressemblant, que tout le monde s'y reconnut : la reine mère, le roi, le duc d'Orléans n'y étaient nullement épargnés. « Les tailles, dit-il, ne servent à rien ; le roi est vêtu du sang et des larmes du peuple. » Olivier Maillard (1430-1502), qui fut prédicateur de Louis XI, du duc de Bourgogne, et termina sa carrière parénétique à Toulouse, censurait le roi avec une telle virulence, que celui-ci le fit menacer de le jeter à la rivière dans un sac : « Va lui dire, répliqua le religieux au messager du prince, que j'arriverai plutôt au ciel par eau, que lui avec ses chevaux de poste. » (Louis XI venait d'établir la poste.) Et il n'en fut que cela. Même hardiesse dans l'interprétation du dogme. Un révérend Père capucin ne s'avise-t-il pas un jour de faire l'apologie de Judas, observant qu'il était intendant des finances, maître d'hôtel de Jésus-Christ, et qu'afin d'assurer la nourriture des apôtres, il avait imaginé de livrer son maître aux Juifs, pensant que celui-ci aurait le pouvoir de se tirer de leurs griffes, puisqu'il avait déjà accompli des miracles bien autrement difficiles?

Par la hardiesse de leurs critiques, les moines prêcheurs des XIVe et XVe siècles se montrent les précurseurs de Luther et de Rabelais : orateurs errants, prolétaires de la milice cléricale, paysans de la foi, représentants de l'opinion publique, défenseurs des faibles et des déshérités, élevés à l'école caustique des fabliaux, humoristes et goguenards, parlant au besoin sur les places, en plein air, en plein champ, populaires parmi les foules dont l'admiration passionnée les protège souvent contre la colère des puissants, ils flagellent les abus, frondent les princes laïques et ecclésiastiques, les bourgeois et les femmes, les petits et les grands [1]. Il y a bien de l'or dans le fumier de ces vieux sermonnaires, et l'on en extrairait une pierre précieuse entre toutes : une leçon de sérénité, de modestie pour le passé, de foi dans le présent, d'espérance dans l'avenir, par la comparaison de la société d'antan avec celle d'aujourd'hui. Cette société du moyen âge, si croyante, si enivrée de divin et aussi

1. « Au même temps où l'on édictait le tarif des pardons, le clergé imagina de faire le procès aux animaux auxquels les humains avaient fini par ressembler. On les rendait complices des fléaux de la nature et des méchantes actions de l'homme; on poursuivait gravement, en tribunal ecclésiastique, les bêtes féroces, les oiseaux déprédateurs, les insectes qui s'attaquaient aux récoltes; on les condamnait aux peines canoniques : excommunications, admonitions publiques, pénitences temporaires ou éternelles. On alla jusqu'à anathématiser, à exorciser en pleine église, et de grand sang-froid, les bêtes que l'homme avait associées à ses vices, et celles dont il s'était servi pour attenter à la sécurité d'autrui. » Méray, I, p. 42. Il y a là, ce semble, quelque exagération.

de superstition, n'applique pas mieux la loi morale que la nôtre. Les princes et gens de guerre se permettent toutes les exactions, les commerçants trompent le client de mille sortes, les femmes adorent le luxe, « les amignonnements destinés à tenir le cuir bel et frais;.... et l'on aurait plus tôt fait le lit d'une écurie où auraient couché quarante-quatre chevaux que d'attendre que madame ait mis toutes ses épingles. » Le diable mène le chœur de la tragédie du XVe siècle, et, dans ces temps pleins de contrastes comme les nôtres, les sept péchés capitaux s'étalent triomphalement. Il faut entendre les libres prêcheurs, qu'un pieux auteur appelle : les *rossignols de Dieu*, qui ont alors le monopole de l'éloquence active, tonner contre les scandales des couvents et des évêques féodaux que les soucis temporels détournent « de la conversation de Jésus »; sous ce rapport du moins, nous valons infiniment mieux, notre clergé s'est épuré, spiritualisé depuis 1789. Tarifs édictés par les papes pour les péchés et les crimes, autel changé en comptoir, vente générale de l'âme et du corps, le bien des pauvres s'en allant en chiens et en chevaux, les dignités qui ne représentent plus le devoir, mais le droit, l'abus du droit, fureur des pèlerinages où l'on couche pêle-mêle, hommes et femmes, et d'où l'on revient tout corrompu, les églises moins respectées autrefois qu'aujourd'hui, servant aux rendez-vous et pis encore, les églises où, dans les parodies sacrées, fêtes à grelots, kermesses de la foi, on passe subitement de la vénération la plus profonde à la raillerie la plus mordante, où s'accomplissent festins, orgies et danses (si les murs des églises avaient des yeux et des oreilles! disait-on en manière de proverbe), tout passe sous la férule de ces rudes chevaliers de l'idéal chrétien, chemineaux de la vie céleste, peintres de leur société, dont les historiens, les chroniqueurs et les conciles confirment les tableaux audacieux.

Quelques exemples feront mieux sentir encore le caractère de cette éloquence abrupte, mais efficace.

Les prédicateurs tonnent contre l'usage des bains publics. « O funeste lavage, fécond en mortels principes!.... Femmes qui vous *étuvez*, je vous convoque aux étuves de l'enfer!.... » Ainsi s'exclament-ils. Et cela veut dire que le bain public leur semble un repaire de scandales, mais ils recommandent les bains à domicile : un *canon* du concile de Bâle invite les particuliers à installer des salles de bains dans leurs maisons. Raphaël décore la salle de bains du cardinal Bibbiena, y raconte avec son pinceau l'histoire de Vénus et de Cupidon; les salles du XVIIIe siècle sont toutes tendues de glaces : « Les platonistes, observe finement M. de Maulde dans ses *Femmes de la Renaissance*, partageaient d'autant plus vivement l'avis du concile de Bâle, qu'ils traitaient leur corps avec des égards pour ainsi dire sacerdotaux, et qu'aucune délicatesse ne leur paraissait excessive pour forger l'arme du délicieux amour. »

Robert Messier présente volontiers ses censures sous la forme de fables et de paraboles. Voici par exemple un peintre qui a fait un tableau des trois ordres de la société féodale; l'agriculture (tiers état) avec cette devise : Je nourris les deux autres; la noblesse arguant : Je les défends; l'Église : Je prie pour eux. Un autre peintre survient, et ajoute le barreau sous la forme d'un avocat qui dit : « Moi je les dévorerai tous les trois. » Une autre fois il met en scène une sorte de congrès de l'eau, du vent, du feu et de la vérité qui, fort poétiquement, se content leurs ennuis : « Tout le monde me chasse et m'éteint en été, éclate le feu ; c'est pourquoi je me réfugie dans les veines du caillou. — Pour moi, soupire l'eau, on m'emploie à laver la boue et l'ordure ; cela fait on me jette dans les joncs du marais. — L'hiver venu, siffle le vent, les hommes me chassent de leur demeure, et je me cache sous les feuilles du tremble. » Et la vérité : « Tout le monde me poursuit ; je ne sais où me réfugier ; j'ai peur de mourir sans confession, car personne ne veut me prêter l'oreille ; aussi finirai-je par delà les nuées. »

Aussi peu féministes que possible, les prêcheurs invectivent les dames platonistes, les bibliennes, les belles raisonneuses : « O femmes *à la grant gorre*, pensez-y bien. Pourquoi remplir votre temps de jeux et de vanités ? Il vous faudra répondre, non pas sur les conceptions d'Aristote, ni sur la science des idéalistes ou des réalistes, des légistes ou des médecins, mais sur votre bonne ou mauvaise vie. » Un autre : « Que faisait la sainte Vierge au moment de l'Annonciation ? Croyez-vous qu'elle fût occupée à se farder, à se peindre ? Non, aux pieds du *Crucifix*, elle lisait les Heures de Notre-Dame. » Et à son tour le beau monde d'alors ne tarit pas d'épigrammes en prose et en vers sur ces rustres de la parole divine, qui lui semblent fanatiques, gloutons, sales, dégoûtants, hypocrites et bassement sensuels. Ce qui n'empêche pas certains ordres savants de viser à la science, les dominicains italiens d'exceller dans la mosaïque sur bois et la peinture sur verre.

Du moine alsacien Jean Pauli, ce dialogue entre le

pape et une vieille qui demande un « shilling pour l'amour de Dieu. — Non, c'est trop. — Un *plapart* alors, s'il vous plaît? — Non pas. — Un kreutzer? — Pas davantage; si tu veux ma bénédiction? — Si votre bénédiction valait un liard, vous me l'auriez également refusée. »

Une Passion de Menot a pour thème de comparaison une chasse à courre dont le cerf est le Christ, et les chiens sont les soldats et bourreaux que le grand veneur Judas, les princes chasseurs Anne, Caïphe, Pilate et Hérode animent à la curée : le tout entremêlé de détails sur les mœurs du cerf, la chasse à courre, parfois de stances touchantes, enchâssées dans le drame divin.

L'austère Guillaume Pépin dénonce ces quêteurs, ces prôneurs d'indulgences qui, avec des tromperies sans nombre, s'efforcent de « vendre le paradis à prix convenu, comme on vend des chevaux et des porcs à la foire, en criant : « J'offre une denrée précieuse. — Laquelle? — Le royaume des cieux. — Combien? — Pour de l'or et de l'argent en lingots, ou en espèces monnayées; pour de bons linceuls, pour des couvre-chef, des serviettes, des pots d'étain; pour du blé, de l'orge et autres choses comestibles. »

Mais écoutons aussi Jehan Gerson :

« Les cloîtres habités par des chanoines réguliers sont devenus des places publiques et des champs de foire; les couvents de religieuses des façons de lupanars. »

Pendant le carême de 1495, Savonarole jette du haut de la chaire ce portrait du prince : « Le prince est l'ennemi du bien public, il tire tout à lui et ne laisse rien aux autres. Le prince est gonflé de vices; trois surtout le distinguent : la superbe, la luxure et l'avarice.

Orgueilleux, il prétend qu'il n'y ait en vue que lui; ne souffre de louanges que celles qui lui sont adressées; son père, son frère lui sont suspects. Paillard, il lui faut des voluptés charnelles pour endormir ses soucis. Avare, il lui faut des trésors pour satisfaire à ses caprices et aux besoins de ses partisans. Sont les préférés du prince ceux qui lui indiquent de nouveaux moyens de détourner la fortune publique à son profit.... Le prince aime les banquets, les orgies : il y fait amener par ses rufians des femmes destinées à ses plaisirs. La nuit il se fait ouvrir les maisons où sont de belles jeunes filles peu fortunées, et les enlève.... De ses bâtards il fait des prélats qui corrompent les religieux en leur faisant construire des palais pour couvents; des abbés qui séduisent les prêcheurs de leur ordre par de fausses louanges, et chassent ceux de ces derniers qui s'obstinent à vouloir prêcher la vérité.... O Florence, voilà ce que c'est qu'un prince! Voilà ce que c'est qu'un tyran! Veux-tu un tyran? Qui de vous veut être tyran? »

Olivier Maillard, malgré ses hardiesses, moins grandes toutefois que celles de Menot et Barleta, a du crédit auprès de Charles VIII, auprès du clergé qu'il n'épargne guère, essaie, sur la demande du pape, d'obtenir que la *Pragmatique sanction* soit révoquée, contribue au succès du triste traité de 1493, prêche pour Jeanne de Valois, contre l'annulation de son mariage, contre le parlement, contre Louis XII. C'est une physionomie fort originale et complexe, où l'audace dans l'attaque, la crudité du langage sont compensées par la patience, l'observation d'un fin psychologue, la souplesse, l'esprit de détail et de nuances du bon administrateur et diplomate. Si l'on en croit son biographe l'abbé Samouillan, il sait concilier la liberté et l'autorité, dénoncer les abus du pouvoir sans prêcher l'insurrection et la révolte, flétrir les personnes sans toucher aux institutions, faire retentir « plus fort que l'intérêt privé, plus fort que toutes les passions couronnées d'une tiare ou d'un diadème, plus fort que le patriotisme et que la raison d'État, le cri de la conscience humaine, la protestation du bon sens et les revendications du droit absolu : » ce qui permit de penser qu'il fut parfois mauvais Français, et le fit accuser de trahison, de vénalité, par plusieurs historiens. Du Bellay voit en lui « un homme apparent de grande sanctimonie, mais de grande hypocrisie au fond. »

Quoi qu'il en soit, il a peint, et pas seulement en buste, la société de son temps ; tous les ordres, tous les métiers, laïques, réguliers, séculiers, grands et petits, passent sous ses verges, et je rappellerai quelques-unes de ses boutades.

Satan, malade, et interrogé par ses médecins sur la viande qu'il désire manger, déclare n'avoir de goût « que pour cette sorte de mets que mangent les femmes aux bains des accouchées, pour un pâté de langues. » Là-dessus Maillard ouvre le pâté, le dissèque, y découvre subtilement vingt sortes de péchés et plus.

Barleta raconte que Jéhovah voulut tenter un concordat, un traité de paix avec Satan. « Veux-tu que je mette la terre à ta disposition ? — Je ne veux pas labourer, fit le diable. — Je te donnerai l'eau. — Je ne sais pas nager. — L'air. — Je ne veux pas voler. — Le feu. — Je ne tiens pas à brûler. — Le ciel étoilé. — Trop fatigant à faire tourner. — Le ciel cristallin. — Je serais trop près de toi. — Que te faut-il donc, mauvaise bête ? — Rien que les âmes des hommes. » En effet, observe Maillard, « le démon n'a que faire de l'or ni de l'argent, et des corps des hommes il n'a nul souci, à moins qu'il ne s'agisse d'arriver par eux jusqu'aux âmes pour les souiller et les corrompre, et de les transformer en incubes et en succubes.... »

Il fustige les bourgeois sensuels et ventrus, *les gros goddons écrits au livre du diable*, les femmes trop coquettes, ces femmes *gorrières,* ces femmes *à la grand gorre* mise à la mode par Isabeau de Bavière, recouvertes de colliers, de joyaux, de *carcans,* avec leurs robes aux larges manches tombant jusqu'à terre, leurs superbes hennins menaçant les cieux. Et comme Menot, il trouve fort mauvais que l'église soit si peu respectée par les gens de qualité, qu'ils y entrent fort bien avec leurs éperviers, laniers et chiens. « Si quelque gentillâtre entre dans l'église, il faut que Madame se lève et aille l'embrasser bec à bec. A tous les diables pareils privilèges ! »

L'intrusion de cette noblesse dans les charges ecclésiastiques, voilà, lance-t-il hautement, l'origine des désordres de l'Église. Là-dessus, il flagelle les vices du clergé, prêtres *bardés* de messes qu'ils tiennent suspendues au croc, prêtres qui spéculent sur leurs prédications et sur les sacrements, qui « boivent le lait, le suc et le sang des brebis ; » prédicateurs d'indulgences apocryphes, de fausses reliques, prêtres qui tiennent des auberges, vendent du drap, prêtent avec usure le blé des bénéfices, dansent avec les dames au bal, « le seul métier qu'ils n'aient pas exercé est celui de bourreau ; » prêtres joueurs, débauchés, qui tiennent leurs commères « en chambre, à pain, à pot et à cuiller.... Et voilà encore à quoi servent les biens des crucifiés! » Et ces couvents, ces cloîtres que l'envie, la cupidité infectent, ces nonnes nobles qui traînent leurs queues à la façon des paons, ces abbés, ces duègnes qui sont à la cour, ont des équipages et chassent, tandis que leurs églises et abbayes dépérissent, que leurs moines meurent de faim. De même Pierre Rebuffe et cent autres s'élèvent contre les accapareurs qui laissent tomber les bâtiments des abbayes en ruine, diminuent les admissions dans les hospices et les maladreries : « Ils pillent et consument tous les biens des monastères.... et vont jusqu'à boucher les fenêtres des édifices et les murer, pour s'exempter d'y entretenir des vitres, ce qui a donné lieu à cette façon de dire : *c'est une vitre d'abbé.* »

Ronsard fait chorus avec ces sévères professeurs de la science du ciel :

Et que dirait saint Paul, s'il revenait ici,
De nos jeunes prélats qui n'ont point de souci
De leur pauvre troupeau, dont ils prennent la laine
Et quelquefois le cuir : qui tous vivent sans peine,
Sans prêcher, sans prier, sans bons exemples d'eux,
Parfumés, découpés, courtisans, amoureux,
Veneurs et fauconniers, et avec la paillarde,
Perdent les biens de Dieu dont ils n'ont que la garde?

Reconnaissons-le d'ailleurs, les habitants des couvents au moyen âge sont les conservateurs des traditions écrites, des chefs-d'œuvre de la pensée; avec une patience infinie, ils recopient, ils enveloppent de miniatures exquises les textes sacrés et profanes; certains missels, des livres d'heures, qu'on voit à la Bibliothèque nationale, à Chantilly, l'antiphonaire de Saint-Dié, demeurent, dans leur genre, de véritables chefs-d'œuvre. Grands défricheurs, grands agriculteurs, architectes originaux, créateurs d'une statuaire mystique, peintres séraphiques des âmes, rénovateurs de l'art, ils ont aussi contribué à accroître le patrimoine moral, intellectuel et matériel de la France. Et donc on peut disputer sur le mot de Balzac : « Les moines sont dans le cloître ce que les rats sont dans l'arche ; » le bien domine et paie largement la rançon du mal. Admettons avec Guy Juvénal qu'on trouvait dans les couvents le meilleur et le pire.

Maillard n'épargne point ces juges, ces procureurs qui prolongent un procès jusqu'à quatre ans pour un dîner qu'on leur aura donné : « Il fut un temps où la justice se faisait avec le bâton et avec les pierres. Heureux temps que celui-là ! Aujourd'hui elle se fait pour de l'argent ou des présents.... Les femmes des avocats portent des ceintures dorées fabriquées avec les fraudes de leurs maris ; cette belle rose du parlement s'est changée en sang, elle est teinte du sang des pauvres qui se lamentent. » « Par ainsi, le pauvre homme, gémit Gerson, n'aura pain à manger sinon par aventure. »

Quant aux gens de guerre, ce ne sont que cruautés, débauches, pillages. Leur église, c'est la taverne ; leurs livres d'heures sont les cartes et jeux de hasard, les dés leur tiennent lieu de *Pater noster*. « Veulent-ils donc placer le glaive sur la gorge de Jésus-Christ ? »

Écoliers, médecins, apothicaires, marchands et lombards ont aussi leur compte. Maillard n'aime pas le bal, le jeu, le spectacle ; quant à Menot, il autorise le bal sous trois conditions : 1° un voile de grosse toile devant les yeux pour se préserver des regards de convoitise ; 2° des gants semblables à ceux dont usent les laboureurs pour arracher les épines ; 3° se plonger auparavant dans un bain glacé et y demeurer trois heures. Plus tard saint François de Sales, dans l'*Introduction à la vie dévote,* permet le bal à Philothée après une heure de méditation et une bonne discipline.

Notre prédicateur n'est pas tendre pour les diffamateurs, chansonniers, sorciers, non plus pour la dévotion tout extérieure et tapageuse qui se contente d'apparences, pour les pèlerinages qui deviennent lieux de plaisirs, rendez-vous galants où l'on donne son âme au diable.

On peut, dans l'éloquence religieuse au xve siècle, distinguer quatre écoles principales : une école théologique représentée par Pierre d'Ailly, Clémangis et Gerson; une école politique représentée par les sermonnaires armagnacs et bourguignons ; une école hérétique inaugurée par les premiers prédicateurs de la Réforme ; une école satirique qui eut pour principaux orateurs : Barleta en Italie ; Geyler en Allemagne ; Menot, Messier, Fradin, Raulin, G. Pépin en France. « Adversaire déclaré d'une réforme hérétique qu'il veut prévenir, Maillard se rallie à l'école théologique par l'orthodoxie de sa doctrine. Il appartient à l'école politique par son amour du peuple, et par l'indignation avec laquelle il dénonce l'oppression, le luxe de la cour et des grands; mais il se rattache surtout à l'école satirique par la hardiesse de ses censures et l'audace de ses invectives. »

Un mot de Henri IV caractérise l'influence des prédicateurs de la Ligue : « Tout mon mal vient de la chaire. » Mlle de Montpensier, l'une des héroïnes de l'Union, laisse échapper cet aveu en 1587 : « J'ai fait plus par la bouche de mes prédicateurs qu'ils ne font tous ensemble avec toutes leurs armes et armées. » Comme au temps des Armagnacs et des Bourguignons, chaque parti a ses orateurs gagés, la chaire devient la tribune de l'audace, de la calomnie, les églises se transforment en clubs ; si le duc de Bourgogne a trouvé dans Jean Petit un apologiste de l'assassinat du duc d'Orléans, au XVIe siècle le curé Boucher prêchera l'homicide. Les sermonnaires de Paris sous Charles VI sont les précurseurs de ceux de la Ligue, et comme ceux-ci se montrent les précurseurs des Hébert, des Marat : même délire de langage, même cynisme, mêmes théories sanguinaires. Vraies allumettes de troubles, trompettes de sédition, responsables de tant de meurtres commis alors, plusieurs se vendent à l'étranger et s'en vantent. A l'un de ces prêcheurs, Henri III fit don de quatre cents écus « pour acheter, dit-il ironiquement, du sucre et du miel afin d'aider à passer vostre Caresme, et adoucir vos trop aspres et aigres paroles. »

Et, sans doute, ce XVIe siècle si dramatique, si fécond en caractères originaux, si porté aux superstitions de tous genres, a des mœurs brutales, des convictions absolues, intraitables ; la cour elle-même étale un mélange bizarre de grossièreté et de raffinements extrêmes ; et la douceur d'un Érasme, d'un Montaigne, d'un Michel de l'Hôpital, demeure incomprise ou semble pusillanimité. La plupart versent le sang d'un ennemi aussi facilement que le leur, — et protestants, catholiques, seigneurs et bourgeois, hommes et femmes établissent une surenchère de férocité quand ils cherchent à satisfaire leurs passions, fournissent des arguments à cette pensée de Michelet : « Les violents ont dicté, les modérés ont écrit. »

C'est ce qui explique, sans les justifier, ces fureurs de la chaire qui agitent toutes les âmes. Guincestre traite Henri III de vilain Hérode, d'empoisonneur, d'assassin auquel on ne doit plus l'obéissance, exige des fidèles, en leur faisant lever la main, le serment d'employer leurs derniers écus, la dernière goutte de leur sang à venger les princes lorrains, que Paris « adorait comme ses dieux tutélaires ». Et comme le premier président de Harlay se trouvait en face de lui, il lui cria à deux reprises : « Levez la main, monsieur le président, levez-la bien haut, s'il vous plaît, afin que tout le monde vous voie. » Et Harlay dut se soumettre, sans quoi la foule l'eût massacré sur-le-champ.

L'entrée imprévue de Henri IV à Paris (1594) mit fin aux convulsions d'un parti aux abois, à l'anarchie municipale, à la tyrannie des Seize; le roi punit deux ou trois énergumènes, en acheta d'autres, pardonna au grand nombre, se montra fidèle à sa maxime que, pour venir à bout d'un ennemi, le mieux était encore d'en faire un ami. Mais les excès de la chaire ont laissé un tel souvenir, que, quatre ans après, l'Édit de Nantes (avril 1598) renfermait un article spécial à l'adresse des prédicateurs : « Nous défendons à tous prêcheurs, lecteurs ou autres qui parlent en public, d'user d'aucunes paroles tendant à exciter le peuple à la sédition ; ains leur avons enjoint et enjoignons de se contenir et comporter modestement.... Enjoignons très expressément à nos procureurs généraux et leurs substituts d'informer d'office contre eux. » Il fallut que Henri IV gourmandât le parlement de Paris qui laissait critiquer dans beaucoup de chaires l'Édit de Nantes; il dut même recourir au Saint-Père. Les parlements de province firent preuve de zèle. Celui de Caen, pendant la Ligue, envoyait deux conseillers dans chaque église pour surveiller les prêcheurs. Mais à partir de 1601, on ne retrouve plus chez les sermonnaires de philippique violente contre la royauté. Sauf dans la polémique avec les Réformés, ils répudient les discours passionnés, le langage agressif. Une fois seulement le P. Gontier osera *parler de sérail*, interpeller la marquise de Verneuil qui, en pleine église, faisait des signes à Henri IV pour provoquer son rire ; mais le roi pardonna, se contentant d'inviter l'orateur à ne plus lui administrer de telles corrections en public. Dorénavant la critique directe, la satire personnelle du roi est bannie de la chaire chrétienne, l'éloquence religieuse rentre dans le respect et la mesure, ne va pas au delà des peintures à fresque, abandonne aux moralistes, aux historiens ces portraits, ces attaques dont elle a fait un si coupable abus. Elle ne nomme plus, elle procède par allusions. En même temps, les publicistes soutenaient avec zèle les doctrines d'obéissance passive ; les Jésuites rappelés en 1603 firent chorus ; le Père Cotton, dans ses sermons, prêchait qu'il est plus saint de payer l'impôt ou la taille que de faire l'aumône, et il s'attirait des pasquils de ce genre :

.... Et notre Roy, par grand merveille,
De Cotton se bouche l'oreille.

Voilà donc une grande réforme conquise, par la force des choses, par la nécessité d'élever la royauté au-dessus de tous les pouvoirs, par les excès mêmes de ceux qui prétendaient servir la liberté municipale, la liberté de la chaire et celle de la nation représentée dans les États généraux.

Il restait beaucoup à faire. Le XVIIe siècle naissant trouvait l'éloquence parénétique déformée par le faux goût et le faux savoir [1]; la scolastique perd du terrain, mais beaucoup de sermonnaires continuent d'étaler un symbolisme amphigourique, un paganisme d'érudition, dans une mosaïque indigeste, où se heurtent les noms les plus divers, les autorités les plus disparates, où disparaissent à peu près la dialectique et la morale. Combien peu méritent ce surnom de *Bon larron* donné à certain prédicateur qui employait avec art les pensées des Pères grecs et latins! Voici par exemple Pierre de Besse, très inconnu aujourd'hui, fort célèbre alors comme orateur et comme écrivain. Pierre de Besse fut prédicateur du roi, il prenait au sérieux les quatrains, les sonnets hyperboliques qui célébraient ses talents, il les publiait en tête de ses livres. Feignant de ne pas trouver de paroles pour traduire

1. Mérimée, dans la *Chronique de Charles IX*, parodie spirituellement les sermonnaires d'antan qui abusaient de la métaphore et des pointes : « O mes chers frères, s'écrie frère Lubin, Satan est un escrimeur qui en remontrerait à Grand-Jean, à Jean Petit et à l'Anglais; et je vous le dis en vérité, rudes sont les assauts qu'il nous livre. Car, aussitôt que nous quittons nos jaquettes pour prendre des hauts-de-chausses, je veux dire dès que nous sommes en âge de pécher *mortellement*, messire Satan nous appelle sur le *Pré-aux-Clercs* de la vie. Les armes que nous apportons sont les divins sacrements; lui, il porte tout un arsenal: ce sont nos péchés, armes offensives et défensives à la fois. Il me semble le voir entrer en champ clos. La *Gourmandise* sur le ventre, voilà sa cuirasse; la *Paresse* lui sert d'éperons; à sa ceinture est la *Luxure*, c'est un estoc dangereux; l'*Envie* est sa dague; il porte l'*Orgueil* sur la tête comme un gendarme son armet; il garde dans sa poche l'*Avarice* pour s'en servir au besoin; et pour la *Colère*, avec les injures et tout ce qui s'ensuit, il les tient dans sa bouche: ce qui vous fait voir qu'il est armé jusqu'aux dents.... Quand Dieu

la douleur des fidèles pendant la Semaine Sainte, il compare son embarras à celui qu'éprouva le peintre Timanthe lorsqu'il voulut exprimer le désespoir d'Agamemnon pendant le sacrifice d'Iphigénie. Ensuite, il rappelle un certain nombre d'événements lamentables de l'histoire sacrée ou profane. *Premier exemple :* David et le peuple juif en larmes aux obsèques d'Abner; *deuxième exemple :* Jacob déchirant ses habits à la vue de la tunique sanglante de son petit mignon Joseph; *trosième exemple :* les amis de Job attendris, atterrés au spectacle de ses misères; *quatrième exemple :* les Romains furieux de douleur aux funérailles de Jules César.

Ses œuvres d'ailleurs respirent une certaine sève, la vigueur, une intempérance d'imagination descriptive, qui s'étalent dans un fouillis chatoyant de tableaux, où se heurtent le placage des latinismes, des provincia-

---

a donné le signal, Satan ne vous dit pas, comme ces duellistes courtois : Mon gentilhomme, êtes-vous en garde? Mais il fond sur le chrétien, tête baissée, sans dire gare! Le chrétien qui s'aperçoit qu'il va recevoir une botte de *Gourmandise* au milieu de l'estomac, pare avec le *Jeûne*.... Satan, en se retirant, lui décharge un grand fendant de *Colère*, puis, faisant une feinte d'*Hypocrisie*, vous lui pousse en quarte une botte d'*Orgueil*. Le chrétien se couvre d'abord avec la *Patience*, puis il riposte à l'*Orgueil* avec une botte d'*Humilité*. Satan, irrité, lui donne d'abord un coup d'estoc de *Luxure ;* mais, le voyant rendu sans effet par une parade de *Mortification*, il se jette à corps perdu sur son adversaire, lui donnant à la fois un croc-en-jambe de *Paresse* et un coup de dague d'*Envie*, tandis qu'il essaie de lui faire entrer l'*Avarice* dans le cœur. C'est alors qu'il faut avoir bon pied, bon œil. Par le *Travail*, on se délivre du croc-en-jambe de *Paresse*, de la dague d'*Envie* par l'*Amour du prochain* (parade bien difficile, mes frères); et, quant à la botte d'*Avarice*, il n'y a que la *Charité* qui puisse la detourner.... »

lismes, des traits pittoresques qui caractérisent la langue oratoire du XVIe siècle, et font comparer Pierre de Besse au poète du Bartas, celui-là même qui appelait les vents : les *postillons d'Éole ;* le soleil : le *Grand-Duc des Chandelles ;* Dieu : le *Grand Maréchal de camp de l'univers.*

Et de même, dans la langue du prédicateur, les sacrements devenaient : les *aqueducs de la grâce ;* les mauvaises pensées : les *allumettes des vices ;* Jésus-Christ : le *procureur d'Abraham ;* la Vierge : l'*infante de la Trinité ;* Lucifer : le *Concierge des démons.*

Un autre défaut de la chaire à cette époque, c'est l'emploi des formules obscures, des locutions d'école. On disait : *hypostase*, pour personne ; *syndérèse*, pour conscience ; *philautie*, pour amour-propre ; *compulsoire*, pour motif ; les *parties potentielles de l'âme*, pour les facultés.

Mêmes défauts, pires encore, à l'étranger, par exemple en Espagne, où les sermonnaires des XVIIe et XVIIIe siècles, appliquant la mythologie aux choses sacrées, en viennent à des comparaisons dont le ridicule le dispute à l'inconvenance :

« Marie fut conçue de la blanche écume de la grâce divine dans la mer de la nature humaine.... Le divin Adonis Christ s'amouracha de la belle Vénus Marie. »

L'un d'eux ose se servir de la fable de Danaé pour prouver que Dieu aime les âmes chastes qui vivent cloîtrées : « En Danaé, dit-il, je contemple une âme retirée qui a fait vœu de clôture pour sa vie ; et en Jupiter, transformé en pluie d'or, je considère le Christ qui descend comme pluie du ciel. »

Et cet exorde d'un capucin : « J'embarque ce discours

sur le galion de mes lèvres, pour passer la mer orageuse de vos attentions, et arriver enfin au port fortuné de vos oreilles. »

On s'étonne moins des succès obtenus par Pierre de Besse, le P. Seguiran et André Valladier, lorsqu'en étudiant d'autres monuments de l'éloquence contemporaine, plaidoiries, harangues de cour, discours politiques, on retrouve beaucoup de traits semblables. « Les États généraux de 1614 entendirent sans broncher M. de Marmiesse, orateur du tiers, dire que les trois ordres, *s'ils se brouillaient par jalousie, seraient comme les trois déesses dont la contestation fatale pour la pomme de beauté mit la discorde dans l'assemblée des dieux*. Il compara encore les ménagements que Messieurs du tiers comptaient garder dans les choses qui intéressaient le clergé « aux précautions que prenait l'aigle *enlevant Ganymède*, de resserrer ses ongles en dedans et de ne toucher qu'aux vestements de ce bien-aimé des dieux. » La révolution du goût, commencée par Malherbe, ne se développa que lentement, et eut d'abord des effets plus sensibles sur la poésie que sur l'éloquence, comme l'observe M. Jacquinet dans sa remarquable étude sur les *Prédicateurs du XVIIe siècle avant Bossuet*.

Le P André Valladier renchérit sur ses émules; on le demandait partout, la cour et la ville se délectaient de ses sermons qui semblent si ridicules maintenant, avec leur galimatias emphatique et burlesque, leurs images basses, leurs saillies si triviales. Son épître dédicatoire à la reine Marie de Médicis, imitée du portrait de la maîtresse de Ronsard, est une indécence monstrueuse. Cet héritier direct des Menot, des

Maillard, fut, en 1610, un des prédicateurs chargés de prononcer l'oraison funèbre de Henri IV; et en 1626, après qu'il eut quitté la chaire, on réimprimait pour la troisième fois le recueil de ses sermons.

Cette tyrannie du mauvais goût demeure si impérieuse, qu'elle pèse sur les sermons de l'évêque Bertaut, du cardinal du Perron, deux bons ouvriers de la langue au XVIIe siècle. Un des premiers, du Perron avait apprécié Malherbe, l'avait signalé aux bienfaits de Henri IV. Son sermon pour le jour de Pâques débute par le récit du festin où Cléopâtre fit fondre et avala une perle d'un prix inestimable; il continue par une comparaison des Harpies avec Luther et les maîtres d'erreur qui viennent troubler le divin banquet, gâter, ravir la viande céleste préparée pour les fidèles. Au reste, du Perron devait avoir une éloquence peu entraînante, s'il est vrai qu'après avoir prononcé devant Henri IV un discours pour prouver l'existence de Dieu, il ait offert au roi de lui prouver aussitôt le contraire dans un second discours.

Il dit une fois une assez plaisante chose d'un prédicateur qui s'exprimait ainsi : M^{r} saint Augustin, M^{r} saint Jérôme, M^{r} saint Chrysostome, etc. : « Vraiment, il paraît que cet honnête homme n'a pas grande familiarité avec les Pères, car il les appelle encore *Monsieur*. »

Cospéan, évêque d'Aix, commence par sacrifier aux faux dieux, à l'antithèse, à la mode : dans l'éloge de Henri IV, il cite Pythagore, Salluste; et c'est le même homme qui, au terme de sa longue carrière, mûri par l'expérience, témoin du premier succès de Bossuet à l'Hôtel de Rambouillet, le mettra en garde contre les applaudissements des Précieux, l'engagera à ne prendre d'autres modèles que les Pères de l'Église. Cospéan passa longtemps pour le premier orateur de la chaire, y ayant, disait-on, introduit, au lieu d'un Plutarque, un Paul prêchant, un Augustin interprétant et enseignant.

Saint François de Sales, l'auteur de l'*Introduction à la vie dévote*, ce guide incomparable de la vie morale et religieuse, ce prosateur si gracieusement original et pittoresque, verse parfois, lorsqu'il prêche, dans une subtilité raffinée, dans l'allégorie trop ingénieuse. Là, en effet, il trouvait une voie tracée, des formes autorisées par l'usage, consacrées par le succès, et ne savait s'en affranchir entièrement; témoin certain parallèle du phénix et de la Vierge, dans une homélie prononcée en 1602, à l'âge de trente-cinq ans : « Le phénix mourut par le feu, et cette sainte dame mourut d'amour. Le phénix assemble des bûches de bois aromatique, et les posant sur la cime d'un mont, fait sur ce bûcher un si grand mouvement de ses ailes, que le feu s'en allume aux rayons du soleil. La Vierge, assemblant en son cœur la croix, la couronne et la lance de Notre-Seigneur, les posa au plus haut de ses pensées, et faisant sur ce bûcher un mouvement de continuelle méditation, le feu en sortit aux rayons des lumières de son fils..., etc. »

Et malgré le charme et la qualité de la langue dans l'*Introduction à la vie dévote*, on pourrait y relever, ainsi que dans ses sermons, de ci, de là, quelque afféterie, du bel esprit, de la préciosité même, et comme le dit un de nos plus brillants critiques, M. René Doumic, se demander « s'il convient de charger de tant d'ornements la parole sacrée, s'il n'y a pas désaccord entre l'ordre des idées et l'expression, et si la morale évangélique ne réclame pas un style plus dépouillé, plus sévère et plus grave. » Je n'aime pas beaucoup non plus qu'on appelle les bons livres « des lettres missives que les saints vous eussent envoyées du ciel pour vous montrer le chemin; » que l'on formule en ces termes un conseil : « Avant votre souper, il vous faut un petit souper, au moins une collation dévote et spirituelle. » Et cette comparaison pour les sécheresses de cœur : « Ne pouvant présenter à notre cher Époux des confitures liquides, présentons-lui-en de sèches. » — Et ceci encore : « Il y a des fruits comme le coing qui, pour l'âpreté de leur suc, ne sont guère agréables qu'en confiture.... Ainsi les femmes doivent souhaiter que leurs maris soient confits au sucre de la dévotion, car l'homme sans dévotion est un animal sévère, âpre et rude. » Lui-même confesse avec bien de la grâce les défauts d'un style trop imagé : « Ce sont des surcroissances qu'il n'est presque pas possible d'éviter à celui qui, comme moi, écrit entre plusieurs distractions. Mais je crois bien pourtant que rien ne sera sans quelque sorte d'utilité. La nature même, qui est une si sage ouvrière, projetant la production des raisins, produit quant et quant, comme par une prudente inadvertance, tant de feuilles et de pampres, qu'il y a peu de vignes qui n'aient besoin en leur saison d'être effeuillées et esbourgeonnées. » On a d'ailleurs de lui un excellent traité sur la vraie manière de prêcher. Il faisait merveille, dans les catéchismes de la cathédrale d'Annecy et les homélies aux campagnards, plutôt que dans les sermons aux publics cultivés. S'il est quelquefois subtil, il ne paraît jamais pédant ni rhéteur. On sent, dans ses images, dans ses paraboles les plus singulières, une exquise simplicité d'âme, une complète harmonie entre le style et la foi, une sorte de mysticisme optimiste, l'oubli de soi le plus complet, une onction tendre et charmante qui gagne le cœur. Les défauts mêmes de cette éloquence deviennent aimables. En revanche, ils paraissent assez pénibles, tant ils s'aggravent et se compliquent, dans les sermons de l'évêque de Belley, Pierre Camus, l'élève préféré, l'ami, le biographe de saint François de Sales. Tandis que ce dernier use sobrement des citations, son disciple les prodigue, mêle le genre familier au genre burlesque, bariole son style de comparaisons pittoresques, rassemble les souvenirs les plus disparates, frappe à tort et à travers. Il n'aime guère les moines, les nouveaux saints, et il traduit sa pensée en aphorismes bizarres : « Je donnerais cent nouveaux saints pour un ancien ; il n'est chasse que de vieux chiens, il n'est châsse que de vieux saints.... On voyait dans les anciens monastères de grands moines et de vénérables religieux ; à présent, on n'y voit que des moineaux. » — Une autre fois, il s'écrie en pleine chaire : « Après leur mort, les papes deviennent des papillons, les sires des cirons, et les rois des roitelets. » Il affirmait aussi que la vérité n'entrait ordinairement dans les oreilles des princes que comme l'argent dans leurs coffres, c'est-à-dire un pour cent. Un jour qu'il prêchait la Passion, il dit en apostrophant le crucifix : « Ah ! Monseigneur, je vous vois entre deux larrons. » A ces mots, Gaston d'Orléans, qui avait à ses côtés un surintendant des finances et un fameux partisan, ôta son chapeau, pour faire croire que le prédicateur visait ses voisins.

Si les prédicateurs d'autrefois se permettent des libertés assez grandes envers leur auditoire, celui-ci leur rend de temps en temps la pareille. Par exemple :

Un prédicateur ennuyait tout le monde en prêchant sur les béatitudes. Une dame lui dit : « Vous en avez oublié une : heureux qui n'était point à votre sermon ! »

M. de Harlay, archevêque de Rouen, prêchant dans une église de cette ville pendant une mission, s'avisa de diviser son sermon en vingt-deux points. Un artisan n'eut pas plus tôt entendu cette division, qu'il sortit brusquement. Quelqu'un lui demanda : « Où allez-vous si vite ? » Il répondit : « Je vais chercher mon bonnet de nuit, car je vois bien que nous coucherons ici. »

Un ministre gascon, prêchant sur la parabole de la vigne, parla si lontemps qu'un auditeur s'en alla en disant qu'il allait querir une serpe pour faire un passage à ce pauvre homme, qu'autrement il ne sortirait jamais de cette vigne.

Au sacre du coadjuteur de Rouen, une dévote soupirait qu'il lui semblait être en paradis, tant elle trouvait beau ce cercle d'évêques : « En paradis, remarqua un grincheux, il n'y en a pas tant que ça ! »

Le progrès moral du clergé allait venir en aide à son progrès intellectuel, la réforme religieuse des quarante premières années du XVIIe siècle devait achever la réforme de la chaire. Au XVIe siècle, la guerre civile, les guerres de religion avaient jeté chacun hors de sa condition et de son rôle ; plus occupé à se défendre contre les protestants qu'à combattre les maladies qui le travaillaient, le clergé catholique avait laissé celles-ci grandir : les efforts du concile de Trente, de grands pontifes, de grands saints demeuraient impuissants à rétablir l'austère droiture et les évangéliques vertus d'autrefois.

Le faux goût, la décadence du talent, avaient marché du même pas que l'ignorance, la corruption, le relâchement de la discipline.

Mais voilà que des hommes admirables par leur science du gouvernement des âmes entraînent sur leurs pas d'innombrables disciples. A la voix de Bérulle, d'Olier, de César de Bus, de Vincent de Paul, des légions de prêtres instruits s'élancent à l'assaut du ciel, raniment le zèle pour l'étude des saintes Écritures; beaucoup de laïques rivalisent de vertus avec les membres les plus purs du clergé. Sans doute cette renaissance religieuse restera imparfaite et fragile, comme tous les efforts humains; le XVIIIe siècle l'arrêta brusquement. Mais le bien ne dure jamais sur la terre, et ce mouvement, à tout prendre, eut, observe M. Jacquinet, « ce caractère de haute inspiration et d'expansion féconde qui distingue les crises morales les plus glorieuses; il a enfanté une foule d'œuvres excellentes ou sublimes, qui font du XVIIe siècle l'âge classique des lettres sacrées. » Ainsi les réformateurs ou fondateurs des ordres religieux travaillaient, eux aussi, pour Bossuet, Bourdaloue, Massillon; grâce à ceux-là, le génie de ceux-ci trouvait le terrain déblayé, les obstacles aplanis, des matériaux façonnés, parfois même des modèles pleins de talent qu'ils allaient agrandir, transformer et recréer par la flamme du génie, comme Molière, Corneille s'approprient les Espagnols et les Italiens. Saint François de Sales n'avait-il pas montré la voie salutaire et l'idéal, lorsqu'il prononçait cette parole : « Je vous puis dire avec vérité qu'il n'y a pas grande différence entre l'ignorance et la malice, quoique l'ignorance soit plus à craindre, si vous considérez qu'elle n'offense pas seulement soi-même, mais passe jusques au mépris de l'état ecclésiastique; — la science à un prêtre, c'est le huitième sacrement de la hiérarchie de l'Église, et son plus grand malheur est arrivé de ce que l'Arche s'est trouvée en d'autres mains que celles des Lévites : c'est par là que notre misérable Genève nous a surpris. » Saint François n'hésitait pas à attribuer le succès de la Réforme à l'ignorance du clergé catholique, dont l'indolente routine, au lieu de ruminer nuit et jour le sens des divines paroles, recourait encore aux manuels, aux compilations, aux répertoires de citations pieuses, de prédications toutes faites.

De tels conseils devenaient la devise, le programme des nouveaux apôtres : tel ce P. Metezeau, dont la parole ardente, nourrie et rassasiée du meilleur suc du christianisme, pleine de la doctrine céleste, sema, partout où il passait, des séminaires et des collèges de l'Oratoire. Mgr de Sourdis, cardinal-archevêque de Bordeaux, le recommandait en ces termes à son clergé : « Je vous envoie un second Paul. » Et, affirme son biographe, il ne demeura point au-dessous de l'éloge. Le parlement de Bordeaux, ravi de l'entendre, changea plus d'une fois les heures de ses séances, quand elles ne cadraient pas avec celles de ses sermons. Tel encore ce P. Bourgoing, collaborateur de Bérulle et Condren, dont l'éloquence, dit Bossuet, « suivait comme la servante, non recherchée avec soin, mais attirée par les choses mêmes. Son discours se répandait à la manière d'un torrent, et s'il trouvait en son chemin les fleurs de l'élocution, il les entraînait plutôt après lui par sa propre impétuosité, qu'il ne les cueillait avec choix pour se parer d'un tel ornement. »

Un autre prêtre de l'Oratoire, le prédicateur le meilleur qu'ait eu cette Compagnie avant Massillon, le P. Lejeune, de 1625 à 1660, fait fleurir le sermon familier, qui a son prix, et qu'il ne faut pas confondre avec le sermon burlesque. Il y a peu d'exemples d'une vocation si précoce, si forte et si durable : à l'âge de treize ans, il s'échappait du collège de Dole pour aller évangéliser les campagnes voisines. Frappé de cécité à trente-cinq ans, il continue quarante ans encore ses voyages, ses missions, son apostolat de charité. Habile à mettre à la portée des plus humbles ce que la religion a de plus sublime ou de plus délicat, à communiquer la science du docteur et du théologien sans cesser de parler comme tout le monde, abondant comme saint François de Sales, en images pittoresques, en comparaisons sensibles, il est toujours près de ses fidèles, et comme en tête à tête avec eux. Et cela parce qu'il sent qu'il a en face de lui, non un auditoire abstrait, mais une foule vivante, parce qu'il évite ce défaut si fréquent qui consiste à présenter une morale bourgeoise au village, à faire des sermons là où il ne faut que des catéchismes tout simples. Prêchant devant le menu peuple, il traite des devoirs des serviteurs envers leurs maîtres ; — devant un auditoire tout féminin, du péché le plus ordinaire aux dames, la passion de la toilette ; et il ose citer un terme de toilette des beautés du jour, le nom d'*assassin* donné au nœud de rubans qu'elles se mettaient sur le sein. En présence du parlement d'une grande ville, il passe en revue les « péchés qui se commettent au Palais », portraiture toutes les variétés de mauvais juges, le juge paresseux, le juge complaisant, le juge ignorant, le juge passionné, le juge nécessiteux qui revend injustement en détail ce qu'il a acheté en gros. Dans le sermon sur la philosophie de l'aumône, règne un mélange d'élévation chrétienne et de bonhomie familière qui caractérise bien cette éloquence persuasive : « Les pauvres sont les banquiers de Dieu.... Si on disait à un païen ou à un autre infidèle qui ne saurait pas ce secret : Voyez-vous d'un côté ce pauvre qui a perdu la vue, qui ne peut faire deux pas sans la conduite d'un bâton, et qui choppe à chaque rencontre ? Voyez-vous, de l'autre, cet homme qui a de bons yeux, bien clairs et bien ouverts ? C'est cet aveugle qui conduit ce clairvoyant.... — Voyez-vous, d'une part, ce pauvre tout couvert de haillons, qui ne vit que d'aumônes, qui couche sur la paille, et qui est rongé de vermine ? Voyez-vous, de l'autre côté, ce comte ou ce marquis qui va en carrosse, suivi d'un grand train, tout couvert d'or et de soie ? C'est ce pauvre qui entretient, qui nourrit et qui enrichit ce marquis. — Ce païen n'en croirait rien, il s'en moquerait, il dirait que ce sont des rêveries ; néanmoins c'est la pure vérité. C'est cet aveugle qui conduit au ciel le clairvoyant, c'est ce paralytique qui porte en Paradis le robuste, et c'est ce pauvre qui enrichit le riche ; car ce gentilhomme, qui est riche, en bonne santé et clairvoyant, est porté en Paradis et comblé de biens spirituels par les charités qu'il exerce envers ce pauvre aveugle et paralytique.... »

Le P. Senault, général de l'Oratoire, est compté par Voltaire parmi les restaurateurs de l'éloquence de la chaire. Il fut, affirme-t-il, à l'égard du P. Bourdaloue, ce que Rotrou est pour Corneille, son prédécesseur, et rarement son égal. Très rarement certes, car cet orateur élégant et disert, qui faisait revoir ses livres par Conrart, ne possède point ce que rien ne saurait remplacer, le souffle, l'élan, l'effusion. Il fut cependant un écrivain très lu, un des prédicateurs les plus applaudis sous la régence d'Anne d'Autriche, et on lui appliqua ce mot qui avait été toute l'oraison funèbre de saint Grégoire de Nazianze par saint Basile : « Son éloquence était la foudre dont sa vie était l'éclair. » Au pied de sa chaire de l'église Saint-Honoré, on vit souvent la reine mère, le jeune roi Louis XIV, tandis que de nombreux scribes « sténographiaient, » pour en faire trafic, ses sermons, qui couraient ensuite la province, répétés sans vergogne, mot à mot, par ses confrères. « Un jour qu'il allait prêcher un Carême dans une ville de parlement, un Révérend qui se rendait dans le même endroit et à même fin, fut fort étourdi d'apprendre qu'il voyageait avec le P. Senault, celui-là même dont il comptait débiter les sermons comme siens, la tête levée. Il lui avoua qu'il était perdu de réputation, n'en ayant pas d'autres à dire, et qu'il n'avait d'autre parti que de rebrousser chemin, couvert de honte et de confusion. Le P. Senault, touché de l'embarras où ce Révérend se trouvait, l'en tira généreusement, en lui disant qu'il n'avait qu'à faire usage de ses sermons, que pour lui il en prêcherait de tout différents, et ne le décèlerait pas, sur la confidence qu'il lui faisait ; et en effet, il lui tint parole sur l'un et sur l'autre. »

Trop longtemps, chez les Jésuites, le goût resta fort au-dessous du zèle : leur éloquence de la chaire était gâtée par le style symbolique, l'abus de la métaphore, de la parabole descriptive, un paganisme d'érudition qui venait en quelque sorte se cristalliser dans l'architecture de leurs églises. Au moment où Bourdaloue commence son noviciat d'orateur, une école nouvelle, amie des fortes études et d'une austère simplicité, s'était formée dans la Compagnie, et, du premier coup, affirmait sa puissance avec le P. Claude de Lingendes. Celui-là ne mettait de beautés dans ses sermons que celles qu'il puisait dans l'étude des Pères et de l'Écriture : véritable précurseur de Bourdaloue, qui lui a emprunté plus d'un trait, il apparaît comme un sermonnaire grave, un peu rude et inculte, terrible même. Ainsi par exemple, les femmes, surtout celles de la Cour, avaient l'habitude d'assister aux offices et au sermon en grande toilette et en robe décolletée, et cette mode résistait à toutes les attaques. Le P. de Lingendes les interpelle vivement : « Pourquoi viennent-elles dans ce saint lieu parées et ajustées de manière à tourner sur elles tous les regards ; sein dévoilé, épaules nues, bras découverts, tout l'équipage de la luxure, le visage coloré de fard, les cheveux frisés et poudrés ? De tous côtés les regards se portent sur elles ; quoi d'étonnant, si partout où elles se présentent, elles blessent, elles lancent des traits qui pénètrent ?.... Ici même, par sa divine chair, le grand Sauveur nourrit les âmes pour l'immortalité, inspire l'amour de la chasteté, éteint les ardeurs de la concupiscence ; et vous, le dirai-je ? avec la vôtre, vous fascinez les yeux, vous troublez les âmes, vous excitez les sens, vous attisez l'ardeur des passions. Quelle est, grand Dieu, cette impiété ? Osez-vous bien opposer votre corps au corps de Jésus-Christ, votre chair à la sienne, votre amour impudique à sa charité, vos feux aux siens, et, tandis qu'il travaille à sauver les âmes, prendre à tâche de les faire périr !.... Ici même, en face de cette chaire, vous dressez une école de libertinage, et vous faites plus de mal par votre présence que l'Apôtre ne fait de bien par ses leçons. » On le voit, le P. de Lingendes n'appartient pas à l'école de ces maîtres accommodants qui mettent des coussins sous les coudes des pécheurs; et ce n'est pas un chemin de *velours* qu'il leur ouvre pour *monter au ciel*. L'effet de ses prêches n'en était que plus pénétrant.

Signalons, en passant, une nouvelle école qui, de 1630 à 1660, emprunta à l'*Empereur de l'éloquence*, au fameux Balzac, ses qualités et ses défauts, un style chaste et réglé, la dignité du ton, le nombre et l'harmonie, mais en même temps l'idolâtrie de la forme et des sons, l'inquiétude des mots plus que des choses, et, comme conséquence forcée, la monotonie qui naît de l'éloquence continue où l'on ne ménage ni intervalles ni repos. Que les abbés académiciens de Bourzéis, de Cérisy, Godeau, que le prieur François Ogier, Testu, d'autres encore, aient introduit dans le sermon et l'oraison funèbre, avec moins de vigueur et d'éclat, la rhétorique cérémonieuse et gourmée du maître, avec ses cliquetis redoublés d'antithèses et d'hyperboles, cette observation atteste que son influence fut pour la chaire un danger en même temps qu'un secours. Godeau lui-même disait de l'*Histoire du cardinal de Bérulle* par Cérisy, que c'était une vie écrite par épigrammes, tant il y avait de traits. Et sans doute ces orateurs eurent les applaudissements du monde, mais ils passèrent avec le monde; Balzac a beau les féliciter d'avoir retrouvé l'éloquence des Pères, les appeler des Chrysostomes et des Basiles, s'écrier que *l'église de Saint-Cosme est un théâtre trop petit pour un si grand acteur qu'Ogier* : des juges plus sévères, plus désintéressés, mettaient le doigt sur la plaie, répétaient au besoin le *Buon per la pre-*

dica! Reservate questo per la predica! (bon pour le sermon! Réservez ceci pour le prêche!) du cardinal d'Este, quand quelque bel esprit de ses familiers lançait devant lui une impertinence ou une platitude. Ils déploraient cette éloquence babillarde qui dit tout et ne persuade rien, ces leçons ajustées, pesées, mesurées, où l'on ne voit pas une syllabe qui passe l'autre, dont les auteurs « laisseraient perdre le christianisme dans le torrent des vices, plutôt que de s'échauffer trop à les reprendre, par la crainte qu'ils auraient de laisser couler quelque mot qui ne fût pas à la mode. » Toutefois, Godeau, *le nain de Julie*, le fidèle de l'Hôtel de Rambouillet, auquel Richelieu donna l'évêché de Grasse pour quelques vers, revint dans ses derniers ouvrages à une éloquence plus naturelle, à un art plus simple ; devenu un bon évêque, il poussa le dévouement évangélique jusqu'à prêcher souvent en provençal dans les villages de son diocèse.

C'est peut-être à une réaction contre le sublime continu, et aussi à la vogue des ouvrages de Scarron, le *Typhon*, le *Roman comique*, qu'il faut attribuer un réveil de la prédication burlesque vers 1640, ces traductions de l'Évangile en vers macaroniques, la glose d'un prêcheur expliquant pourquoi, après la Résurrection, le Christ apparut d'abord aux Saintes Femmes : « C'est, dit-il, parce que, connaissant le penchant irrésistible du sexe à causer et à porter des nouvelles, il était tout naturel, comme il voulait répandre le plus rapidement possible ce grand mystère, qu'il s'adressât plutôt aux Saintes Femmes qu'aux apôtres. »

De là sans doute le prodigieux succès du petit Père André, un religieux Augustin, qui fut le Maillard et le

Menot de la Régence, le successeur des Valladier, des Garasse. Ce bateleur de la chaire avait même quelque chose de Tabarin dans la mine. Il cherchait si peu cependant à jouer ce personnage que, quand il avait dit des gaillardises, il se donnait la discipline, et menait une vie très simple et austère. Tallemant des Réaux affirme que, tout goguenard qu'il était, il ne faisait pas toujours rire ceux qui l'écoutaient, disant des vérités qui renvoyèrent des évêques dans leur diocèse, et couvrirent de confusion plus d'une coquette, usant d'une satire ingénue qui gourmandait mieux le vice que des apostrophes vagues que personne ne prend pour soi : à tel point que ses ennemis le firent retenir en prison à l'archevêché pendant un mois, donnant pour prétexte le scandale de ses bouffonneries. Celles-ci n'étaient que trop réelles : un jour, par exemple, comme la reine Anne d'Autriche arrivait à son sermon déjà commencé, il lui dit pour tout compliment : « Soyez la bienvenue, Madame, nous n'en mettrons pas plus grand pot-au-feu. » Et il poursuivit son discours au lieu de le recommencer, comme l'exigeait l'étiquette.

Prêchant en un couvent de Carmes sur l'église desquels le tonnerre était tombé sans blesser un seul religieux : « Ah! dit-il, regardez quelle bénédiction de Dieu : si le tonnerre fût tombé sur la cuisine, il n'en eût pas échappé un. » Il ne ménageait pas davantage les Jésuites, et leur servit ce compliment dans une de leurs églises : « Le christianisme est comme une grande salade, les nations en sont les herbes, le sel les docteurs, le vinaigre les macérations, et l'huile les bons Pères Jésuites. Y a-t-il rien de plus doux qu'un bon Père Jésuite ? Allez à confesse à un autre, il vous dira : « *Vous êtes damné si vous continuez.* » Un Jésuite adoucira tout. Puis l'huile, pour peu qu'il en tombe sur un habit, s'y étend, et fait insensiblement une grande tache; mettez un bon Père Jésuite dans une province, elle en sera bientôt toute pleine. » Les Jésuites s'étant plaints à lui-même, il répondit : « J'en suis bien fâché, mes Pères, mais je me suis laissé emporter; dans quatre jours c'est la fête de notre Père saint Augustin, venez prêcher chez nous et dites tout ce qu'il vous plaira, je ne m'en fâcherai point. »

Le P. André racontait que Christophe pensa jeter le petit Jésus dans l'eau, tant il le trouvait pesant; mais, observait-il, « on ne saurait noyer qui a à être crucifié. Jésus-Christ était si pesant parce qu'il portait les péchés du monde. »

A la fête de la Madeleine, il se mit à décrire les galants de cette illustre pécheresse, et les habilla à la mode : « Enfin, conclut-il, ils étaient faits comme ces deux *grands veaux* que voilà devant ma chaire. » Tout le monde se leva pour voir deux petits maîtres, qui, eux, se gardèrent bien de broncher.

Un jour, il lui prit une vision, après avoir bien pérore contre les fautes de cette sainte, et de dire : « J'en vois là-bas une toute semblable à la Madeleine, mais, parce qu'elle ne s'amende point, je la veux noter, et lui jeter mon mouchoir à la tête. » En même temps, il prend son mouchoir et fait mine de le lancer; beaucoup de femmes baissèrent la tête : « Ah ! s'exclame-t-il, je croyais qu'il n'y en eût qu'une, et en voilà plus de cent. » Il remarquait encore qu'il y avait des Madeleins aussi bien que des Madeleines : « Notre père saint Augustin a été longtemps un grand Madelein. »

Pour faire court, rapportons que le P. André s'avisa de comparer les quatre docteurs de l'Église latine aux quatre rois du jeu de cartes : saint Augustin est le roi de cœur par sa grande charité ; saint Ambroise est le roi de trèfle par les fleurs de son éloquence ; saint Jérôme est le roi de carreau par son peu d'élévation, etc....

Sans vouloir plaider les circonstances atténuantes, la chaire, en tout temps, en tout pays, a eu ses excentriques. Au XIXe siècle, en Angleterre, certains ministres méthodistes en prennent à leur aise avec le bon goût : tel celui qui compare le christianisme à un pot-au-feu : « Le pot, c'est l'église qui renferme tout ; la viande, c'est la parole de Dieu dont l'âme doit se nourrir chaque jour ; le bouillon, c'est la grâce d'en haut qui découle du ciel dans nos cœurs ; enfin les trois pieds de la marmite, c'est le symbole de la sainte Trinité, base de tout l'édifice. »

Un prédicateur, en Espagne, prêchait le premier dimanche de Carême : parlant de la tentation de Satan à l'endroit de Jésus-Christ, et commentant le passage où le diable dit au Sauveur de se jeter du haut du temple en bas, et que, puisqu'il était fils de Dieu, il serait aussitôt relevé par les anges sans se faire mal, le sermonnaire ajouta : « Jésus, comme un cavalier bien appris, répondit : « Je vous baise les mains, seigneur Satan, j'ai un autre escalier pour descendre. »

Les excès d'un genre si fâcheux hâtèrent sa décadence. La revanche du bon goût fut assez prompte pour qu'un livre publié en 1658 par le P. Vavasseur contre la prédication burlesque, n'ait eu qu'à interpréter le dédain général.

DEUXIÈME CONFÉRENCE

LES PRÉDICATEURS DANS LA CHAIRE ROYALE

MESDAMES, MESSIEURS,

Le goût, devenu une puissance au milieu du XVIIe siècle, avait enfin proscrit la prédication burlesque. Celle-ci, condamnée comme genre, essaiera souvent encore un retour offensif, non certes comme règle, mais à titre d'exception; on peut en citer maint exemple, surtout en province, où la réforme de l'éloquence de la chaire pénètre plus tard, où les curés de campagne, lorsqu'ils veulent toucher leurs ouailles, doivent, évitant le sermon méthodique et abstrait, recourir au sermon familier, pittoresque, qui glisse si aisément dans le trivial et le bouffon. Et certes il y avait des auditoires pour goûter les saillies du P. Maimbourg, bien qu'il ravalât parfois la prédication à des formes dignes du tréteau, au point d'avoir inspiré cette boutade à Molière quand on lui reprocha le *Tartufe* : « Est-il étonnant que je mette des sermons sur le théâtre, puisque le P. Maimbourg fait des comédies dans la chaire ? » Mais le goût du public intelligent, des gens du bel air, n'était plus là, et l'on comprend leur étonnement, l'indignation de Saint-

Simon, en apprenant certaine facétie du prince électeur archevêque de Cologne, qui se trouvant à Valenciennes en avril 1711, invita toute la ville à le voir officier et entendre son sermon. Les fidèles étant accourus de toutes parts pour connaître un si grand personnage, il monte en chaire, fait le signe de la croix, et tout d'un coup s'écrie : « Poisson d'avril ! » Et sa musique de répondre, et lui de faire le plongeon au bruit des trompettes et des timbales. Ce fut un grand scandale [1].

Un autre prélat, le cardinal de Lorraine, avait au XVIe siècle appris à ses dépens ce qu'il en coûte de pencher vers le genre familier. Prêchant à Fontainebleau, devant le roi, la reine et toute la Cour où il y avait deux ou trois cents huguenots, et parlant de la tentation de Jésus par Satan, il dit : « Hé, diable, mon

---

1. Abbé Hurel : *Les orateurs sacrés à la Cour de Louis XIV*, 2 vol. Didier. — Jacquinet : *Des prédicateurs du XVIIe siècle avant Bossuet*. — *Mémoires* du cardinal de Retz, de Saint-Simon, de l'abbé de Choisy, de l'abbé de Marolles. — Perrens : *Les libertins au XVIIe siècle*. *L'Église et l'État sous Henri IV et la Régence*. — Geffroy : *La prédication religieuse avant Bossuet*, dans *Revue des Deux Mondes*, 1er avril 1864. — *Mémoires* de Daniel de Cosnac, archevêque d'Aix, publiés par le comte de Cosnac, 2 vol. Renouard. — Charles Livet : *Portraits du grand siècle*. — *Historiettes* de Tallemant des Réaux. — Henri Pignot : *Gabriel de Roquette, évêque d'Autun*, 2 vol. Pedone-Lauriel. — Feillet : *La misère au temps de la Fronde*. — Correspondance de Madame, duchesse d'Orléans. — Œuvres de Segrais. — Doncieux : *Le Père Bouhours*. — Franklin : *La vie d'autrefois*. — Édouard Fournier : Quatre articles sur *Roquette, évêque d'Autun*, dans *Revue française*, 1857. — A. Perraud : *L'Oratoire de France au XVIIe et au XIXe siècle*. — Sainte-Beuve : *Port-Royal*. — Combes : *Mme de Sévigné historien*. — *Menagiana*. — Lettres de Guy-Patin. — Loret : *La Muse historique*. — La Bruyère : *Les Caractères* (chapitre de la chaire). — Fénelon : *Dialogues sur l'éloquence*; *Lettre sur les occupations de l'Académie*. — Lehanneur : *Mascaron, d'après des documents inédits*.

ami, que vous ai-je fait pour me vouloir tenter ainsi ? » Ce mot-là ne fut pas plus tôt entendu, qu'il fut remarqué de nombreux auditeurs, surtout des huguenots, qui se mirent à rire avec une sourde rumeur. Le sermon achevé, le prélat demanda à ses gens pourquoi on avait ri ; ils répondirent : parce qu'il avait appelé le diable *son ami*, dont il fut si fâché qu'il s'écria qu'il voudrait avoir donné dix mille écus et tenir le mot dans la bouche.

De pareils traits, assez rares assurément au XVIIe siècle, portaient avec eux une contagion fâcheuse, encourageaient la prédication humoristique, les équipées de certains orateurs qui trouvaient plus facile d'avoir de l'esprit sur les personnes que de l'éloquence sur les choses. Tel ce rural qui haranguait en patois limousin ses paroissiens. « Au jour du jugement, Dieu m'ordonnera de lui rendre compte de vous autres : « Chapelain de Pierre-Buffière, en quel état sont tes ouailles? » — Et moi pas un mot. — Il m'appellera encore et me dira : « Chapelain de Pierre-Buffière, en quel état sont tes ouailles ? » — Je reste coi. — Et une troisième fois, mais de sa voix la plus tonnante : « Chapelain de Pierre-Buffière, en quel état sont tes ouailles ? » — Enfin, je répondrai timidement : « Seigneur, bêtes tu me les as confiées, et bêtes je te les rends. »

Si le genre familier a pour écueils la trivialité, la bouffonnerie, le sermon relevé, on l'a vu, tombe parfois aussi du côté où il penche : le pathos, le faux sublime, la pompe cérémonieuse et vide, la monotonie; trop de dogme, pas assez de morale. Il étudie sans cesse l'homme abstrait en quelque sorte, au lieu d'expliquer la société humaine, ondoyante et diverse, palpitante de vie et de passion; il ne la prend pas assez corps à corps, il n'est pas en tête à tête avec elle, manque de variété et d'abandon, de poésie et de coloris : peut-être doit-on regretter que le XVIIe siècle l'ait transmis, comme un modèle unique ou peu s'en faut, aux âges suivants. Dans les *Dialogues sur l'éloquence*, Fénelon se plaint de voir ce sermon usurper la place de l'instruction pratique, même auprès des ignorants et du menu peuple. Parler le même langage à ceux-ci qu'aux gens de cour, étaler la même érudition, les mêmes effets de rhétorique dans la chaire de Notre-Dame que dans celle d'un hameau, c'est vouloir guérir tout le monde, comme le docteur Sangrado, avec le même remède, — ou tirer toute espèce de gibier avec le même plomb. Cette confusion, cet anachronisme, se perpétuèrent pendant le XVIIIe siècle, et, aujourd'hui encore, dans beaucoup de nos églises de village, on entend des sermons qui passent par-dessus la tête de l'auditoire, que celui-ci doit admirer de confiance. L'enseignement de la chaire ayant avant tout pour objet la direction des âmes, doit suivre celles-ci dans leurs replis, leurs méandres infinis, simple pour les simples, profond, pénétrant pour les raffinés, passer sans effort de la montagne à la plaine, du jour à la nuit, de Paris au village. Et l'on n'a que trop souvent l'occasion de paraphraser le mot connu : Il fallait un catéchisme, on leur donna une homélie.

C'est pourquoi la prédication familière a tant d'attraits, même si elle ne reste pas exempte de certains défauts, même si elle emploie des moyens qui sentent le théâtre : elle met en branle l'imagination, le sentiment, et ce sont là les orateurs qui persuadent le mieux. Elle explique le prestige d'un Père capucin du XVIIe siècle, le P. Honoré, qui, malgré ses turlupinades, en dépit de sa voix aigre, glapissante, s'insinuait victorieusement dans les esprits, opérait d'innombrables conversions, et faisait dire par Bourdaloue à Louis XIV : « Il écorche les oreilles, mais il déchire les cœurs. » Les délicats blâmaient sans doute ses procédés, l'attirail dramatique dont il se munissait pour prêcher ce *sermon de la tête de mort* qu'il répétait partout, et dont Olivier Maillard lui avait sans doute fourni la première idée; mais on sait le mot de Proudhon : « un sur dix mille, les autres sont des bipèdes; » et ces dédains-là n'empêchaient point l'œuvre d'être bonne dans son résultat. Puis d'autres délicats auraient pu répondre, que, dans l'Inde, en Grèce, à Rome, en France, le théâtre avait eu des origines hiératiques; que l'Église, pendant des siècles, avait été le seul théâtre des foules, et qu'un prédicateur qui répète cent cinquante fois le même sermon est, au sens le plus élevé, une manière d'acteur. Je suis comédien du roi, et vous êtes comédien du pape, répondait Dancourt au P. La Rue, et Ninon de Lenclos, dans son salon, plaçait en face l'un de l'autre les portraits de Baron et de Massillon, les deux meilleurs comédiens de son temps, disait-elle de très bonne foi, sans aucune intention ironique [1]. La prédication n'est-elle pas tout ensemble une

---

1. « On voit dans la plupart des églises romaines des bambins de trois à quatre ans auxquels on fait apprendre par cœur de petits sermons sur la naissance de Notre-Seigneur; les prêtres qui les choisissent les exercent de longue main à les dire avec grâce, et, depuis le jour de la Noël jusqu'à la fête des Rois, on voit ces bambins, en soutane et en surplis, prêcher avec un air d'assurance vraiment étonnant, un ton pathétique et des gestes fort appropriés à ce qu'ils disent.... Leur petit sermon commence, comme ceux

nspiration et un art, une improvisation et une science? L'abbé de Bois-Robert ne remarque-t-il pas qu'un bon prédicateur doit savoir tousser, cracher et éternuer à propos, moyens excellents pour se tirer d'un mauvais pas? N'a-t-on pas vu, dans les vieux manuscrits de prédicateurs, des notes mises en marge, portant à divers endroits : « Asseyez-vous! Debout! Ici il faut se moucher! Ici il faut crier en diable! Mettre des larmes dans la voix! etc.... »

Donc le P. Honoré apportait en chaire plusieurs têtes de morts, et, après un exorde sur les vanités du monde, prenant un crâne entre ses mains :

« Parle, disait-il, ne serais-tu point la tête d'un magistrat? Qui ne dit mot consent. » — Lui mettant alors un bonnet de juge : « Eh bien! poursuivait-il, n'as-tu point vendu la justice au poids de l'or? N'as-tu pas ronflé plusieurs fois à l'audience? Ne t'es-t[illegible] pas entendu avec l'avocat et le procureur, pour violer la justice, cette belle vierge, malgré ses cris? Combien de magistrats ne se sont assis su[illegible]s fleurs de lis que pour mettre la vertu mal à s[illegible] — Jetant alors la tête avec une espèce d'en[illegible]nt, il en prenait une autre et l'interrogeait : « Ne serais-tu point la tête

---

des prédicateurs, par l'*Ave Maria*, puis ils font une introduction, et ensuite une division; entre la première et la seconde partie, ils descendent dans l'église pour quêter, et chacun leur donne; à la fin, ils prient pour les âmes du purgatoire. Sitôt qu'un enfant a terminé, un autre prend sa place, et il en est ainsi tout le long du jour. L'argent de la quête sert à leur acheter des sucreries et à leur faire faire collation. » Cette singulière mode florissait en 1700, affirme M. E. Rodocanachi dans *Tolla la Courtisane*. Au reste, les abus, bizarreries de tout genre, en Italie, en Espagne et ailleurs, dépassent ceux que j'ai signalés en France.

d'une de ces belles dames qui ne s'occupent que du soin de prendre les cœurs à la pipée ? » Il lui posait alors une fontange et continuait : « Eh bien! tête éventée, où sont ces beaux yeux qui jouaient si bien de la prunelle ? Cette belle bouche qui formait ces ris si gracieux qui feront pleurer tant de malheureux dans l'enfer? Où sont ces dents qui ne mordaient tant de cœurs que pour les mortifier, afin de les pouvoir faire mieux manger au diable? Ces oreilles mignonnes auxquelles tant de godelureaux ont chuchoté des douceurs si souvent, pour pouvoir entrer dans le cœur par cette porte? Où sont ce fard, cette pommade, et tant d'autres ingrédients dont tu t'enluminais le visage? Combien de fois n'as-tu pas été au théâtre, oubliant que l'opéra est le vestibule de l'enfer, et que la comédie en est l'antichambre? Que sont devenus ces roses et ces lis naturels ou artificiels que tu laissais cueillir par des lèvres impudiques? » Le P. Honoré parcourait ainsi toutes les conditions, affublant ses têtes de morts de chapeaux, de bonnets, cornettes, capuchons, casques, suivant le rôle qu'il leur faisait jouer. — Et toutes les villes voulaient entendre le *sermon de la tête de mort*.

Quant à François-Jean-Paul de Gondi, cardinal de Retz, bien qu'il soit avant tout à nos yeux un des héros de la Fronde, et l'auteur de ces merveilleux *Mémoires* où il confesse surtout les fautes.... des autres, son talent d'orateur mérite une mention spéciale. Qu'il ait porté dans la chaire des préoccupations étrangères à celle-ci, qu'il ait même tenté de ressusciter l'éloquence factieuse de la Ligue, lancé *ex cathedra* l'anathème sur la tête de ses adversaires, introduit de véritables mazarinades dans ses sermons, et prêché comme devoir de conscience la persévérance dans la révolte, cette faute ne saurait faire méconnaître l'éclat d'une parole qui, auparavant, attirait la cour et la ville. On payait sa chaise un quart d'écu et l'on pouvait à peine respirer, tant la foule était *épouvantable*, affirme d'Ormesson. D'ailleurs, Retz, avant la Fronde, s'était appliqué, sans sacrifier au fond ses ambitions et ses goûts de galanterie, à se faire une réputation de science épiscopale et de zèle; et, dans ses sermons, brillent des traits vigoureux, des pensées originales qui pronostiquent le grand écrivain. Ce fut donc une désillusion et comme une tristesse générale, lorsqu'on l'entendit faire l'apologie de la guerre civile : les Parisiens de 1648 n'étaient plus ceux de 1580, toutes les séductions du talent ne purent masquer la scandaleuse disparate d'une telle attitude avec l'habit et la profession de l'orateur. Retz échoua devant le clergé, car s'il réussit à enrôler dans le parti de ses ambitions plusieurs curés, ceux-ci se contentèrent d'agir par des moyens secrets, sans hasarder ce mélange de la religion et de la politique qui avait produit des fruits si amers; la plupart restent fidèles à la royauté, d'abord par le silence, la neutralité; puis ils s'enhardissent, affirment leurs principes, et, dans les visites aux hôpitaux, exigent des malades et des blessés le serment de ne plus porter les armes contre le roi. Il y eut une Fronde parlementaire, une Fronde des princes, une Fronde des seigneurs, il n'y eut point de Fronde religieuse. Bref, le Coadjuteur échoua, cette tentative rencontra plus de blâme que d'approbation, et Mme de Nemours raconte que, s'étant aperçu du fâcheux effet produit par une de ses catilinaires, Retz feignit de se trouver mal, afin de terminer plus vite.

Comme la congrégation de l'Oratoire et la Compagnie des Jésuites, Port-Royal joue son rôle dans la réforme de la chaire. Il n'y avait rien de si grand que la prédication dans l'Église de Dieu, et il n'y a rien de si avili, avait dit son fondateur, l'abbé de Saint-Cyran. C'est, pensait-il, par la parole qu'on engendre ou qu'on ressuscite les âmes à Dieu, tandis qu'on ne fait que les nourrir par l'Eucharistie; c'est une solitude que l'autel, la chaire est une assemblée publique où le danger d'offenser le maître est plus grand. « Pour lui, avoue-t-il, il aimerait mieux dire cent messes que prêcher une fois. Il ne faut pas une moindre disposition pour prêcher la parole divine et opérer par elle un grand changement dans les âmes, que pour consacrer le pain de l'autel. Ainsi donc le temple de Dieu a deux places augustes et vénérables : l'autel et la chaire; là se présentent les requêtes, ici se publient les ordonnances; là les ministres des choses sacrées parlent à Dieu de la part du peuple, ici ils parlent au peuple de la part de Dieu. » Saint-Cyran proclame hautement que, depuis plusieurs siècles, l'idée même du prêtre s'est altérée et comme faussée dans les consciences; remontant droit au principe et à la source, il ne tient compte des compromis introduits par la faiblesse humaine et consacrés par le temps. Être prêtre et moine tout ensemble, se préparer de loin au ministère de la parole par un entier renouvellement du cœur, par une vie vraiment sacerdotale, par une profonde étude des choses divines, tenir l'art pour suspect, même cet art savant et supérieur qui combine et parfait les belles œuvres, faire entendre aux fidèles des paroles apprises, non dans les écoles, mais au pied du crucifix, voilà la règle que l'inflexible abbé trace à ses disciples. Surtout qu'ils combattent sans relâche cette espèce d'amour-propre qui conduit à prêcher la vanité des choses de ce monde avec la vanité de prêcher élégamment, qui fait que le péché sermonne parfois la vertu dans les chaires. Qu'ils se gardent de cet enchantement subtil, de cet ensorcellement de la vanité avec autant de soin que de la société des femmes, car, dira un autre janséniste, « l'ecclésiastique qui voit des femmes est à demi marié; il y a une galanterie spirituelle, et, si l'on n'y prend garde, le commerce avec les femmes s'y termine d'ordinaire. »

Les conseils de Saint-Cyran furent entendus : l'éloquence de ses élèves, d'un Singlin, d'un du Guet, se distingua surtout par l'austérité, la simplicité, la réserve. « Peu ou presque point d'images, point de ces expressions qui attirent et qui fixent, de ces tours animés qui entraînent, une onction intérieure sans effusion, un style d'une trame régulière et continue, parfois un peu lâche, d'une teinte grise et uniforme; c'est véritablement, dit encore M. Jacquinet, une parole mortifiée et pénitente. » Mais comme, sous ces pâles apparences, il y avait chez ces orateurs une science chrétienne profonde, une charité pénétrante, une beauté morale absolue, leur église était toujours pleine; savants, gentilshommes, magistrats, capitaines, femmes illustres par leur naissance, leur beauté et leur esprit, l'élite de l'élite, se pressaient au pied de cette chaire où se convertissait toujours quelqu'un. « Ce quelqu'un, dit Sainte-Beuve, fut un jour Pascal. S'ils n'ont pas l'éclat et la couleur de la lumière, ils en ont la chaleur et la salutaire influence ; si l'on ne voit pas chez eux le rayon, on sent du moins le foyer. » Quelle source de pathétique réconfort dans ces rendez-vous mystérieux de M. de Sainte-Marthe, lorsqu'au temps de la persécution, ce successeur de M. Singlin venait en plein hiver, le long des murailles de Port-Royal des Champs, et là, montant sur un arbre, assez près du mur, loin des gardes, adressait des paroles consolatrices aux religieuses venues du côté du jardin ! Et quelle énergie vibrante dans ce trait du P. Desmares, le seul janséniste peut-être qui, à la gravité humble et sévère de cette école, ait mêlé une langue plus animée, une action plus populaire, lorsque, voyant entrer à l'improviste le grand Condé, son sermon déjà commencé, il s'adresse à lui : « Monseigneur, j'explique cet endroit de l'Évangile où il est dit que Jésus-Christ guérit une main sèche. Il m'est très glorieux que Votre Altesse vienne augmenter le nombre de mes auditeurs. Je prie le Seigneur de consacrer ce bras qui est la terreur de toute l'Europe et le bonheur de la France ; mais en même temps, que Votre Altesse se souvienne que, si elle ne rapporte pas à Dieu tous ses exploits, comme à sa fin dernière, Dieu permettra que ce bras sèche comme celui de notre Évangile. » Et son sermon fut si pressant, qu'à la sortie, le prince dit à ses compagnons : « On me l'avait bien dit, que cet homme était dangereux ; si je l'entendais une seconde fois, je me convertirais. » C'est ce même Condé qui, voyant arriver Bourdaloue, un jour que la foule se pressait, bruyante, autour de la chaire, s'écria : « Silence, voici l'ennemi ! »

L'émulation féconde de ces trois sociétés, l'Oratoire, les Jésuites, Port-Royal, l'effort persévérant des membres les meilleurs du clergé séculier, produisirent donc ce résultat décisif au XVIIe siècle : une éloquence parénétique plus grande, sinon plus puissante qu'en aucun temps, l'enseignement fécond de l'Évangile, la dignité sévère du discours pastoral substituée à la prédication bouffonne ou pédantesque, aux vaines arguties de la scolastique. Inaugurée sous Louis XIII et la régence d'Anne d'Autriche, la réforme apparut dans son glorieux épanouissement sous Louis XIV, vint en quelque sorte se résumer dans la chaire royale qui consacrait alors les orateurs religieux, et mettait le sceau à leur réputation, comme Paris aujourd'hui confirme les talents de la province et de l'étranger. Honneur très apprécié, qui vient chercher les uns, que les autres sollicitent avec une ardeur peu chrétienne, car il est le marchepied des faveurs les plus substantielles. Comment ne pas le reconnaître? Louis XIV en fait un moyen de gouvernement spirituel : il choisit lui-même les prédicateurs, six mois, un an d'avance, afin qu'ils aient le temps de se préparer, s'attache en général au talent, à la réputation, tout au moins à la recommandation de bons juges. « Quel est donc, demandait-il à Boileau, un prédicateur qu'on nomme Letourneux? On dit que tout le monde y court. Est-il si habile? — Sire, reprit le satirique, on court toujours à la nouveauté; c'est un homme qui prêche l'Évangile. » Quelques-uns prêchèrent à la Cour six, neuf, douze et même treize stations, tels Mascaron, le P. de la Rue, le P. Gaillard, Bourdaloue.

Pour un Carême, le prédicateur reçoit du trésor royal 3,000 livres, pour l'Avent 1,500 livres. Il y a aussi des pensions qui s'élèvent à 400 écus, des places d'aumônier, de chapelain, des brevets de prédicateur du roi. Beaucoup d'orateurs sacrés doivent à la chaire la dignité épiscopale, et l'abus va bien loin sans doute, puisque non seulement la Bruyère, mais Bossuet, Fénelon et bien d'autres le signalent avec force. Plus d'un, hélas ! n'a d'autre vocation que le besoin d'un bénéfice. « Le sermonneur, dit le premier, est plus tôt évêque que le plus solide écrivain n'est revêtu d'un prieuré simple. Voici deux prédicateurs : l'un, goûté à Paris, ne l'est point à la chapelle du roi. Quelle mortification ! L'autre, applaudi des grands seigneurs, à cause qu'il l'a été par leur souverain, échoue dans une paroisse de Paris. Qui des deux se consolera le plus tôt ? Évidemment celui qui est goûté à la Cour, parce que la ville n'a point de suffrage dans le choix des prélats. » Bossuet, dans le panégyrique de sainte Catherine, tonne contre une science « propre aux négoces du monde et non au commerce sacré du ciel, » contre l'opprobre que font à Jésus-Christ et à l'Évangile les ouvriers mercenaires. Et il compare au magicien Simon ceux qui ne s'étudient à la science ecclésiastique que pour entrer dans les bénéfices, ou pour ménager par quelque autre voie leurs intérêts temporels, — avec cette différence toutefois, à leur désavantage, que Simon donnait son argent pour le don du ciel, tandis que ceux-ci dispensent le don de Dieu pour mériter de l'argent. — Même indignation de la part de Fénelon, contre ces prédicateurs qui, cherchant leur intérêt, leur réputation, leur fortune, « ne songent à plaire que pour gagner l'inclination et l'estime des gens qui peuvent contenter leur avarice et leur ambition. »

En entendant de telles paroles, on songeait aux orateurs taillés sur le patron de Roquette, évêque d'Autun, dont l'esprit d'intrigue, de médiation ou de manège accrédita l'opinion qu'il avait inspiré à Molière l'idée de son *Tartufe*. « Tout lui était bon à espérer, à se fourrer, à se tortiller, disent ses contemporains, entre autres Saint-Simon, la Bruyère ; il n'y a point de palais où il ne s'insinue, il entre dans le secret des familles, il est de quelque chose dans tout ce qui leur arrive de triste ou d'avantageux, il prévient, il s'offre, il se fait de fête, il faut l'admettre.... A peine un grand est-il débarqué qu'il l'empoigne et s'en saisit ; on entend plutôt dire qu'il le gouverne, qu'on n'a pu soupçonner qu'il pensait à le gouverner. Il avait été de toutes les couleurs, à Mme de Longueville, à M. de Conti son frère, au cardinal Mazarin, dont il devint le valet à tout faire, surtout abandonné aux Jésuites. »

Un jour que le prince de Conti et le beau de Vardes sortaient masqués, Roquette, pour flatter ce prince qui était bossu, feignit de les confondre, et, s'avançant vers eux, demanda du ton le plus naturel : « Pouvez-vous m'indiquer Son Altesse ? Lequel de ces masques est Monseigneur ? »

On sait l'épigramme que *d'Aceilly*, et non Boileau, lui décocha sur ses sermons :

On dit que l'abbé Roquette
Prêche les sermons d'autrui ;
Moi qui sais qu'il les achète,
Je soutiens qu'ils sont à lui.

On prétendait encore que le P. Hercule lui avait fait l'oraison funèbre du duc de Candale, et qu'un initié avait dit en sortant de la cérémonie : « Je viens d'entendre prêcher les travaux d'Hercule. » Et Marigny, l'un des très nombreux ennemis de Roquette, ajoute qu'il se trouva dans une chapelle auprès d'un homme qui murmurait en grondant : « Racine ! Racine ! » Et comme il demanda pourquoi : « C'est que je connais bien à cette heure que Racine a raison d'enrager quand les comédiens représentent une de ses pièces. Je ne pouvais pas donner la mienne à un homme qui la jouât si mal que cet abbé Perroquet que voilà en chaire. »

J'ai quelque peine à douter du mérite réel de l'évêque d'Autun, et de la paternité de ses œuvres. Loret, Bussy-Rabutin, Dangeau, Mme de Sévigné, M. Pignot son biographe, rendent hommage à ses talents d'orateur, d'administrateur, de diplomate; leurs témoignages sont trop précis pour ne pas emporter la conviction. Pourquoi donc aurait-il eu besoin de recourir à d'autres, à ce que Jean-Paul Richter appelle plaisamment : « un valet de cervelle? » Peut-être, après tout, eut-il parfois, dans des cas urgents, des collaborateurs, comme Mirabeau : Dumont, Reybaz, Pellenc, Chamfort fabriquaient la plupart des harangues et rapports de Mirabeau à la Constituante; mais l'orateur y mettait sa marque, le ton, le geste, l'action, l'âme du discours, ce je ne sais quoi qui imprime à l'œuvre tout entière son caractère d'unité.

Quant au portrait de Roquette dans *Tartufe*, bien que des écrivains profanes et religieux, des lettrés d'autrefois et d'aujourd'hui l'aient reconnu, je garde aussi des doutes. N'oublions pas que le caractère de Tartufe se retrouve dans les fabliaux, dans le *Roman de la Rose*, dans celui du *Renard*, dans Boccace, Machiavel. que Tartufe courait les rues, emplissait les salons et la cour, même avant que la dévotion devînt à la mode, avant que les courtisans *se donnassent par calcul une figure d'Évangile*, selon l'expression consacrée. Molière avait des types bien plus précis à flageller : tel cet abbé Pons qui, déclarant sa tendresse à Ninon de Lenclos, lui faisait remarquer que les plus grands saints étaient susceptibles de passion, que saint Paul était affectueux, que saint François de Sales n'avait pu s'affranchir de cette faiblesse ; tel cet abbé Charpy, dont la curieuse histoire n'était pas moins connue que celle de l'abbé Pons. « Un jour qu'il était dans l'église des Quinze-Vingts, Mme Hausse, veuve de l'apothicaire de la reine, y vint. Il l'accosta et lui parla de dévotion avec tant d'emportement qu'il charma cette femme qui est dévote. Elle le loge chez elle. Lui, qui est si charitable qu'il aime son prochain comme lui-même, s'est mis à courtiser la petite Mme Patrocle, la fille de Mme Hausse. Elle est femme de chambre de la Reine. Charpy se mit si bien dans l'esprit du mari et de sa femme, qu'il en a chassé tout le monde, et elle ou le mari ne vont en aucun lieu qu'il n'y soit. Mme Hausse, qui, à la fin, a ouvert les yeux, en a averti son gendre. Il a répondu que c'étaient des railleries, et prend Charpy pour le meilleur ami qu'il ait au monde.... »

Il semble donc que Roquette peut n'avoir pas servi de modèle au portrait, que Tartufe n'est point Roquette, du moins Roquette tout seul. Mais le portrait étant tout tracé, on l'appliqua à lui et à bien d'autres. Rappelons-nous le vers de Musset :

.... Je prends à l'un le nez,
A l'autre le talon ; à l'autre — devinez !

Un autre type de courtisan en camail, favori du prince de Conti, premier aumônier de Monsieur frère de Louis XIV, serviteur dévoué de Madame Henriette, ami intime et conseiller fort écouté de la princesse des Ursins, mêlé à cent affaires importantes, causeur enjoué, mordant, auteur de curieux mémoires sur son époque, Daniel de Cosnac (1630-1708), avait plus d'esprit, de talents et d'ambition que Roquette, mais aussi une hauteur de caractère et un courage qui lui valurent quelques disgrâces. Agé de vingt-deux ans, il contribue puissamment à la paix de Bordeaux qui termina la Fronde; à vingt-quatre ans, au sortir d'un sermon prononcé, en 1654, devant la cour, à Rethel, il reçoit le brevet de l'évêché de Valence, demandé pour lui par la princesse de Conti. Mazarin lui dit à ce propos : « Le roi vous fait maréchal de France sur la brèche. » Là-dessus, il court chez le cardinal de Retz : « Le roi, conte-t-il, m'a fait évêque, mais il s'agit de me faire prêtre. — Quand il vous plaira. — Ce n'est pas là tout; c'est que je vous supplie de me faire diacre. — Volontiers. — Vous n'en serez pas quitte pour ces deux grâces, Monseigneur, car, outre la prêtrise et le diaconat, je vous demande encore le sous-diaconat. — Au nom de Dieu, repart l'Éminence, dépêchez-vous de m'assurer que vous êtes tonsuré, de peur que vous ne remontiez la disette des sacrements jusqu'à la nécessité du baptême. »

Il entra dans la faveur de Mazarin, et s'y maintint quelque temps, en supportant ses algarades, et en faisant le métier d'espion, affirment les mauvaises langues. L'abbé de Choisy raconte sur son compte des histoires d'un haut comique; ainsi, en 1660, pendant le séjour de la cour à Saint-Jean-de-Luz, plusieurs prélats, se promenant avec lui, s'échauffaient à dire du mal de Mazarin, quand l'évêque de Valence, qui avait fait chorus, les quitta brusquement sur ces mots : « Messieurs, je vais conter à M. le cardinal tout ce que j'en ai dit et tout ce que vous en avez dit, car j'aime encore mieux pour vous et pour moi qu'il en soit informé par mes soins que par ceux de l'abbé de Bonzi, qui ne manquerait pas de lui en rendre compte. » En même temps, il n'hésitait pas à risquer sa fortune et sa vie pour rendre service aux personnes qu'il aimait.

Nommé archevêque d'Aix en 1687, il ne manqua point de déployer dans ce diocèse ses qualités et ses défauts, car l'âge n'avait nullement amorti son humeur impétueuse, dominatrice, son goût de l'intrigue en tout genre. Il eut cent querelles avec les États de la province, avec le Parlement, l'Université d'Aix, les couvents et son chapitre métropolitain, et il en sortit presque toujours avec les honneurs de la guerre. Les spirituels Provençaux lui décochèrent cette épitaphe ironique lorsqu'il mourut en 1708 :

Requiescat ut requievit !
(Qu'il repose comme il s'est reposé !)

« Personne, dit Saint-Simon, n'avait plus d'esprit, ni plus présent, ni plus d'activité, d'expédients et de ressources, et sur-le-champ sa vivacité était prodigieuse ; avec cela très sensé, très plaisant en tout ce qu'il disait sans penser à l'être, et d'excellente compagnie. Nul homme si propre à l'intrigue, ni qui eût le coup d'œil plus juste; au reste peu scrupuleux, extrêmement ambitieux, mais avec cela haut, hardi, libre, et qui se faisait craindre et compter par les ministres. Cet ancien commerce de Madame dans beaucoup de choses, dans lequel le roi était entré, lui avait acquis une liberté et une familiarité avec lui qu'il sut conserver et s'en avantager toute sa vie. Il se brouilla bientôt avec Monsieur après la mort de Madame, pour laquelle il avait eu force prises avec lui et avec ses favoris.... Il n'en fut que mieux avec le roi, qui lui donna des abbayes, et enfin l'archevêché d'Aix, où il était le maître de la province. »

Parvenu à un âge avancé, il apprend qu'on vient de canoniser saint François de Sales. « Quoi! s'écrie-t-il, Monsieur de Genève, mon ancien ami? Je suis charmé de la bonne fortune qu'il vient de faire; c'était un galant homme, un aimable homme, et même un honnête homme, quoiqu'il trichât au piquet, où nous avons souvent joué ensemble. — Mais, Monseigneur, est-il possible qu'un saint friponne au jeu? — Oh! répliqua l'archevêque, il disait pour ses raisons que ce qu'il gagnait était pour les pauvres. » Ouais! le mot ressemble assez bien à Cosnac, mais saint François de Sales était mort avant sa naissance.

« L'archevêque d'Aix a de grandes pensées, écrit Mme de Sévigné; mais plus il est vif, plus il faut s'approcher de lui comme des chevaux qui ruent, et surtout ne rien garder sur votre cœur. »

Quant à l'auditoire de la chaire royale, n'a-t-on pas deviné d'avance sa composition? Le roi tout d'abord, la reine Anne d'Autriche, la reine Marie-Thérèse, Monsieur, Madame, Monseigneur et Madame la Dauphine, la reine d'Angleterre, les ducs de Bourgogne, d'Anjou et de Berry, princes et princesses du sang, cardinaux, maréchaux, ducs, évêques, ambassadeurs, grands seigneurs, savants, écrivains, artistes. Le zèle chrétien pour les vrais croyants, l'attrait naturel de la littérature et de l'éloquence pour les beaux esprits, une sorte d'amusement pour les sceptiques, un déploiement de grâces et de séductions coupables, voilà sans doute les principaux motifs d'affluence au sermon, après le plus puissant de tous, la présence du roi. En revanche, si Sa Majesté, pour cause de voyage aux armées ou d'indisposition, était absente, le vide ne tardait pas à s'accentuer dans les rangs. Il y a, à ce propos, une jolie anecdote, dont le major des gardes du corps, Brissac, homme droit, espèce d'Alceste de cour, fut le héros. Il voyait avec humeur les tribunes garnies lorsque le roi devait venir, et quasi vides au contraire lorsqu'on apprenait de bonne heure qu'il ne paraîtrait pas. Et puis, ces petites bougies, que les dames, vieilles ou jeunes, tenaient allumées devant elles, sous le prétexte de lire leur messe, et qui éclairaient à plein le visage, échauffaient sa bile. Un soir d'hiver, la chapelle étant archipleine, les gardes à leur poste, Brissac surgit, lève son bâton et commande : « Gardes du roi, retirez-vous, le roi ne viendra pas. » Les gardes obéissent, grand brouhaha dans la chapelle, les petites bougies s'éteignent les unes après les autres, et voilà toutes les dames qui s'en vont en tapinois, sauf quatre. Brissac fait replacer ses gardes, le roi arrive, jette un coup d'œil sur les tribunes et, en sortant, demande pourquoi elles étaient vides. Alors Brissac lui conta le tour qu'il avait joué au bataillon des fausses dévotes, et, s'il ne s'agissait de Louis XIV, je dirais que sur ses lèvres s'épanouit le rire inextinguible des dieux d'Homère. Ces dames, dans leur fureur, auraient déchiré Brissac comme les Bacchantes mirent en pièces Orphée, pour avoir démasqué leurs pensées de derrière la tête.

Dans son for intérieur, plus d'un courtisan pensait avec les libertins, et voici un mot qui porte. Le duc de la Ferté ayant été traîné à un sermon de son frère, on lui demanda ce qu'il en pensait : « L'acteur, dit-il, m'a paru assez bon, mais la pièce assez mauvaise. » Madame, Princesse Palatine, qui avait abjuré le protestantisme des lèvres, non de cœur, et qui ne brillait guère par le sens du respect, écrit assez cavalièrement : « Les prédicateurs sont ordinairement assez peu amusants ; il me semble qu'on perd le respect pour les ecclésiastiques lorsqu'on les voit si souvent et de si près, car il est sûr que ce sont des hommes comme les autres. » Ailleurs, elle rapporte qu'un prédicateur à Rouen déclama fortement contre ceux qui vont à des noces et s'y divertissent ; là-dessus un auditeur observa : « Vous avez prêché contre ceux qui vont aux noces, mais Notre-Seigneur y alla bien lui-même à Cana, en Galilée. » L'orateur repartit brusquement : « Il est vrai qu'il y allait, mais il aurait mieux fait de ne pas y aller. » Cette princesse n'eût-elle pas goûté ce trait que raconte Segrais ? D'Aubigné, âgé de soixante-douze ans, conduisant à l'autel une jeune fille, le prédicateur prit pour son texte ces paroles de l'Évangile : « Seigneur, pardonne-leur, car ils ne savent ce qu'ils font. » D'Aubigné trouva fort mauvaise la plaisanterie, et il fallut lui faire des excuses.

Louis XIV, avant même qu'il eût tourné à la dévotion la plus sévère, aimait fort la régularité, les bienséances, le respect humain : il fut toujours et en tout le roi de l'étiquette. A partir de 1684, il recommande aux courtisans de faire leurs pâques, ajoutant qu'il leur en saura gré ; avant de leur confier ses affaires, il s'inquiète de leur exactitude à remplir leurs devoirs religieux, donne l'ordre au major de lui signaler ceux qui causeront à la messe, choisit lui-même les confesseurs de ses enfants. « Le même individu, observe la Palatine, qui fait l'athée à Paris, joue le dévot à la cour. » Et c'est sans doute à la vue de ces comédies de zèle que Mme de Lambert écrira cette pensée : « Qu'il y a de peuple à la cour! J'appelle peuple tout ce qui pense bas et communément; la cour en est remplie! »

Le P. Séraphin, capucin, prêchant le carême de 1696 à la cour, plut fort au roi malgré son peu d'éloquence, et bien qu'il répétât souvent les mêmes phrases; naturellement le bel air fut de l'admirer. Louis XIV ne put se tenir de reprocher au duc de Vendôme qu'il n'allât jamais au sermon, pas même à ceux du P. Séraphin ; mais le duc s'en tira en répondant plaisamment qu'il ne pouvait aller entendre un homme qui disait tout ce qui lui plaisait, sans que personne eût la liberté de lui répondre. Le public se chargea de venger le goût contre un prince qui, dans la dernière partie de son règne, et au grand détriment de la France, s'imaginait trop souvent conférer les talents avec les emplois : à Paris, l'échec du P. Séraphin fut si complet qu'il fit le vide dans les églises où il prêcha : « Les paroissiens désertèrent, jusqu'aux marguilliers disparurent; les pasteurs tinrent bon, mais les ouailles se dispersèrent, et les orateurs voisins en grossirent leur auditoire. »

« Tout le monde va à la messe, dit Joseph de Maistre, il n'est pas nécessaire pour cela d'être croyant, l'hypocrisie commence à vêpres. » Les courtisans de Louis XIV vont à vêpres, mais, malgré leur finesse, et bien qu'ils voient pousser l'herbe à quinze pas devant eux, ils ne peuvent s'empêcher de faire du zèle, et c'est le maître lui-même qui les rappelle à la mesure quand ils feignent d'être indignés des duretés de Mascaron : « Messieurs, leur disait-il, il a fait son devoir, c'est à nous de faire le nôtre. » Le comte de Gramont se montrait plus habile avec son mot sur le fameux parallèle de Bossuet entre Condé et Turenne : « Sire, nous venons d'assister à l'oraison funèbre de M. de Turenne. » En tout cas, aucun d'eux n'aurait osé répondre comme fit Malherbe à l'archevêque de Rouen qui l'invitait, après dîner, à venir l'entendre prêcher : « Ah! dispensez-m'en, Monseigneur, je dormirai bien sans cela. » Et personne à la cour n'aurait souffert qu'on lui attribuât le mot amer d'un sceptique auquel un croyant faisait cette observation, un jour de fête consacrée : « Le bon Dieu, malgré tout, reçoit beaucoup de visites. — Ce sont des visites d'adieu! »

Donc le roi, avant comme après la fistule, dirait Michelet, avant comme après le repentir, dirai-je plus simplement, suivait assidûment les stations et les avents de ses prédicateurs. Rien dans son attitude qui rappelât son père. Celui-ci, dans sa prime jeunesse, et sous l'influence de son premier précepteur des Yveteaux, avait pris l'habitude de s'endormir aux sermons de l'abbé de Bourgueil, et, à ceux qui l'éveillaient, il demandait s'il n'y avait pas moyen de le faire porter au lit. En revanche, il arriva qu'une fois le roi interrompit le prédicateur, et le P. de la Rue a rapporté le trait comme une preuve de son respect pour la parole de Dieu. C'était le P. Gaillard. il prêchait à Fontainebleau, le jour de la Toussaint 1688, lorsque, au milieu du sermon, Louvois remet à Sa Majesté une lettre où le dauphin mandait que, le 29 du mois dernier, l'ennemi assiégé dans Philipsbourg avait battu la chamade. Le roi ayant fait signe qu'il voulait parler, le P. Gaillard s'interrompit. « Mon Père, dit Louis XIV, je vous demande pardon, permettez-moi de lire la lettre de mon fils. » Puis, l'ayant lue, il proclame tout haut la nouvelle, se jette à genoux, la cour en fait autant, on se relève, le prédicateur reprend son discours, et, mêlant sur la fin Philipsbourg, Monseigneur, le bonheur du roi et les grâces de Dieu sur sa personne, il fit de tout cela une si bonne sauce que tout le monde pleurait. Mme de Sévigné observa malicieusement : « Le roi et la cour ont loué et admiré le P. Gaillard, il a reçu mille compliments; enfin, l'humilité d'un jésuite a dû être pleinement contente. »

L'interruption de Louis XIV n'était pas la première qu'un roi très chrétien se fût permise en face de la chaire. Saint Louis avait donné l'exemple. Un prêtre prêchant devant lui prononça les paroles suivantes : « Au moment de la Passion, tous les apôtres abandonnèrent le Christ, et la foi s'éteignit dans leur cœur. Seule la vierge Marie la conserva depuis le jour de la Passion jusqu'à celui de la Résurrection ; en mémoire de quoi, dans la semaine de pénitence, aux matines, on éteint les unes après les autres toutes les lumières, sauf une seule que l'on réserve pour les rallumer à Pâques. » A ces mots, un dignitaire de l'Église se leva, et interpellant l'orateur : « Je vous engage, dit-il, à n'affirmer que ce qui est écrit; les apôtres, en effet, ont abandonné Jésus-Christ de corps, mais non de cœur. » Et le malheureux sermonnaire allait être obligé de se rétracter en pleine chaire, lorsque le roi, se levant à son tour, vint à la rescousse : « La proposition avancée n'est point fausse, on la trouve écrite bel et bien dans les Pères. Apportez-moi le livre de saint Augustin ! » On obéit, et, à la grande confusion de l'interrupteur, saint Louis lut un texte du commentaire sur l'Évangile de saint Jean, ainsi conçu : « *Fugerunt, relicto eo corde et corpore :* Ils s'enfuirent, l'abandonnant de cœur et de corps. »

Le Jésuite Claude de Lingendes, prêchant à Saint-Paul, fut interrompu dans son discours par le curé de cette église ; d'où scandale, lutte, ordre au curé de se retirer en sa maison des champs, ligue des autres curés de Paris pour la défense de leur collègue. « Et voilà, observe Guy-Patin, le commencement d'une guerre de gens désarmés, et qui n'ont pour tout canon que celui d'une messe, et pour épée que le bâton et la croix, d'une guerre qui ne tuera personne, mais engendrera quelques livres dont nous nous divertirons. »

Une des coutumes les plus singulières de l'auditoire royal, et non seulement de l'auditoire royal, mais d'autres auditoires élégants, coutume déjà ancienne et censurée souvent par les prédicateurs, comme on l'a vu à propos du P. de Lingendes, est celle qui permet aux femmes de se présenter à l'église en grande toilette, toutes décolletées. Bossuet, Bourdaloue protestent contre cette mode : Massillon blâme ses zélatrices de choisir le saint lieu et « l'heure des mystères terribles pour venir y inspirer des passions honteuses, s'y permettre des regards impurs, pour y former des désirs criminels, y chercher des occasions que la bienséance toute seule empêche de chercher ailleurs, y retrouver peut-être des objets que la vigilance de ceux qui nous éclairent éloigne de tous les autres lieux, bref pour faire du temple un rendez-vous d'iniquités. » Déjà aussi le P. Le Roux avait reproché aux dames de la cour « d'étaler jusqu'au pied des autels la plus affreuse nudité, et de paraître sous un extérieur qui *annonce une chasteté mourante.* » Et, comme avant le sermon, elles se tenaient oisives, sans prière, sans oraison, sans dévotion, bientôt des regards s'échangeaient, des conversations s'ébauchaient, des intrigues se nouaient dans ce lieu à ce moment même. Vains efforts : cette mode persista pendant tout le XVIIe siècle; le roi seul aurait pu l'abroger, il ne prononça jamais la parole magique : peut-être ce tableau trop païen faisait-il partie du somptueux décor dont il aimait à s'entourer.

Ce n'est pas tout : ce public de la cour adore les personnalités, les allusions, il les cherche dans le sermon comme un fruit défendu, les saisit au vol, les crée au besoin, convertit les peintures de mœurs en portraits de personnes, met au compte de l'orateur les bonnes fortunes du hasard. Un jour que le P. Séraphin avait lancé cette proposition bizarre : « Sans Dieu point de cervelle, » chacun regarda le maréchal de Villeroy dont l'incapacité et la fatuité attiraient sur la France de si pénibles revers. Une autre fois, le P. de la Rue ayant fait une sortie inattendue d'une demi-heure contre le quiétisme et les quiétistes, avec des peintures d'après lesquelles on ne pouvait méconnaître les originaux, le duc de Beauvilliers essuya tout du long l'algarade, sentant les regards indiscrets de la cour braqués sur lui.

La prédication à la cour ou devant la cour a lieu durant l'Avent et le Carême, accidentellement aux fêtes principales de l'année : elle se fait sinon au palais, du moins à la paroisse que fréquente la cour. En outre, celle-ci va assez fréquemment à des sermons en ville, pour des neuvaines, des vêtures, des abjurations religieuses comme celle de Turenne ou du duc de Richmond, fils naturel du roi d'Angleterre. L'abbé Hurel remarque très justement que si la prédication morale fait d'ordinaire les frais du sermon, c'est que le goût de l'auditoire le portait de ce côté, et d'ailleurs il est toujours plus aisé d'appliquer la théologie que de l'établir. « Il fallait, ajoute-t-il, courir au plus pressé, à la réforme des mœurs, et l'on savait qu'en général l'esprit reçoit du cœur toutes ses objections.... » Toutefois, la prédication morale n'était pas seule à se faire jour devant la cour : il y avait le panégyrique, c'est-à-dire la parole sainte « changée en un tissu de louanges, justes à la vérité, mais mal placées. » C'était beaucoup si, à l'occasion du héros qu'ils célébraient dans le sanctuaire, les orateurs disaient un mot de Dieu et du mystère qu'ils devaient prêcher. Et ces errements se traduisaient quelquefois par une pesante déception; on avait composé, appris avec soin son discours, en vue d'un personnage qui devait l'entendre; au dernier moment, celui-ci faisait défaut. Voilà notre homme forcé de ne pas prononcer devant des chrétiens un discours de chrétien qui n'était point préparé pour eux, réduit à se faire remplacer au pied levé par quelqu'un de plus habile dans l'art d'improviser.

Point de mésaventure semblable dans l'oraison funèbre : introduit en quelque sorte pour l'ostentation, le divertissement et la pompe, ce discours était comme un tournoi, dégénérait souvent en éloge profane, d'autant mieux accueilli qu'il s'éloignait davantage du sermon chrétien. En thèse générale, et sauf d'illustres exemples, l'oraison funèbre n'est qu'une déclamation, un spectacle, une surenchère de flatteries, où l'on dit de certains hommes ce qu'ils auraient dû être plutôt que ce qu'ils ont été. On pourrait presque lui appliquer le mot paradoxal d'un monarchiste impénitent : « La République! le nom seul est corrupteur. » Ne corrompt-elle pas l'éloquence de la chaire dont elle fait une école d'adulation? Quel tact, quelle habileté ne fallait-il pas à un P. Gaillard pour prononcer l'oraison funèbre de M. de Harlay, archevêque de Paris, prélat courtisan, fort diplomate et ultra-libertin qui, mourant dans la compagnie trop intime de Mme de Lesdiguières, inspirait de si spirituelles réflexions à Mme de Sévigné : « Il n'y a que deux obstacles qui rendent difficile l'éloge du défunt : sa vie et sa mort. » Le P. de la Chaise, confesseur du roi, Achille de Harlay, premier président, avaient dû intervenir pour que le P. Gaillard acceptât cette tâche si pénible. Mme de Coulanges expliquait malicieusement la question : « Le P. Gaillard ne doit pas faire l'oraison funèbre, et pourtant il parlera. Mais, devant le catafalque et au milieu de la cérémonie, il a imaginé de faire un sermon, devinez sur quoi, sur la mort ; de tourner tout en morale, d'éviter les louanges et la satire, qui sont deux écueils dangereux. Tout le prélude des oraisons funèbres n'y sera pas. Il se jettera sur les auditeurs pour les exhorter à bien vivre ; il parlera de la surprise de la mort, peu du mort, et puis Dieu vous conduise à la vie éternelle ! »

A l'exception des prédicateurs de Port-Royal, pour lesquels Louis XIV témoigna toujours une profonde aversion, un peu sans doute parce que leur morale austère flagellait indirectement ses désordres, la plupart des sermonnaires de talent eurent l'honneur de prêcher devant la cour. Parmi ceux-ci, le P. Senault, déjà cité, orateur du genre noble et compassé, très admiré de 1640 à 1660. Un de ses plus beaux titres est d'avoir dirigé longtemps l'école de Saint-Magloire, d'où sortirent le P. Le Boux, le P. Mascaron, l'abbé de Fromentières. Et puis, un désintéressement qui revêtait sa parole de force et de liberté. Mazarin lui ayant offert l'épiscopat : « Monseigneur, répondit Senault, on ne saurait être plus obligé que je ne le suis à Votre Éminence, mais elle ne saurait rien faire pour un homme qui se croit plus heureux qu'Elle. » Anne d'Autriche ne parvint pas davantage à ébranler sa modestie. « Quel âge avez-vous ? demanda la reine. — Soixante et un ans. — Il y a un abbé qui en a soixante-dix-huit et qui me presse de lui donner l'évêché que je vous offre. — C'est qu'il est plus *homme de bien* que moi, repartit humblement Senault. — Oui, sans doute, dit une dame de la reine, car il a déjà pour vingt-cinq mille livres de bénéfices. » L'autorité de son caractère permit à ce prédicateur de tancer hautement les désordres et les vices de la cour : il estimait que l'on ne prévarique pas moins en taisant la vérité qu'en débitant le mensonge; et il osa aussi, du haut de la chaire, blâmer la reine de ce qu'elle allait à la comédie les jours mêmes où elle avait communié. Ce qui donna lieu à son panégyriste de le comparer à saint Jean Chrysostome condamnant les jeux célébrés devant la statue de l'impératrice Eudoxie, et à saint Ambroise interdisant l'entrée du temple à Théodose. Quelle fut la surprise des courtisans lorsque la reine manda, le lendemain même, le P. Senault, et le remercia de lui révéler une faute dont personne ne s'était avisé de l'avertir!

C'est le châtiment des petites âmes de n'avoir pas le secret des âmes grandes ou héroïques. Un courtisan blanchi sous le harnais, un d'Antin, un La Feuillade, un La Rochefoucauld ne quitte pas son maître pendant vingt ans, ne manque pas un lever, un coucher, une chasse royale, se fait l'ombre du roi; il croit connaître dans ses menus détails, avec toutes ses gloses et ses pièges, le code de la courtisanerie; il se dirige pendant longtemps dans ce dédale avec la dextérité d'un pilote exercé à travers une mer pleine de récifs. Mais il ignore plusieurs choses : la part de l'imprévu dans les affaires humaines, les surprises de l'éternelle loi d'ironie, les contradictions des grands, le plaisir qu'ils éprouvent à déconcerter les prévisions de leurs flatteurs. A force de mesurer tout le monde à son aune, de vivre dans l'horizon restreint de la cour, il finit par ressembler à un homme qu'on aurait, dès sa naissance, élevé dans une caverne, sans jamais l'en laisser sortir : il ne connaît pas l'influence des sentiments élevés, qui sont à l'âme ce que le soleil, les prés, les arbres, les rivières sont à la nature, leurs éclairs soudains qui parfois illuminent même les personnages voués à la superstition de l'étiquette et des rites sociaux. Et cette sagesse de fourmi, cette infaillibilité de taupes trébuchent tôt ou tard dans ce conflit ténébreux où, comme dans une bataille de Salvator Rosa, volontés, désirs, caprices, ambitions, fatalité, Providence, sont pêle-mêle aux prises pour former cet inconnu mystérieux : la parole, l'acte des tout-puissants.

TROISIÈME CONFÉRENCE

LA SOCIÉTÉ D'APRÈS LES SERMONS DES PRÉDICATEURS

MESDAMES, MESSIEURS,

La mode des portraits en chaire est aussi ancienne que l'éloquence religieuse, et, si j'ose dire, elle semble une loi du genre. On trouve des portraits dans les Pères grecs et latins, dans les sermons du moyen âge, des XVe, XVIe siècles, et l'on pourrait soutenir que tout sermonnaire a dans le cœur un moraliste ou même un satirique qui sommeille.... et qui s'éveille volontiers [1].

---

1. Abbé Hurel : *Les orateurs sacrés à la cour de Louis XIV*, 2 vol. Didier. — Jacquinet : *Des prédicateurs du XVIIe siècle avant Bossuet.* — Boucher : *Histoire littéraire de la prédication.* — Feugère : *Bourdaloue, sa prédication et son temps*, 1 vol. Perrin. — Charles Livet : *Portraits du grand siècle.* — *Mémoires* de Saint-Simon, de la Grande Mademoiselle. — *Caractères* de la Bruyère. — Belin : *La société française au XVIIe siècle d'après les sermons de Bourdaloue*, 1875. — Combes : *Mme de Sévigné historien.* — A. Perraud : *L'Oratoire de France au XVIIe et au XIXe siècle.* — Nisard : *Histoire de la littérature française.* — *Menagiana.* — Clément : *Mme de Montespan.* — *Sermons* du P. Le Roux, 2 vol. — E. Caro : *Nouvelles études morales.* — Boyer : *Les caractères des prédicateurs*, 1695. — Lallouette : *Abrégé de la vie du cardinal Le Camus.* — Sainte-Beuve : *Port-Royal.* — Voir aussi les ouvrages cités pages 1 et 43 de ce volume. — Massillon et Fléchier trouveront place dans une étude sur les prédicateurs des XVIIIe et XIXe siècles.

Du moins rencontrez-vous à toutes les époques des hommes que leur tempérament, leur tournure d'esprit, portent invinciblement à s'affranchir des traditions de l'école, à rechercher les moyens les plus rapides d'action sur les masses, pour s'emparer de leurs sens. Et quel procédé plus efficace que celui qui consiste à faire appel aux passions, ces reines du monde moral, à dramatiser en quelque sorte le récit, à peindre le pécheur plutôt que le péché! Les hommes n'ont pas, n'auront jamais le goût des idées générales et des abstractions; pour que celles-ci touchent leur cœur et leur esprit, il faut qu'elles descendent de leur pure région idéale, se fassent vivantes, revêtent une physionomie matérielle. Dieu, a-t-on dit finement, a créé l'homme à son image, et l'homme le lui a bien rendu; les idées générales, à elles seules, nous écrasent, nous semblent des villes bâties dans la nue, des causes sans effets, des principes sans preuves; le sens de l'impersonnel sera toujours le privilège des croyants sans temple, d'une élite imperceptible; d'instinct, l'immense majorité va droit aux symboles, aux mythes, vers tout ce qui est lumière, couleur, force, poésie. Voilà pourquoi le sentiment divin est devenu christianisme, bouddhisme, mahométisme, pourquoi les foules préfèrent le roman à l'histoire, le théâtre à la philosophie; pourquoi aussi les sermons les plus abstraits se métamorphosent, se chargent de noms propres dans la pensée de beaucoup d'auditeurs : ils ont trouvé ces noms tout seuls, ils croient de bonne foi que le prédicateur les leur a soufflés.

Le champ de l'éloquence sacrée est très vaste, non illimité : les dogmes de la religion, la direction des âmes, les sept péchés capitaux et leur innombrable dynastie, voilà son domaine. Comment, lorsqu'on parle de l'homme à des hommes, éviter la peinture des mœurs? Comment, lorsqu'on flétrit le péché, s'abstenir de le caractériser, de le poursuivre dans ses déguisements infinis? Et comment le stigmatiser, si l'on n'étudie son costume, variable selon le temps? Cet orateur ne subira-t-il pas l'influence de la société où il vit, où il a été élevé? Sa parole ne sera-t-elle pas imprégnée du parfum des événements qui se déroulent devant lui, crises sociales, guerres, catastrophes et scandales de tout genre, élans collectifs d'enthousiasme, traits d'héroïsme d'un peuple ou d'un individu? Parlera-t-il le même langage aux barbares qu'il veut convertir qu'aux patriciens de la Rome impériale du IVe siècle; à des paysans ignorants du temps de Philippe Auguste qu'aux courtisans raffinés de Louis XIV? Pour combattre les défauts de ses contemporains, il faudra mettre ceux-ci sur la sellette, et la tentation est grande de descendre des peintures générales aux peintures individuelles, d'illustrer les principes par des exemples.

Tout ici d'ailleurs est affaire de tact et de mesure, et puis aussi de chance : telles audaces de langage frappent de grands coups dans la chaire sacrée, telles autres ne récoltent que l'indifférence, le dédain ou même la disgrâce de l'orateur.

Prenons par exemple deux époques de renaissance dans l'éloquence de la chaire, le XIIIe, le XVIIe siècle. Au XIIIe siècle, les sermons adressés à des clercs sont ordinairement prêchés en latin, ceux qu'on destine aux fidèles sont prêchés en français, dans l'idiome national, même si l'auteur les a écrits dans la langue savante [1]. En général, on moralise, on peint davantage dans les seconds que dans les premiers. Suivez avec attention les discours de Maurice de Sully, Jacques de Vitry, Étienne de Bourbon, Hélinaud, Foulque de Neuilly, Philippe Berruyer, Jean Halgrin, Guillaume d'Auvergne, Gaultier de Château-Thierry, Robert de Sorbon, Albert le Grand, des deux cent soixante principaux prédicateurs du XIIIe siècle, vous y trouverez un tableau assez complet et véhément du monde religieux et du monde féodal, depuis le roi jusqu'aux écoliers et aux sorciers. Il y a même des sermons appropriés aux diverses catégories d'auditeurs, ce qu'on appelle *sermones ad status*, en vertu de cet axiome que la médecine doit être en raison de la maladie : certains recueils énumèrent cent vingt classes d'auditeurs, contiennent des développements, des textes, réflexions, exemples qui devaient s'adapter à leurs besoins particuliers, avec ce titre significatif : *dormi secure*, en d'autres termes : dors tranquille, car demain je te fournirai un sermon tout prêt. Pour beaucoup, le métier succède à l'inspiration, comme le dit Victor Le Clerc ; avec les *sermones ad status*, ils ont les recueils d'*exempla*, récits de toutes provenances, proverbes, traits d'histoire, exemples, pouvant servir de preuves à l'appui d'un enseignement religieux.

Ces prédicateurs n'y vont pas de main morte, et malmènent vigoureusement toutes les classes de la société,

---

1. Cette opinion de Lecoy de la Marche est encore discutée aujourd'hui. Voir Petit de Julleville, t. II, p. 219 et suiv. M. Piaget estime que les clercs prêchaient d'ordinaire en latin, même devant un public qui ne comprenait point cette langue.

à commencer par le clergé : ils appellent les choses par leur nom, cultivent l'apologue familier, trivial, bouffon, le trait pittoresque, l'invective hardie, brutale même. Ils tonnent contre les violences des seigneurs et des soldats qui vont à la guerre en *habits de noce*, vêtus du sang et des larmes du pauvre peuple; contre les exactions des officiers seigneuriaux et légistes qui vendent même *le soleil;* contre le luxe des femmes qui portent des *cheveux morts* (des cheveux de personnes mortes).

Le frère Geoffroi de Blessen raconte qu'un clerc ressuscité disait avoir vu dans l'autre monde des gens courbés sous des fardeaux énormes; c'étaient les âmes des prélats insouciants, chargés de toutes les fautes d'autrui. « Les malheureux, les insensés! s'écrie Jacques de Vitry, ils abandonnent le soin de plusieurs milliers d'âmes à des enfants auxquels ils n'oseraient confier trois poires, dans la crainte qu'ils ne les mangent! J'en connais un, de ces jeunes intrus, que son oncle, évêque, avait installé au chœur, dans la stalle de l'archidiacre, et qui la souillait encore, comme naguère le giron de sa nourrice. » Après avoir énuméré devant le roi et sa cour les devoirs de la royauté, Gilles d'Orléans ajoute : « Le roi, c'est celui qui gouverne bien. » et il formule cette curieuse maxime qui montre que le mépris de la science était déjà réputé chose honteuse : « un roi illettré n'est qu'un âne couronné. » — L'unique noblesse, soutiennent ces prêcheurs, c'est la noblesse de l'âme; le seul roi né tel, c'est le Christ, les autres naissent pauvres, ils naissent nus!

Comme on voit, nous n'en sommes pas encore aux doctrines théocratiques d'absolutisme monarchique.

Et voici encore pour les princes et puissants : le

comte Thibaut de Champagne, lorsqu'il chevauchait, distribuait de sa main des souliers aux malheureux, et comme ses chevaliers haussaient un peu les épaules, il observa doucement : « Ne vous étonnez pas si je fais mes aumônes moi-même; car je serais bien fâché de ne pas recevoir moi-même ma récompense. »

Aimez-vous cette leçon aux vaniteux ?

Un prêtre, ayant une voix horrible, se persuadait cependant qu'il chantait fort bien. Un jour qu'il disait la grand'messe, une bonne femme se mit à pleurer bruyamment; il croit que c'est l'effet de son chant, hausse le ton, et la femme de faire chorus. A la fin de l'office, il va la trouver dans l'espérance de s'entendre décerner les éloges qu'il s'accordait à lui-même : « Ah! messire, soupire-t-elle, je suis cette malheureuse qui a perdu l'autre jour son âne; la pauvre bête a été dévorée par un loup, vous savez bien. Quand vous chantez, je crois encore entendre sa voix. » Qui fut quinaud ? Le chanteur.

Que dites-vous de cette algarade d'un disciple de saint Dominique aux Parisiennes élégantes de l'an de grâce 1273 ?

« En apercevant une de ces femmes, ne la prendrait-on pas pour un chevalier se rendant à la Table Ronde ? Elle est si bien équipée de la tête aux pieds, qu'elle respire tout entière le feu du démon. Regardez ses pieds : sa chaussure est si étroite qu'elle en est ridicule. Regardez sa taille, c'est pis encore. Elle la serre avec une ceinture de soie, d'or et d'argent, telle que Jésus-Christ ni sa bienheureuse mère, qui étaient pourtant de sang royal, n'en ont jamais porté. Levez les yeux vers sa tête : c'est là que se voient les insignes de l'enfer; ce sont des cornes, ce sont des *cheveux morts*, ce sont des figures de diables. Sainte Marie! D'où vient qu'une misérable et fragile créature ose se revêtir d'une armure pareille pour combattre Dieu et donner la mort à son âme?.... »

Rien de plus fréquent chez ces vieux sermonnaires que la leçon sous forme d'anecdote et d'ironie. Étienne de Bourbon rapporte l'histoire de Richard Cœur de Lion, qui, entré dans un couvent de femmes, et fasciné par les beaux yeux d'une religieuse, menace de mettre à feu et à sang l'église si on ne la lui livre : la sainte fille se fait arracher les yeux et les lui envoie. Un autre, prêchant devant la cour, s'aperçoit que le sommeil a gagné une bonne moitié de ses auditeurs; il s'interrompt un instant, change de ton, et appelant par trois fois un seigneur qui s'éveille en sursaut : « Pardonnez-moi, dit-il du ton le plus calme, si je trouble votre sommeil; c'est seulement pour vous prier de ronfler un peu moins fort, attendu que vous courez grand risque d'éveiller Sa Majesté. »

Vous croyez que la bonne foi, à une époque si lointaine, présidait aux relations du commerce? Erreur : le commerce est déjà l'art d'abuser du besoin ou de l'envie que quelqu'un a de quelque chose. Les prédicateurs nous apprennent fort congrûment que les laitières mêlent de l'eau à leur lait, que les marchands de vin se livrent à des mouillages et à des coupages; les poissonniers ont des procédés pour faire paraître fraîche leur marchandise en dépit de la nature, les accapareurs cachent le blé pour spéculer sur la hausse, orfèvres et changeurs usent de moyens illicites pour élever et abaisser tour à tour la valeur des monnaies; les usuriers vont leur train, dévorent la substance du peuple malgré les prohibitions canoniques et légales. L'un d'eux supplie un prédicateur célèbre de ne point épargner en chaire cette peste publique, ce fléau, car, observe ce précurseur de Shylock, « cette ville fourmille tellement d'usuriers, que je ne gagne presque rien ; et si, par votre éloquence, vous pouviez ramener tous ces pécheurs dans le devoir, mes affaires en iraient beaucoup mieux. »

Pour conclure, cette jérémiade répétée de toutes les manières par les prédicateurs du XIIIe siècle, articulée sous une forme aussi injuste qu'originale par Guy-Patin, en 1666, dans la plus belle partie du règne de Louis XIV : « Nous sommes la lie des siècles. » Et l'on serait tenté parfois de se demander si la meilleure absolution du présent ne sera pas toujours le passé.

Revenons maintenant à ce majestueux XVIIe siècle, et continuons d'interroger les prédicateurs dans la chaire royale :

Le Camus, Mascaron, Fromentières, Bourdaloue, Fléchier, Soanen, Gaillard, de la Rue, Massillon, Maure, tous peintres de mœurs à des degrés divers, avec plus ou moins de précision, poussés par le besoin de venger les injures du Christ, par la pente naturelle de leur talent, par le désir plus ou moins inconscient de captiver leurs auditeurs.

Le Camus fut de ceux auxquels on appliqua la maxime : *pietas ad omnia utilis est;* sa vie pénitente ne demeura point assez cachée, et il s'attira à ce propos des épigrammes assez vives. Un jour qu'il racontait avec complaisance que le pape lui avait ordonné de mettre un peu de vin dans son eau (*propter stomachum*), l'évêque de Valence, Daniel de Cosnac, lui jeta : « Monseigneur, il devrait bien plutôt vous ordonner de mettre de l'eau dans votre vin. » Faste de pénitence, zèle de néophyte, l'abbé Hurel lui reproche sévèrement son attitude. Le recteur du collège des Jésuites de Chambéry ayant dit à M. du Gué que, pourvu qu'on crût en Jésus-Christ, on se sauvait partout, Mgr Le Camus se fâche tout rouge et écrit : « C'est ce Père-là que je veux qui sorte de mon diocèse, ou je n'approuverai aucun des leurs. » Beaucoup étaient dupes de cette ostentation d'austérité, et Innocent XI finit par lui envoyer le chapeau, qu'il accepta avec de grandes hésitations feintes, comme il avait fait pour l'évêché de Grenoble. D'aucuns toutefois ne prirent pas au sérieux son désintéressement, et lui-même lançait parfois ses béquilles en l'air, comme il fit un jour avec l'archevêque de Vienne qui s'étonnait de le voir manger de méchantes racines : « Monsieur, vous les trouveriez bonnes si elles vous avaient aidé à devenir cardinal. » Homme d'esprit d'ailleurs, plus sévère aux autres qu'à lui-même, il critique le clergé italien « qui vit d'une manière fort libertine, » déclare déplorable l'état de l'Église de France et refuse de venir à l'assemblée du clergé, qu'il qualifie « une espèce de petit libertinage pour les conversations et pour la bonne chère. » Il se vante d'avoir ému la cour de Turin en prêchant l'Évangile, mais son éloquence à grand fracas ne paraît pas avoir impressionné la cour de France.

Ayant un jour prêché contre les dames qui découvraient trop leur gorge, le cardinal Le Camus trouva, à son retour chez lui, une dame assez âgée qui avait assisté à son sermon, et comme elle était de celles qui montraient le plus leur gorge, quoiqu'elle l'eût fort laide : « Au moins, Madame, sourit-il, ce n'est pas contre celle-là que je viens de prêcher. »

L'abbé de Fromentières nous apparaît comme un disciple et un bon élève du P. Senault, dont il a prononcé l'oraison funèbre. Après avoir développé cette thèse que la fonction de prédicateur est noble, le sujet grand, l'objet vaste, la fin utile, il soutient que celui-ci doit se rendre agréable dans la chaire autant qu'il est nécessaire pour pouvoir être utile. « C'est pourquoi je n'ai jamais conçu le raisonnement de ces gens qui bannissent absolument l'élégance et la politesse de notre profession, s'imaginant que si le nombre et l'harmonie peut quelque chose sur l'oreille, tout cela ne peut rien sur le cœur; c'est comme si l'on disait qu'une armée étant bien rangée, en est moins propre à combattre et à vaincre. »

Devant le roi, devant la cour, il parle avec une liberté d'apôtre, dénonce les sortilèges et les pratiques occultes, l'impunité du mal : « .... Il ne faut que faire passer devant les yeux des grands une fumée d'honneur, une ombre de plaisir, un fantôme de gloire et de préséance, une apparence de gain et d'intérêt, pour les abattre aux pieds de Satan, pour perdre toute une cour, pour abymer des royaumes entiers.... Les grandes fortunes sont comme des pointes de rochers sur lesquelles il est difficile de se tenir, et d'où l'on ne descend jamais qu'on ne se jette dans un précipice. Mais ce ne sont pas ces révolutions et ces chutes que j'appréhende. Oh! qu'elles seraient avantageuses à la plupart des grands en ce monde! Ce qui m'y paraît le plus funeste, c'est que deux choses me font presque désespérer de leur salut : le pouvoir de faire le mal, et l'impunité qu'ils y trouvent. »

Le P. Adam, jésuite, qui prêcha un carême à la cour, paraît avoir mêlé la politique à l'Évangile dans la chaire, et versé de l'huile sur le feu dans les disputes du jansénisme, par ses excès de parole et ses invectives. Un jour, à Saint-Paul, il tonne contre saint Augustin qu'il appelle l'*Africain échauffé*, le *Docteur bouillant*. Une autre fois, il compare la reine à la sainte Vierge, et Mazarin à saint Jean l'Évangéliste : la reine ayant demandé au prince de Guéménée ce qu'il en pensait, celui-ci répondit qu'il n'avait jamais autant goûté la doctrine des préadamites, car ce sermon lui démontrait clairement que le P. Adam n'était pas le premier homme du monde.

Avec ses qualités et ses défauts, malgré des couleurs trop réalistes, des tons un peu crus, l'abus des citations historiques et mythologiques, le P. Léon, carme réformé, paraît avoir produit une forte impression à la cour; il y parle en véritable apôtre; il a la parole vive, imagée, courageuse et vibrante. « Pourquoi la parole de Dieu est-elle si stérile? se demande-t-il. La faute en est aux prédicateurs qui, pour se mettre à la mode, mêlent l'eau profane avec le vin du ciel, et aussi aux auditeurs, qui ressemblent à ces saules inféconds en dépit des eaux courantes, auxquels les captifs attachaient leurs luths découragés.... La parole de Dieu est un miroir.. Tous les matins nous vous la présentons dans les églises, ici quelquefois, quand il plaît à Vos Majestés. Chacun y voit ses défauts et ses laideurs, quoique souvent l'on ne s'arrête qu'à considérer les fautes du prochain.... Après cela qu'arrive-t-il? La prédication à peine achevée, on ne s'en souvient plus.... » Avec la Bruyère, Pascal, Bourdaloue, avant Massillon, il signale les libertins qui, « dans l'empire de Dieu, parmi ses bienfaits, parmi ses œuvres, osent dire qu'il n'est pas, et ravir l'être à celui par qui tout subsiste. »

S'adressant à Louis XIV, il dit hardiment : « Il faut, Sire, nous permettre le libre exercice de notre charge et aimer la vérité de l'Évangile, laquelle néanmoins, de notre côté, doit toujours être assaisonnée de discrétion et de retenue.... Ces peuples sont à vous; ce sont vos sujets, vos officiers, vos domestiques;.... la misère leur a ôté jusqu'au pain. La France est minée par la rébellion, les finances sont épuisées par les guerres continuelles et par la dissipation. Enfin, nous voyons partout une Iliade de malheurs.... Que doit faire le chef, le père, le roi de son peuple? A l'exemple de Jésus-Christ, il doit avoir le cœur rempli de miséricorde, l'esprit de diligence, les mains de libéralités.... » La cour n'est « qu'un théâtre de fausses vertus, et il est malaisé de trouver des vertus dans cette cour où elles sont des miracles.... »

De Dom Cosme, qui devint évêque de Lombez, et prêcha plus de dix ans à la cour, je ne retiens que cette parole dans l'oraison funèbre d'Anne d'Autriche : « Je puis bien accorder un pardon, puisque j'en reçois tous les jours d'innombrables de la miséricorde infinie de Dieu. »

Si Bossuet [1] (1627-1704) ne figure point parmi les por-

---

1. Ch. Urbain : *Bossuet*. Bibliothèque des bibliographies critiques, publiée par la Société des études historiques. — Floquet : *Études sur la vie de Bossuet*, 4 vol. Firmin Didot. — Spanheim : *Relation de la cour de France en 1690*. Paris, 1882. — *Mémoires* de Saint-Simon. — D'Alembert : *Éloge de J. B. Bossuet*. — Patin :

traitistes de la chaire, c'est parce que la hauteur de son génie l'a, plus que les autres, détourné de cette tactique, c'est qu'il se cantonne davantage dans la tour d'ivoire de l'abstraction, que ses théories morales siègent dans une sphère impersonnelle où il faut les aller chercher : pour cette même raison, peut-être aussi parce qu'il improvise beaucoup, il n'obtient pas, *comme prédicateur*, une justice suffisante. Quoi qu'en aient dit certains de ses biographes, il n'est réputé ni le premier ni le second; la cour et la ville le mettent au-dessous de Senault, Bourdaloue, Massillon, Mascaron. Et sans doute le suffrage de la Bruyère, de Condé, de Madame Henriette devançait celui de la postérité; mais ces juges

---

Éloge de Bossuet. — Saint-Marc Girardin : *Éloge de Bossuet* dans les *Essais de littérature et de morale.* — L'abbé Ledieu : *Mémoires* et *Journal* sur la vie et les ouvrages de Bossuet. — De Bausset : *Histoire de Fénelon*, 3 vol., et *Histoire de J. B. Bossuet*, 1814, 4 vol. — Lamartine : *Vie des grands hommes.* — Le chanoine Réaume : *Histoire de J.-B. Bossuet et de ses œuvres*, 3 vol. — J. de Maistre : *De l'Église gallicane.* — J. Th. Loyson : *L'assemblée du clergé de 1682.* — Rébelliau : *Bossuet historien du protestantisme.* — L. Crouslé : *Fénelon et Bossuet.* — Guerrier : *Mme Guyon.* — Silvestre de Sacy : *Variétés littéraires.* — Nisard : *Histoire de la littérature française.* — Gandar : *Bossuet et la littérature française.* — Sainte-Beuve : *Causeries du lundi* et *Nouveaux lundis.* — E. Faguet : *Les grands maîtres du XVIIe siècle.* — F. Brunetière : *Études critiques*, 2e et 5e séries; article *Bossuet* dans la *Grande encyclopédie*, et plusieurs articles dans *Revue des Deux Mondes.* — G. Lanson : *Bossuet*, 1890. — Freppel : *Bossuet et l'éloquence sacrée au XVIIe siècle.* — Alfred Rébelliau, dans *Petit de Julleville*, t. V. — Ad. Franck : *Réformateurs et publicistes de l'Europe au XVIIe siècle.* — Paul Janet : *Les passions et les caractères dans la littérature du XVIIe siècle.* — Follioley : *Histoire de la littérature française au XVIIe siècle.* — E. Bersot : *Essais de philosophie et de morale.* — Ingold : *Bossuet et le jansénisme*, 1897. — E. Dantier : *Les Correspondants de Bossuet*, dans *Correspondant*, 1874. — P. J. Proudhon : *La justice dans la Révolution et dans l'Église.*

excellents étaient rares, et Mme de Sévigné elle-même déclare qu'avant Bourdaloue il *sembla que personne n'avait parlé.* Le XVIIIe siècle ne le méconnut guère moins : la Harpe, Rollin proclament, l'un, qu'il fut médiocre dans ses sermons, l'autre, qu'il ne se soutient pas; Trublet se croit tenu de démontrer qu'il ne manque point de goût, qu'il n'est pas un écrivain sans style; Dussault qualifie ses sermons d'ouvrages de mauvais goût, de matériaux informes empreints parfois du sceau du génie. « Les hommes de stature moyenne, observe Lacordaire, ont plus d'analogie avec leur siècle que les hommes démesurés : les êtres qui rampent doivent mal comprendre ceux qui marchent, à plus forte raison ceux qui planent. » Ce n'est certes pas à Bossuet qu'on peut appliquer un autre mot de Lacordaire : « La prédication est une conversation élevée. » Bossuet se meut dans le sublime comme dans son élément propre, mais ce même sublime continu lasse plutôt la foule qu'il ne l'éblouit. C'est celle-ci cependant qui dispense la célébrité, sinon la gloire : si les suffrages se pèsent devant la postérité, ils se comptent au moment où ils se produisent.

Faut-il l'avouer? Même après les belles études et les conférences si éloquentes de M. Brunetière, le caractère de Bossuet, sa personne morale m'attirent moins que son génie, et je répéterais presque le mot de Narbonne à Napoléon Ier qui l'interrogeait : « Il paraît que la duchesse votre mère ne m'aime pas. — Sire, elle n'en est encore qu'à l'admiration. » Tout en écartant la fable ridicule de son mariage secret, beaucoup l'accusèrent d'avoir montré une dureté extrême envers les protestants, et de ne pas dédaigner assez les biens de ce monde. Le fameux Tréville, auquel il reprochait de manquer de jointures, de souplesse dans les relations sociales, caractérisait assez bien cette âme de conseiller d'État [1], en ripostant qu'il n'avait point d'os. Qu'il ait voulu rehausser le prestige du pouvoir qui s'incarnait dans un homme, grandir une majesté qui « n'est qu'un rayon de celle de Dieu, » on le comprend. Et ces sentiments n'ont pas été développés par l'atmosphère de la cour, puisqu'en 1649, dans son discours de paranymphe, il les professait déjà. Mais peut-être n'a-t-il pas tort de dire à la supérieure d'une communauté de Meaux : « Priez Dieu pour moi. — Que demanderai-je? interrogeait-elle. — Que je n'aie point de complaisance pour le monde. » On lit dans les *Souvenirs* du président Bouhier qu'au cours d'une discussion un peu vive, Bossuet s'anima au point de dire au poète-chanoine Santeuil : « Si j'étais en la place du roi, je vous ôterais votre pension, que vous ne méritez pas ; je vous ferais chasser de Saint-Victor que vous déshonorez, et je vous enverrais aux Petites-Maisons, comme un fou que vous êtes. — Et moi, reprit Santeuil, si j'étais en la place du roi, je vous ôterais Germiny comme un lieu trop délicieux pour un dévot, je vous dépouillerais de votre évêché dont vous ne faites aucune fonction, et je vous enverrais à l'île de Pathmos faire une nouvelle Apocalypse. » Lamartine parle de « l'âme adulatrice de Bossuet. » Tout ceci sans doute est fort exagéré. En réalité Bossuet figure parmi les évêques qui résidaient le plus : très aimé de ses diocésains, il remplissait fort

---

1. Je ne sais plus qui l'a surnommé : « le conseiller d'État de Dieu. »

exactement ses fonctions pastorales, prêchait souvent en sa cathédrale. Dans la vie privée, il nous apparaît bon et doux, familier et cordial, un peu faible même, assez médiocre administrateur de sa fortune, bien différent du personnage théâtral que Rigaud représente dans son grand portrait. Il faut aussi reconnaître qu'il montra de la hardiesse quelquefois, trop rarement : mais la mode alors était d'adorer, de flatter le roi, comme la mode est aujourd'hui de critiquer le pouvoir; une faible minorité se taisait, n'approuvait pas, et bien peu entendaient le silence douloureux des humbles.

Bossuet connaît la cour et la compare à la mer. « La cour a des vagues plus furieuses, des abîmes plus creux et des tempêtes plus redoutables.... Comme elle est le principe et la cause de toutes les affaires du monde, l'ennemi du genre humain y jette tous ses appâts, y étale toute sa pompe. Là se trouvent les passions les plus fines, les intérêts les plus délicats, les espérances les plus engageantes. Quiconque a bu de cette eau, il s'entête, il est tout changé par une espèce d'enchantement. C'est un breuvage charmé qui enivre les plus sobres ; et la plupart de ceux qui en ont goûté ne peuvent plus goûter autre chose.... O cour !.... que je puisse voir tomber par terre l'ambition qui t'emporte, les jalousies qui te partagent, les médisances qui te déchirent, les querelles qui t'ensanglantent, les délices qui te corrompent, l'impiété qui te déshonore !.... Qu'est-ce que la vie de la cour ? Faire céder toutes ses passions au désir d'avancer sa fortune. Qui ne le fait pas ne sait point la cour.... Ainsi nous allons toujours, tirant après nous cette longue chaîne traînante de notre espérance.» Mais on n'en finirait pas de citer les belles et sublimes leçons qu'il adresse aux gens de la cour. « Établir Jésus-Christ sur eux-mêmes et par eux sur les peuples, » telle est, en résumé, la mission des grands ; la cérémonie du sacre l'indique pleinement. « L'Évangile sur votre tête, c'est pour vous inspirer l'obéissance ; l'Évangile en vos mains, c'est pour l'imprimer dans tous vos sujets. »

Plus d'un prédicateur du XVIIe siècle, par ses mots, par ses attitudes, égaya son époque et mérite de figurer dans une galerie de tableaux.

Tel Henri de Lavardin, évêque du Mans, dont la vie épiscopale fut si sévèrement appréciée qu'on l'accusa d'athéisme, et que des doutes s'élevèrent sur la validité des sacrements par lui conférés. Balzac l'appelait un très noble orateur, ce qui ne l'empêcha pas de demeurer court devant la reine mère ; d'où le mot de Mme de Sablé à la vue de son portrait : « Mon Dieu, qu'il lui ressemble ! On dirait qu'il prêche ! »

Même mésaventure advint à Massillon en pleine chaire royale ; à Massillon, qui sans doute en souvenir de cette disgrâce, répondait à un ami que son meilleur sermon était celui qu'il savait le mieux par cœur. Ménage caractérise en ces termes trois prédicateurs d'Angers : le Père Costar, qui n'avait qu'un sermon ; Bautru, prieur de Matras, qui n'en avait que la moitié d'un, car un jour il resta à mi-chemin ; et le prieur de Pommier, qui n'en avait point du tout, car, monté en chaire, il resta la bouche ouverte, et en descendit sans prononcer un mot.

François de Clermont-Tonnerre, évêque de Noyon, se disait de très auguste maison, descendant par une branche des empereurs d'Orient, par l'autre des empereurs d'Occident. Lui rendait-on visite, il vous montrait son palais rempli de ses armes jusqu'aux plafonds et aux planchers ; des manteaux de pair dans tous les lambris, sans chapeau d'évêque ; des clefs partout qui sont ses armes, jusque sur le tabernacle de la chapelle. Il traitait de haut en bas les autres familles titrées qui en riaient, et même certaines branches de la sienne. Un jour, par exemple, il dit en regardant son neveu l'abbé : « Monsieur qui est de ma maison ; » — puis se tournant vers l'évêque-duc de Langres : « Et Monsieur qui s'en dit. » Il en était aussi.

Il appelait le pape : Monsieur de Rome ; l'extrême-onction, un sacrement de bourgeois, et l'on prétend que parlant d'un auditoire roturier, il se servit du terme de : canaille chrétienne, mots plus ou moins authentiques qui lui valurent cette épitaphe humoristique :

> Ci-gît qui repose humblement
> (De quoi tout le monde s'étonne
> Dans un si petit monument,
> L'illustre Tonnerre en personne.
> On dit qu'entrant au paradis,
> Il fut reçu vaille que vaille,
> Mais il en sortit par mépris,
> N'y trouvant que de la canaille.

C'est en 1659 qu'il obtint de faire ses débuts à la cour ; son éloquence vide, pompeuse et confuse « sentit la crosse à pleine bouche, et *tympanisa* platement la gloire de Mazarin. » D'ailleurs Louis XIV le prit en goût, le fit évêque de Noyon, une des six pairies ecclésiastiques du royaume, et ne cessa de l'honorer de sa bienveillance. Bien que cette haute dignité eût été accordée avant tout à sa naissance, il affecta de ne la devoir qu'à son mérite de prédicateur, et de dire assez plaisamment qu'il était devenu évêque *comme un coquin*, à force de prêcher. On n'en finirait pas de citer ses boutades nobiliaires qui égayaient la cour et la ville. Quelques-unes sans doute furent inventées par de mauvais plaisants.

Un jour qu'il revenait d'un sermon de l'abbé Testu : « En vérité, dit-il, je viens d'entendre un *gentilhomme* qui prêche bien. » — Sur quoi l'on demanda : « Était-il en surtout ou en justaucorps ? » Il avait la manie des mandements, et il en fit un contre une abbesse qui était allée aux eaux sans son autorisation : il y excommuniait l'abbesse, ses religieuses et tout *le carrosse*. Là-dessus, M. de Busenval, évêque de Beauvais, interrogea finement : « Les chevaux en sont donc ? » Il traitait de très haut les docteurs de Sorbonne : « C'est bien affaire à des gueux comme cela de parler du mystère de la Trinité ! » Enfin, assure-t-on, comme il s'était engagé à faire le panégyrique de saint Jean de Dieu, il donna contre-ordre, parce qu'il lut dans la vie de ce saint qu'il avait été domestique. Au demeurant, fort honnête homme, très estimable et bon évêque, si on oublie ses ridicules. Mais voici qui achève de le peindre : on trouva dans ses papiers des brouillons de sa main pour servir à son oraison funèbre.

Bourdaloue (1632-1704) reste le grand portraitiste de la chaire ; comme la Bruyère, auquel on l'a comparé (et qui lui a fait quelques emprunts), il est l'immortel peintre de cette société. Une vie admirable qui tient en quatre mots : il prêcha, il confessa, il consola, puis il mourut. Né en 1632, entré à seize ans dans la Compagnie de Jésus, il devait y demeurer cinquante-six ans.

Nul ne fut mieux que lui placé pour peindre au naturel la vie des hommes; dépositaire de mille secrets pesants, inspirateur de mainte résolution courageuse, confesseur de la Vallière, préparant à la mort le chevalier de Rohan, Mmes de Monaco, de Fontanges. Mlle de Montpensier, le Tellier, Lamoignon, il connaît à fond toutes les misères cachées au XVIIe siècle sous de brillantes apparences, et il a reçu en partage le don de conduire à Dieu les âmes les plus rebelles. C'est en 1670 qu'il débute à la cour, après plusieurs stations en province, à Paris, et presque aussitôt il devient le prédicateur préféré, bien qu'il n'hésite point à répéter d'année en année ses sermons. « Nous pensions, dit Mme de Sévigné, qu'il ne jouerait bien qu'en son tripot (dans son église); nous nous trompions; voilà qu'il prêche divinement aux Tuileries.... Le Père Bourdaloue, ajoute-t-elle, fit une *Passion* plus parfaite que tout ce qu'on peut imaginer; c'était celle de l'année passée. » Il paraît que ces redites n'étonnaient personne; le roi déclarait hautement qu'il les aimait mieux que les choses nouvelles d'un autre. Seule Mme de Montespan fait quelques réserves. Bourdaloue prêchait assez bien pour la dégoûter des autres, mais non pas assez bien pour remplir l'idée qu'elle avait d'un prédicateur : peut-être aurait-elle désiré un style moins sobre, moins uni, d'une couleur plus pittoresque, un peu moins de dialectique et de froideur, plus de sensibilité, et qu'on ne sentît point que l'auteur apprenait par cœur et récitait de mémoire.

Et sans doute un des principaux motifs de ce succès éclatant, c'est la hardiesse de la censure et l'éclat des allusions; comme la vanité nous voile notre propre image, chacun reconnaissait les voisins, les absents, rarement soi-même, et tout le monde y trouvait son compte. Par exemple, on nommait Tréville, un des hommes les plus spirituels de son temps, comme ayant eu les honneurs du sermon sur la sévérité évangélique : Bourdaloue avait fait trois points de la vie de Tréville, il n'y manquait que le nom.

> Nouveau prédicateur, aujourd'hui, je l'avoue,
> Écolier ou plutôt singe de Bourdaloue,
> Je me plais à remplir mes sermons de portraits,

disait Boileau.

« Ah ! il parle de moi, gronda le Père, eh bien, si Boileau me met dans ses satires, je le mettrai dans mes sermons. »

On allait à ceux-ci comme à une galerie où défilent des types, des visages intéressants et d'une ressemblance fidèle. « Le Père Bourdaloue, dit notre marquise, fit un sermon le jour de Notre-Dame, qui transporta tout le monde. Il était d'une force à faire trembler les courtisans.... Le Père Bourdaloue frappe comme un sourd, disant des vérités à bride abattue, parlant à tort et à travers contre l'adultère. Sauve qui peut ! Il va toujours son chemin, n'écoutant rien, rien que lui-même, et l'Évangile qui parle avec lui. »

Mme de Sévigné, d'ailleurs, nomme à peine Bossuet, Fénelon, Fléchier ; elle ne jure que par Mascaron et Bourdaloue, les reçoit, leur donne des dîners. Bourdaloue, c'est le grand Pan, l'orateur universel, le roi des prédicateurs et le prédicateur des rois. Prêche-t-il le vendredi, dès le mercredi toutes les places sont retenues.

Il y a mieux encore : les propres aveux de Bourdaloue, presque tous ses sermons nous obligent à le considérer comme un vrai peintre de mœurs. « Par où justifiez-vous, tonne-t-il, cette vie oisive et sans action dans des places qui demandent une vigilance sans relâche et toute votre attention? Paisibles possesseurs et vains idolâtres d'un honneur dont l'éclat repaît votre vanité, mais dont les obligations étonnent votre amour-propre, venez vous contempler dans le tableau que je vous présente.... »

A tout seigneur tout honneur. Voici le roi d'abord; mais ici l'orateur demeure enchaîné par le respect, par sa théorie du droit divin, et, sauf deux ou trois allusions transparentes aux désordres de Louis XIV, à la Vallière, Montespan et Fontanges, c'est le ton de l'apothéose, de l'idolâtrie. Il célèbre en lui [1] le plus chrétien des rois, sa fermeté à réprimer l'hérésie, à exterminer l'erreur, à abolir le schisme, à rétablir l'unité du culte de Dieu ; bref, il approuve pleinement la Révocation de l'Édit de Nantes, et mérite la comparaison piquante de Bussy-Rabutin : « Sa Majesté a dupé l'hérésie, et l'édit qu'Elle vient de donner, soutenu

---

1. M. Charles Dejob émet cette opinion que des prédicateurs tels que Bossuet, Bourdaloue, n'auraient pas dû paraître dans la chapelle royale : leur silence eût été la leçon des rois et des peuples : « Ne détruisaient-ils pas l'effet de leurs réprimandes quand ils s'associaient à la même heure au concert de louanges qui enivrait le maître ? Car l'austère Bourdaloue n'a rien à envier à l'enthousiaste Bossuet, puisqu'il s'émerveillait que Condé n'eût pas ressenti une envie secrète pour le génie militaire de Louis XIV.... Où est l'homme qui, en entendant les bouches les plus éloquentes comme les plus austères de son royaume qualifier son règne de prodigieux, n'eût pas considéré ses fautes comme des peccadilles qu'on ne lui reprochait que par manière d'acquit ?.... Ces louanges hyperboliques ont plus compromis la religion que leurs censures à son adresse ne l'ont honorée ; il est probable qu'elles contribuèrent puissamment à débarrasser Louis XIV de ses scrupules, et il est certain qu'elles fournirent au XVIIIe et au XIXe siècle un de leurs griefs les plus efficaces contre le catholicisme.... »

des dragons et des Bourdaloue, a été le coup de grâce. » Pareillement, Mme de Sévigné voit dans les dragons de Louvois de *très bons missionnaires*.

Du même coup, Bourdaloue exalte les guerres de religion, justifie l'inégalité de l'impôt par des raisons pitoyables, approuve la pauvreté « afin qu'il y ait dans la société humaine de la subordination et de l'ordre. » C'est le délire de l'absolutisme monarchique, aussi dangereux que le délire de l'absolutisme révolutionnaire. Mais, hélas ! le sentiment divin de la tolérance ne rencontrait pas beaucoup plus d'adeptes à cette époque qu'au XVIe siècle, et la grande majorité professait les mêmes sentiments sur cette Révocation de l'Édit de Nantes.

S'il ménage trop le roi, s'il entrevoit et crayonne à peine le peuple caché dans ses chaumières et ses tanières, n'apparaissant guère qu'aux jours de famine et d'émeute, Bourdaloue se montre sévère aux autres classes, aux seigneurs et aux bourgeois, au clergé et aux laïques. On a dit assez justement qu'il avait donné à son ordre la revanche des *Provinciales :* on l'a appelé le plus janséniste des jésuites. La cour, cet abrégé de la France, ce centre de la corruption du monde, il en parle avec moins de précision sans doute, avec autant de hardiesse que la Bruyère ; il pense comme cet abbé de Fromentières, qui estimait son air si contagieux qu'il n'y avait guère de moyen de n'y point périr, sinon de n'y pas demeurer. Ce n'est pas un de ces doucereux médecins d'âme à méthode homéopathique qui délaient un dix-millième de raison dans un seau d'eau morale : « Qu'est-ce que la cour ? Le siège de la politique, mais d'une politique la plus intéressée. Et qu'est-ce communément ce qui s'appelle gens de cour ? Gens sans charité et sans amitié, malgré les apparences les plus spécieuses et les plus belles démonstrations ; gens obligés d'être toujours sur la réserve, toujours dans la défiance, toujours en garde, parce que, chacun jugeant des autres par soi-même, ils se connaissent tous, et qu'aucun n'ignore cette maxime générale que, dans le train de la cour, il y a sans cesse quelque mauvais coup à craindre, et de nouvelles attaques ou à livrer ou à repousser. » Et Bourdaloue continue en commentant les défauts du courtisan : l'hypocrisie de dévotion succédant au libertinage, l'envie, la dépression du sens moral qui fait qu'on ne rougit pas de s'appuyer du vice et de l'iniquité, de s'introduire aux honneurs par la porte de l'infamie. Il semble tout naturel qu'il ait un titre pour se faire une conscience différente en espèce et en qualité de celle des autres hommes. Et à certain moment, notre sermonnaire énumère avec une telle vigueur les servitudes du courtisan, son attitude de chien couchant devant le roi, les déboires, les mortifications, que les plus impassibles rougissaient quelquefois de se sentir ainsi pénétrés ; et comme la parole publique a plus de retentissement immédiat que le livre, à chaque épithète, à chaque mot, on accolait un nom, on dévisageait son possesseur.

Même sévérité pour les grands et les riches. Bourdaloue, sur la grandeur, a les mêmes idées que Pascal, et, pour les exprimer, il trouve, lui aussi, des termes qui s'enfoncent et qui restent. A cet homme qui porte un titre de duc il ne reconnaît d'autre mérite « que celui d'être maître de plusieurs objets de la concupiscence des hommes. » Quel coup de pinceau, quelle satire sanglante, quelle matière à allusions dans ces lignes :

« On est grand par la prédilection du prince et la faveur où l'on se trouve auprès de lui, par les respects et les honneurs qu'on reçoit du public, par l'autorité qu'on exerce et dont on abuse, par les privilèges et la supériorité du poste qu'on exerce et qu'on ne remplit pas, par l'étendue de ses domaines, par la profusion de ses dépenses, par un faste immodéré et un luxe sans mesure, c'est-à-dire qu'on est grand par tout ce qui ne vient pas de nous et qui est hors de nous, et qu'on ne l'est ni dans sa personne, ni par sa personne.... »

Un jour même, emporté par son zèle évangélique, cet apôtre du droit divin élèvera des doutes sur la légitimité des richesses, affirmera qu'elles ont presque toujours pour fondement l'injustice et l'iniquité :

« Si vous remontez jusqu'à la source d'où cette opulence est venue, à peine trouverez-vous quelques maisons où l'on ne découvre, dans l'origine et dans le principe, des choses qui font trembler.... à peine en pourriez-vous marquer où l'on ne vous fasse voir une succession d'injustices aussi bien que d'héritages. » Mots terribles, imprégnés de faux socialisme, d'une éloquente exagération, qui avaient eu pour précurseurs des mots, des guerres terribles aussi, et qui retentiront profondément dans l'âme du peuple, en semant le doute sur le caractère et les bienfaits de la hiérarchie sociale.

Et j'imagine qu'en entendant de telles paroles, les amateurs de personnalités ne chômaient point : les uns pensent à cette maréchale de la Meilleraye qui estimait que Dieu y regarde à deux fois avant de damner des gens de qualité ; d'autres à M. le duc de Bourbon terminant une discussion avec le comte de Fiesque en lui jetant une assiette à la tête, et le chassant de la table et du logis ; d'autres encore, aux biens mal acquis de tel et tel, à ces grands qui sacrifient le serviteur le plus fidèle pour récompenser ceux qui les flattent et les trompent ; aux seigneurs trop nombreux qui se ruinaient par leur luxe en ruinant leurs créanciers. L'un d'eux répondra plus tard à Louis XIV qui lui parlait du mauvais état de ses affaires : « Sire, je n'en sais rien, j'aurai soin de m'en informer auprès de mon intendant et d'en rendre compte à Votre Majesté. » Lorsque Bourdaloue blâme les divertissements de la jeunesse de qualité, lorsqu'il flagelle ces grands qui « tiennent école d'incrédulité et d'athéisme, » selon son expression, les regards de la cour se tournent vers les Vendôme, vers ces jeunes gens dont la princesse Palatine flétrit les vices et les débauches de tout genre ; on se rappelle ces vers ironiques de Mme Deshoulières :

> Causer une heure avec des femmes,
> Leur présenter la main, parler de leurs attraits,
> Entre les jeunes gens sont des crimes infâmes
> Qu'ils ne se pardonnent jamais;

ces médianoches, ces collations accompagnées de sérénades, de fricassées, comme on disait alors, qui sont pour l'aristocratie un plaisir si important, que certains seigneurs étaient, pour cette supériorité singulière, recherchés de toutes les compagnies.

Notre prédicateur se montre fort sévère pour la galanterie de son temps, non plus cette belle galanterie qui fleurissait à l'hôtel de Rambouillet, dont la marquise de Sablé avait formulé le code, source féconde de nobles sentiments, d'actions héroïques. Les gentilshommes qui trop souvent contractent des mariages sans attachement font aussi, selon son expression, de criminels attachements sans mariage. Et ici, les exemples se présentaient, aussi nombreux que les vers d'un poème hindou, avec leur cortège d'épisodes piquants, de scandales sans cesse renaissants, dont Saint-Simon et les mémoires du temps déroulent la liste inépuisable.

Ont-ils du moins la foi ? Hélas ! « Affranchis par leur état de la suprême domination du Seigneur, ils se regardent comme leur fin, et se demandent, tant ils sont pleins et occupés d'eux-mêmes, s'il est un Dieu ; ils semblent ne mépriser Dieu que parce que Dieu les a, entre tous, comblés et distingués. » Ce sont les grands qui tiennent école d'incrédulité et d'athéisme, tantôt par un libertinage avoué, tantôt par une fausse dévotion qui méconnait toutes les règles de la morale chrétienne : ils ne prévoient pas, comme l'a dit un philosophe, « que l'ordre établi n'ayant plus de racines sur la terre, et demeurant comme suspendu au ciel par la chaîne mystique de la foi, il devait suffire un jour pour tout emporter, qu'un seul anneau de cette chaîne vint à se détacher sous l'effort du doute. »

Quant aux parvenus de la finance, ces partisans qui, à force de concussions et de brigandages, s'élevaient si vite à de monstrueuses fortunes, l'austère Jésuite les frappe durement, il va jusqu'à défendre aux parents de faire de leurs fils des publicains, à faire allusion aux nombreuses condamnations prononcées par la Chambre de justice après le procès de Fouquet. « S'enrichir par une longue épargne ou par un travail assidu, s'écrie-t-il, c'était l'ancienne route que l'on suivait dans la simplicité des premiers temps ; mais de nos jours, on a découvert des chemins plus raccourcis et plus commodes. Une commission que l'on exerce, un avis qu'on donne, un parti où l'on entre, c'est par là qu'on voit fructifier au centuple son industrie, qu'on se voit comme transformé, et que, de la poussière où l'on rampait, on s'élève jusque sur le pinacle. » Et, pénétrant jusqu'aux profondeurs du sujet, le sermonnaire flétrit ces dévotions tardives des financiers par lesquelles ils créent autour d'eux un nuage d'oubli, une atmosphère de considération, voire même d'estime. « Après s'être enrichi criminellement, par une grossière hypocrisie on devient ou plutôt on se fait dévot, comme si la dévotion ou la réforme, succédant à l'injustice sans la réparer, couvrait et sanctifiait tout. »

Mme la vicomtesse de Janzé a, dans un livre spirituel, présenté la défense des fermiers généraux de l'ancien régime. A-t-elle réussi à détruire tant d'accusations, de témoignages précis ? A-t-elle gagné leur procès, effacé le mot célèbre : ils soutiennent l'État comme la corde soutient le pendu ? Bourdaloue, la Bruyère, les moralistes, ont vu, dénoncé le mal, elle a plutôt rapporté le bien. Assurément il y avait de grandes différences entre les partisans et les fermiers généraux, entre les fermiers généraux eux-mêmes; et le premier devoir de l'historien est de ne condamner ni de célébrer en bloc, sans réserves, sans nuances, un corps, une classe de la société, une époque, pleins de contrastes et d'antinomies, de défauts et de qualités, comme les hommes qui les composent. Renan, ce merveilleux artiste de la langue française, n'a-t-il pas, paraphrasant une pensée de Pascal, avancé que les vérités morales sont des phares à feux changeants, que le bien et le mal, le vrai et le faux, le juste et l'injuste, le beau et le laid se confondent les uns dans les autres par des nuances aussi indiscernables que celles du cou d'une colombe ?

Il faut cependant admettre que les fonctions corrompent les hommes, de même que ceux-ci gâtent les institutions ; et ce mot de partisan, de fermier général, rappelle de terribles choses, l'exploitation de ce peuple qui, à certaines heures, craignait presque de vivre, tant il gémissait et souffrait.

Uni d'étroite amitié au président de Lamoignon, Bourdaloue avait recueilli sans doute de précieuses confidences : il avait vu de près les magistrats, pénétré les causes de leur discrédit relatif, la vénalité des charges, le népotisme, les épices, constaté que l'impartialité, la science profonde devenaient des exceptions, à tel point que le ministre Pontchartrain parle couramment de l'avilissement de la magistrature dans ses dépêches, que Fénelon tient le même langage dans sa fameuse *Lettre au roi* On sait comme Mme de Sévigné se moque du petit de la Brunelai qui, moyennant 40,000 francs, passe de la férule à la pourpre, achète à vingt-sept ans toute l'expérience nécessaire pour être à la tête de la Chambre des comptes de Nantes. En 1713, le premier président du parlement de Metz s'indignait de voir les principaux sièges de sa compagnie occupés par les plus incapables ou les moins dignes ; et le chancelier, consulté, répondait qu'il fallait se contenter si les récipiendaires étaient de mœurs irréprochables. Mais cette condition était-elle observée ? Il y avait des juges dissolus, des conseillers trop attachés à leurs intérêts, « aimant le sac, » comme disent les notes secrètes adressées à Colbert en 1683, et si peu scrupuleux, que Louis XIV se décida enfin à faire un exemple, en forçant à se démettre de sa charge le président de Novion, accusé de vendre la justice [1]. Bourdaloue, presque seul parmi les sermonnaires, osa signaler le mal qui ruinait la magistrature dans l'esprit des peuples, et l'on trouverait dans son œuvre vingt passages de la plus grande force.

« Ce jeune homme est de telle famille où telle dignité est héréditaire : là son sort est décidé, il faut que le fils succède au père. Et de cette maxime que s'ensuit-il ? Vous en êtes tous les jours témoins ; c'est qu'un enfant, à qui l'on n'aurait pas voulu confier la moindre importante affaire d'une maison particulière, a toutefois dans ses mains les affaires de toute une province et les intérêts publics. On en souffre, on en gémit ; le bon droit est vendu, toute la justice est renversée ; c'est ce qui importe peu à un père, pourvu qu'il n'en ressente point de dommage et que ce fils soit établi.... C'est assez qu'on ait de quoi acheter cette charge pour croire qu'on est en état de la posséder et de l'exercer ; c'est assez qu'il soit de l'intérêt d'une famille de tenir un tel rang pour ne pas douter que l'on n'y soit propre.... »

Continuant de frapper à coups redoublés, notre sermonnaire passe en revue toutes les variétés de pécheurs et les occasions de péché : le théâtre, le jeu, les promenades au Cours la Reine, la conversation, les romans, les amitiés prétendues honnêtes, les excès de toilette des femmes dont *les artifices aussi bien que les charmes étaient les amorces fatales* de la faute. Mais là où il est

1. Chéruel dans son livre : *Saint-Simon considéré comme historien de Louis XIV*, réduit l'affaire aux proportions d'un simple arrangement de famille.

le plus incisif, où il se montre le plus complet, où sa parole déchire tous les masques, c'est lorsqu'il fustige le clergé de son temps, miné sourdement, comme la magistrature, par des abus sur lesquels il eût fallu passer le fer rouge.

Ainsi le clergé des campagnes, ignorant, décrié, surtout avant l'établissement des séminaires, l'absence de prédicateurs supportables en dehors de la capitale. « Il n'y a pas de dévotion dans la province, » écrit Mme de Maintenon en 1681. Sur trois cents curés du diocèse de Mgr Le Camus, il y en a dix qui ne sont pas corrompus; « la débauche des prêtres, assure ce prélat, est comme en Italie. » Trente ans plus tard, en 1701, l'évêque de Poitiers, dans une lettre au chancelier Pontchartrain, confesse que, parmi les curés de son diocèse, les uns sont incapables d'instruire les nouveaux catholiques, et que les autres les scandalisent par leur mauvaise conduite. Bourdaloue, qui sait tout cela, le dit hautement : « L'on n'eût pas vu si souvent le clergé réduit dans la plus déplorable décadence, si l'on n'eût pas admis aux fonctions les plus sacrées des hommes sans capacité, sans régularité, et même sans piété.... (Nous voyons) beaucoup d'ouvriers pour les ministères éclatants, mais peu pour les emplois obscurs ; beaucoup pour les villes, mais peu pour les campagnes. »

En fait la majorité du clergé est bonne, appliquée à ses devoirs, surtout dans la seconde moitié du XVIIe siècle : Saint-Simon, parlant des hommes d'église de son temps, emploie souvent des locutions comme celle-ci : « C'était un très digne et saint évêque. » Mais il y a une minorité, fort nombreuse, dont les écarts étonnent les contemporains eux-mêmes : certains prélats ont cinq, six, huit abbayes, et le cumul des bénéfices ecclésiastiques, toujours combattu par les décrétales des papes, durera jusqu'à la fin de l'ancien régime.

Quant à l'ignorance de ce clergé rural, les preuves abondent aussi : on en trouve par centaines dans les œuvres des écrivains religieux et profanes. Le mal existe aux quatre points cardinaux, et Mme de Sévigné plaint plaisamment sa fille, la comtesse de Grignan, d'entendre de si mauvais sermons en Provence : « Les mauvais prédicateurs, dit cette illustre précieuse, font tort à la religion. Je ne voudrais pas qu'on vous traitât comme des chiens dans les provinces.... Encore si vous pouviez vous dispenser d'y assister ! »

Mais ne voilà-t-il pas qu'un moine, prêchant le carême devant Mme de Grignan, s'avise d'appeler Ève la *côte d'Adam*, de peindre le serpent poursuivant cette *côte*, la séduisant, la *rompant*, et de prolonger cette métaphore tout le long de son sermon. La comtesse en rit de tout son cœur, et applique la métaphore dans une lettre à sa mère : « La première *côte* de M. de La Rochefoucauld, disait-elle (Mme de Longueville), qu'est-elle devenue ? Et la seconde *côte* (Mme de Marans), où est-elle aussi ? M. de La Rochefoucauld a deux côtes rompues. Dieu, cette fois, et non Satan, a fait cet ouvrage, mais enfin elles sont rompues. »

Mme de Grignan, assez incrédule, et tout au moins cartésienne, aurait fort goûté ce trait d'une femme qui courait les rues d'Alexandrie, avec une outre pleine d'eau dans une main, et une torche allumée dans l'autre, criant aux hommes qu'elle voulait avec cette eau éteindre l'enfer, et avec cette torche incendier le ciel, afin que désormais on ne s'abstînt plus du mal par la seule crainte du châtiment, et qu'on ne pratiquât plus le bien en vue des récompenses.

La chaire de campagne a aussi ses missionnaires, ses bons pasteurs savants et humbles, spirituels et habiles à aller au cœur de leurs brebis. D'ordinaire, dans les églises de village, les hommes étaient placés d'un côté et les femmes de l'autre. Un prédicateur, entendant causer du côté des hommes, se plaignit de cette inconvenance. Une femme se lève aussitôt, et, pour venger son sexe, observe : « Au moins, mon Père, on ne dira pas que c'est de notre côté. — Tant mieux, ma bonne, reprend l'orateur, cela finira plus tôt. »

Les sermons familiers donnaient lieu à des incidents assez plaisants. Un prédicateur, parlant de la facilité avec laquelle les jeunes campagnardes se laissent abuser par les promesses des garçons, s'écria : « Pauvres filles ! quel fruit avez-vous recueilli des douceurs que ce jeune homme vous a débitées, des soins qu'il vous a rendus, de la promesse de mariage qu'il vous a faite ? » A ces mots, une jeune fille croit que c'est elle qu'il interroge, elle se lève, fait la révérence, et dit en pleurant : « C'est bien vrai, Monsieur, il m'a leurrée de belles promesses, et, après m'avoir trompée, il m'a plantée là. »

Un Cordelier qui avait appris par cœur un sermon imprimé, le prêcha dans un village. Le lendemain était encore fête ; on le pria si instamment de demeurer qu'il ne put s'en défendre. Cependant il fallait prêcher, et il ne savait qu'un sermon. Que fait-il ? Il monte en chaire et commence : « Messieurs, il y a de bien méchantes gens dans cette paroisse ; on a dit qu'il y avait des hérésies dans le sermon que je vous fis hier ; il n'y a rien de plus faux, et, pour vous le montrer, je m'en vais vous redire mon sermon d'un bout à l'autre. » Et il le répéta tout au long.

L'ancien Parlement de Dijon était presque entièrement composé de gens de qualité, auxquels on reprochait d'avoir un peu trop l'orgueil de leur naissance et de leur rang. Un Cordelier, prêchant sur la mort dans la cathédrale, leur donna cette leçon : « Oui, mes frères, dit-il, la mort est inévitable ; tous nous mourrons, tous vous mourrez; puis élevant graduellement la voix: Seriez-vous duc, vous mourrez ; seriez-vous prince, vous mourrez ; enfin, avec explosion : seriez-vous conseiller au parlement de Bourgogne, vous mourrez ! »

Comme le clergé rural ne compte guère dans la société du XVIIe siècle, Bourdaloue n'en parle qu'en passant, et réserve ses invectives véhémentes pour le clergé des villes, pour les évêques et curés non résidants, « curieux de fêtes et de scandales, hommes de cabales et d'intrigues, qui prostituent le patrimoine des pauvres à des usages mondains ; » pour ces abbés de ruelles, noyés dans le commerce des dames, « qui tiennent captive et mercenaire la parole de Dieu. »

Et tout aussitôt les noms montaient en foule aux lèvres des auditeurs : un de Valbelle, *freluquet et non évêque d'Aleth*, qui joue, qui soupe chez les dames, qui va à l'Opéra, et qui est hors de son diocèse ; un Jean-François de Beauvau, évêque de Nantes, qui n'hésite pas à appeler M. de Sévigné en duel, bien régulièrement et dans les formes ; un de Harlay, un cardinal de Bonzi, dont la vie était un objet de scandale, même pour les purs mondains; ces abbés de cour, riches bénéficiers qui n'ont du prêtre que l'habit, et se font chansonner à cause de leurs mauvaises mœurs :

> O trio le plus accompli,
> Trio le plus saint de notre âge;
> Vaubrun, Caumartin et Choisy,
> O trio le plus accompli!
> Mais de ce trio tant joli,
> Je donne à choisir le plus sage.
> O trio le plus accompli,
> Trio le plus saint de notre âge!

Celui-ci (c'est l'abbé de Puységur) a ruiné son abbaye pour satisfaire à l'avidité d'une gueuse. M. de Mauroy, missionnaire, curé et directeur des Invalides, fait banqueroute et emporte plus de quarante mille écus; M. de Fieubet, à l'Opéra, a une querelle qui interrompt le spectacle avec deux abbés, l'abbé Bignon, l'abbé Testu, dont l'esprit et le savoir faisaient encore plus regretter les mœurs; quelques-uns même tiennent des maisons ou académies de jeu. Le 8 juillet 1671, Mme de Sévigné écrit à sa fille : « Je suis ici avec trois prêtres qui font admirablement chacun leur personnage, hormis la messe; c'est la seule chose dont je manque en leur compagnie. »

Citons encore La Feuillade, archevêque d'Embrun, qui s'autorisa d'un texte de saint Paul où les apôtres sont qualifiés d'ambassadeurs de Jésus-Christ, pour courir les ambassades temporelles et ne jamais mettre le pied dans son diocèse.

Saint François de Sales conseille aux fidèles de choisir entre mille un confesseur, et un directeur entre dix mille; et sainte Thérèse avait déjà dit : « Il faut bien prendre garde de confier son jugement à quelqu'un qui n'en a pas. » De même pense Bourdaloue sur ce gouvernement obscur et silencieux des âmes, sur ce ministère délicat et sublime, et il constate avec douleur l'insuffisance de beaucoup de conducteurs dans la voie du salut. Il n'aime guère ces directions particulières d'une ou de quelques âmes ; et s'il écrit pour Mme de Maintenon et à sa prière quelques avis spirituels, il l'avertit qu'il ne pourra la voir qu'une fois tous les six mois. Là-dessus il pense comme le janséniste Nicole. « Aujourd'hui, dit-il, des troupes de femmes faisant profession de piété, et conduites par un directeur qui, certainement, n'est rien moins que saint Augustin, se laissent tellement prévenir en sa faveur que, dès qu'il a parlé, elles ne veulent déférer à nul autre tribunal, quel qu'il soit. Cet homme, souvent d'un savoir très superficiel, voilà leur évêque, leur pape, leur Église.... Que sera-ce d'un directeur qui semble n'avoir une mission de Dieu que pour une seule âme, à laquelle il donne toute son attention,....qui s'ingère même dans toutes ses affaires temporelles, en ordonne comme il lui plaît, et les prend autant et peut-être plus à cœur que si c'étaient les siennes propres ?.... Le monde a peine à se figurer qu'il n'y ait rien dans une semblable conduite que de surnaturel. »

D'ailleurs la direction spirituelle est un fait essentiellement chrétien : la vie intérieure gouvernée et perfectionnée, ce gouvernement particulier de l'âme, a les plus illustres précédents. Saint Paul dirige Timothée ; Tite, Philémon ; Onésime, Appia ; saint Jérôme conseille les patriciennes romaines; saint François de Sales, Mme de Chantal, la Philothée de son doux livre; Bossuet écrit à la sœur Cornuau, Fénelon à Mme de Montberon, à Mme de Gramont. Mais ce rôle réclame beaucoup de qualités : la science, la charité, la prudence, la modération, et leur réunion dans la même personne ne se rencontre pas souvent.

Après le clergé séculier, le clergé régulier, les moines, les religieuses, les couvents. Notre Bourdaloue n'ignore pas les relâchements, l'oubli des règles et de la discipline qui se sont introduits dans beaucoup de maisons ; aucun détail ne lui est étranger, et il ne craint point d'étaler les causes de ce qu'il appelle une *défection si générale et si déplorable.* « Voyons, gémit-il, quels abus et quels désordres s'introduisent dans une communauté, dès que l'esprit religieux commence à s'éteindre. Il serait à souhaiter qu'on en eût des preuves moins fréquentes et moins éclatantes ; mais on est obligé de le reconnaître, quoique avec une extrême douleur, c'est par là que sont tombées des maisons entières. On y a laissé entrer l'esprit du monde, et l'esprit du monde en a banni l'esprit religieux. »

Rappelons quelques faits entre mille. Les vingt-deux religieuses de l'abbaye de Maubuisson, ne sachant pas se confesser, croyaient avoir trouvé une excellente manière d'y suppléer, en composant toutes ensemble, avec beaucoup d'étude, trois sortes de confessions, une pour les grandes fêtes, une pour les dimanches, et une pour les jours ouvriers, écrites dans un livre qu'elles se prêtaient pour aller se confesser l'une après l'autre.

Mme de Harlay donne un bal au parloir de son couvent.

L'évêque Le Camus écrit, en 1673, que les neuf couvents de l'ordre des Augustins, qu'il a trouvés dans son diocèse, gâtent tout ce qu'on peut faire de bien, et que les Templiers n'ont jamais commis autant de désordres et de scandales.

On voit au XVIe siècle, au XVIIe siècle, des abbés fiduciaires, sous le nom desquels les abbayes étaient possédées par des laïques, des enfants, des femmes, des calvinistes.

Les religieuses de Perpignan, du couvent de l'Isle-en-Provence, de Sainte-Glossinde de Metz, etc., ne restent pas en arrière de celles de Maubuisson.

Et en étudiant la société française à travers Fléchier, Massillon, Fénelon, à travers la prédication protestante, à travers les sermonnaires du XVIIIe siècle, on découvrira aussi maint portrait qui révèle l'infirmité des âmes d'autrefois, infirmité autre, mais aussi profonde que celle des âmes d'aujourd'hui.

J'ai entendu la plupart de nos prédicateurs en vogue depuis 1865, et je suis fermement convaincu qu'ils ne sont nullement inférieurs à ceux du XVIIe siècle, Bourdaloue et Bossuet exceptés. Il semble même que, dans son ensemble, la prédication moderne soit supérieure à celle d'autrefois ; du moins peut-on affirmer que des sermonnaires tels que le P. Lacordaire, Mgr Mermillod, le P. de Ravignan, le P. Félix, l'abbé Perreyve, le P. Monsabré, Hyacinthe Loyson avant et après...., le P. Vallée, Mgr d'Hulst, l'abbé Charles Perraud, le P. Gardet, le P. Matignon, le P. Gratry, Mgr Dupanloup, l'abbé Deguerry, Mgr Duquesnay, Mgr Touchet, l'abbé Combalot, l'abbé Mugnier, le P. Didon, l'abbé Frémont, le P. Feuillette, le P. Coubé, Mgr Besson, etc...., font bonne figure à côté des Lejeune, des Senault, des Gaillard, des Fléchier, des Mascaron, des Massillon même.

D'autre part, la prédication en province l'emporte singulièrement sur celle d'autrefois. Ils sont légion, les modestes curés de campagne qui ont, comme l'abbé

Garet, mon ancien curé de Servigney, l'abbé Morey, défunt curé de Baudoncourt (Haute-Saône), la science évangélique, la parole pittoresque ou noblement éloquente. En novembre 1898, dans notre petite église paroissiale de Servigney-Genevrey, j'entendais un jeune missionnaire du diocèse de Besançon, l'abbé Loichot, dont les sermons vont de pair avec ceux des maîtres actuels de la chaire, par l'onction touchante, le tact parfait, la verve colorée, l'inspiration élevée, l'art de remuer les cœurs de son auditoire.

Et sans doute, on peut reprocher à notre prédication parisienne de n'être pas très efficace, et, dans notre siècle de grands inquiets, où nos âmes sont *écartelées à deux infinis,* de ne pas présenter en général un enseignement assez viril ni assez moderne. Peut-être la préparation à l'éloquence parénétique n'est-elle pas encore suffisante, si l'on songe que, même à Saint-Sulpice, les cours continuaient de se faire en latin jusqu'en 1880; que, jusqu'à ces derniers temps, on y combattait presque toujours les vieilles hérésies avec la vieille artillerie, au lieu d'attaquer les hérésies nouvelles avec des arguments rajeunis par l'étude des sciences contemporaines. Mais il convient aussi de louer chez beaucoup de sermonnaires l'abandon de l'archaïque et pédantesque division, de ce que saint François de Sales appelait familièrement les *bonnetades*, le dédain de la rhétorique, un retour très réel à la simplicité, le sentiment intense des problèmes qui passionnent nos esprits. Pourquoi ne pas approuver, pourvu qu'on en use avec mesure, et en évitant les prétextes de scandale, les conférences contradictoires ou dialoguées que l'abbé Lenfant et quelques autres ont inaugurées dans plusieurs églises? L'orateur, du haut de la chaire, développe son thème, tandis qu'au banc d'œuvre se dresse *l'avocat du diable;* celui-ci pose des objections qui, bien entendu, sont réfutées au fur et à mesure, et la victoire demeure au défenseur du dogme. La foule se passionne, et chaque mission amène des conversions. Heureux ceux qui croient! serais-je tenté de dire. Heureux ceux qui ont *une* foi! Heureux même ceux qui répètent ce mot charmant : « Je ne crois peut-être à rien, mais j'espère tout. » Demandons à nos sermonnaires de comprendre que leur prédication doit être une grande école de morale, de respect, de tolérance et de civilisation, mais surtout l'école du divin et de l'infini.

QUATRIÈME CONFÉRENCE

LE CARDINAL DE RETZ

MESDAMES, MESSIEURS,

Si Shakespeare a dix mille âmes, Napoléon cent mille volontés, Lauzun l'attraction magnétique de cent séducteurs ordinaires; si Mozart, Beethoven, Wagner, incarnent le génie musical; Rembrandt, Michel-Ange, Velazquez, le génie de la peinture, de la sculpture; un prince de Ligne, un Narbonne, la grâce de l'esprit; si certains hommes sont en quelque sorte la représentation des talents et des sentiments de l'humanité, si la vie de quelques-uns renferme mille vies, grâce à la puissance de leur expansion et de leur rayonnement, comme ces années fatidiques qui, dans l'histoire des peuples, font la besogne des siècles, — Jean-François-Paul de Gondi, cardinal de Retz, né en 1613, mort en 1679 [1], n'atteignit

1. Chantelauze : *Saint Vincent de Paul et les Gondi*, 1 vol., Plon; *Le cardinal de Retz et l'affaire du chapeau*, 2 vol., Didier; *Le cardinal de Retz et ses missions diplomatiques à Rome*, 1 vol., Didier; *Mémoire sur le cardinal de Retz et les jansénistes*. — *Œuvres* de Balzac, t. Ier, p. 509, 511. — Gazier : *Les dernières années du cardinal de Retz* (1655-1679). — *Mémoires* du cardinal de Retz, de Guy-Joli, de Lenet, d'Hermant. — Sainte-Beuve : *Causeries du lundi*, t. V et

certes pas les hauts sommets où planent les grands hommes, mais n'en reste pas moins une de ces figures qui fixent le souvenir, étonnent la pensée par un prodigieux concours de qualités et de défauts. C'est le type de l'ambitieux déçu, mettant à feu et à sang le royaume pour réaliser son rêve ministériel et cardinalesque, le premier évêque qui ait suscité une guerre civile sans avoir la religion pour motif; politique de l'école de Machiavel, comme son grand-père, ce maréchal de Gondi, duc de Retz, favori de Charles IX, de Henri III, un des conseillers de la Saint-Barthélemy, le seul même qui voulait qu'on n'épargnât point le roi de Navarre et Condé, ce qui ne l'empêcha nullement de s'attacher plus tard au Béarnais. Ce mystérieux atavisme sans doute poussait le petit-fils, âgé de vingt-deux ans à peine, à entrer dans un complot contre la vie de Richelieu; il voyait de la gloire, il le proclame sans vergogne, à troubler, même par un assassinat, les destinées de la France et de l'Europe; et c'est peut-être l'âme de condottiere de son aïeul qui revivait en lui, lorsqu'il développait ses théories sur la guerre civile dans son livre sur la conjuration du comte de Fiesque, écrit au sortir de l'adolescence, lorsqu'il

---

Port-Royal. — *Mémoires de l'abbé de Choisy.* — Adolphe de Brouard : *Étude littéraire sur le génie et les écrits du cardinal de Retz.* — *Historiettes* de Tallemant des Réaux. — J. Denis : *Littérature politique de la Fronde*, in-8, 1892. — *Mémoires* de Mme de Motteville, de la Grande Mademoiselle. — Feillet : *La misère au temps de la Fronde.* — Sénac de Meilhan : *Mémoires d'Anne de Gonzague*, 1789, Prault. — Fernand Giraudeau : *Les vices du jour et les vertus d'autrefois*, Perrin, 1891. — Perrens : *Les libertins au XVIIe siècle.* — Marius Topin : *Retz, son génie et ses écrits.* — Loret : *Muse historique.* — Dumont : *Histoire de Commercy*, 3 vol., Numa Rolin, Bar-le-Duc. — Le Page et Durey de Mesnières : *Histoire de la détention du cardinal de Retz et de ses suites.* — Alfred de Vigny : *Cinq-Mars.*

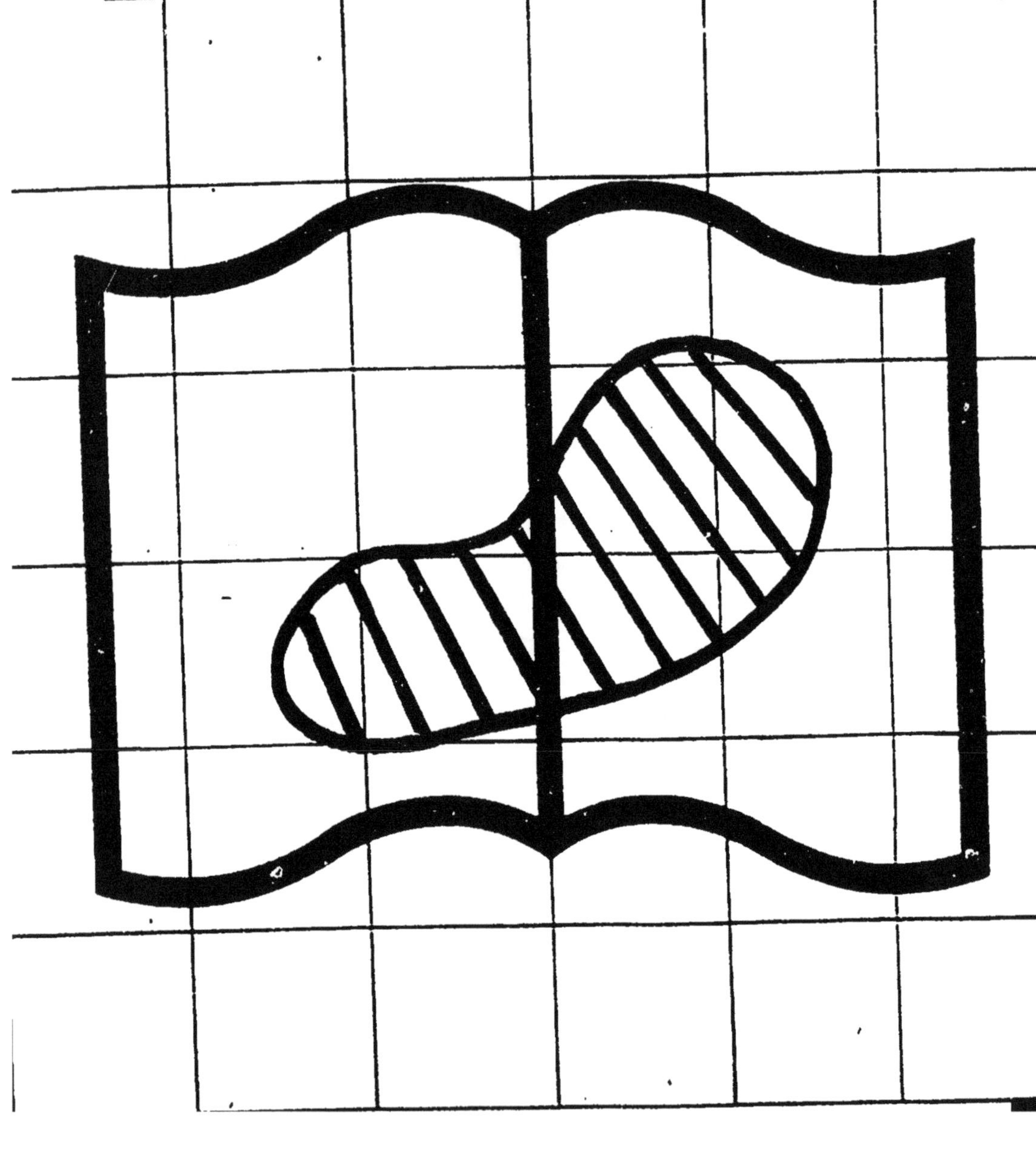

les mettait si hardiment en pratique pendant la Fronde et s'octroyait l'absolution avec la désinvolture d'un talon rouge qui a commis quelque péché de galanterie. « Je suis persuadé, opine-t-il, qu'il faut plus de grandes qualités pour être un bon chef de parti que pour être un empereur de l'univers. » En effet, il prétendit, à tout prix, devenir chef de parti : il y gagna d'être fait cardinal à trente-sept ans, emprisonné quinze mois, exilé huit ans (1653-1662), et de ne rentrer en France qu'en donnant sa démission de l'archevêché de Paris, devenu en quelque sorte héréditaire dans sa famille : son grand-oncle et deux de ses oncles l'avaient avant lui occupé sans interruption de 1570 à 1654.

Lisez maintenant ses *Mémoires*, l'ouvrage de M. Gazier sur la dernière partie de sa vie, les quatre excellents volumes de M. Chantelauze, *Saint Vincent de Paul et les Gondi, le Cardinal de Retz et le chapeau, le Cardinal de Retz et ses missions diplomatiques à Rome, l'Histoire de Commercy* par Dumont, vous aurez la sensation d'une existence touffue comme une forêt, complexe comme une armée en marche, d'une existence fougueuse, ballottée entre les plus hautes et les pires destinées, taillée à facettes à la manière d'un diamant, tantôt servie, tantôt desservie par une imagination exubérante qui pousse Retz aux plus fâcheuses inconséquences de conduite, à ne pas toujours distinguer l'extraordinaire de l'impossible, mais que tempèrent une souplesse tout italienne, une fertilité extrême d'expédients, un courage héroïque, une générosité sans bornes, l'art de l'intrigue, — d'une existence enfin qui est une sorte de panorama où entrent une foule de personnages composant ce personnage singulier.

Ainsi par exemple, il est grand seigneur, partage sans réserve les idées, les illusions, les préjugés de sa caste, assez fier pour tenir tête, lorsqu'il n'est encore qu'abbé de Retz, au prince de Schomberg, ambassadeur impérial à Rome, à M. de Guise, plus tard au prince de Condé lui-même. M. de Guise, archevêque de Reims, se faisait donner la chemise par les gentilshommes les plus qualifiés qui assistaient à son lever, afin d'imiter les princes du sang. Un jour qu'on la présenta à notre héros, il la laissa tomber dans les cendres et s'en alla.

Ce prêtre libertin et scèptique, ce pape des Frondeurs, aussi ferré sur la théologie que sur l'escrime, vit bien plus en berger qu'en pasteur, et reconnaît lui-même qu'il a l'âme la moins ecclésiastique de l'univers; il trouve le temps de lire et d'apprendre énormément, possède sept langues, lit indifféremment la Bible en latin, en grec ou en hébreu, l'emporte, dans une thèse de Sorbonne, sur un parent de Richelieu, dispute à vingt-six ans, chez Mme d'Harambure, huguenote précieuse et savante, contre le ministre Mestrezat, et fait si bien qu'un gentilhomme protestant se convertit sur l'heure. Monte-t-il en chaire, il prend aussitôt rang parmi nos meilleurs prédicateurs, et en vérité, Bossuet, Bourdaloue, Massillon exceptés, je n'en sais guère dont les sermons approchent de plus près l'idéal de l'éloquence parénétique; Balzac l'appelle un autre fils du tonnerre, et déclare que ses sermons peuvent passer pour une traduction d'un Père grec, et d'un Père de la plus haute classe. « Il ne faudrait pour cela que mettre Antioche à la place de Paris. » La louange va jusqu'à l'hyperbole, mais beaucoup de contemporains l'auraient ratifiée par leurs suffrages.

Il est né grand écrivain ; ses Mémoires [1], où il confesse certainement ses fautes, mais surtout celles des autres, et qui s'arrêtent malheureusement à l'année 1655, sont, avec ceux de Saint-Simon et de Chateaubriand, le chef-d'œuvre du genre, le meilleur guide de l'historien qui veut pénétrer l'âme et la tactique des partis ; ils abondent en réflexions dignes de Salluste et de Tacite, en portraits qui font revivre les originaux, donnent la vision aiguë, intense de cette cohue d'appétits, de vanités, de rancunes exaspérées que fut la Fronde. Retz a le sens du pittoresque ; c'est un moraliste ou un immoraliste politique de premier ordre, et, à coup sûr aussi, le meilleur journaliste de son siècle, un journaliste dont les articles sont des brochures, des Mazarinades, mais des Mazarinades d'une langue si ferme, qu'on s'est demandé si elles sortaient de sa plume ou si quelques-unes eurent Pascal pour auteur. Le seul homme qui ait compris quelque chose à la Révolution de 48, c'est le cardinal de Retz, opinait avec humour J. J. Weiss, faisant allusion à cette science profonde dans les temps de troubles, à son art de les fomenter, de les entretenir et de les vaincre.

Quels tableaux, par exemple, que celui de la Cour au début de la Fronde, que le récit de sa vie en prison, de son évasion, que l'histoire du conclave de 1654 ! Quelles lettres que celles qu'il adresse au roi, aux évêques de France et du monde entier, à l'assemblée

1. « Ce livre, disait le pacifique Brossette après sa première publication en 1717, me rend ligueur, frondeur et presque séditieux, par contagion. » Benjamin Constant, sous le Directoire, ne pouvait lire que deux livres, Machiavel et Retz.

générale du clergé, pour protester contre la persécution acharnée de Mazarin qui violait en sa personne tous les privilèges de l'Église, et, même à son lit de mort, le poursuivait encore de sa haine et de sa rancune ! Quel instinct prophétique dans ces conseils au prince de Condé qui, fort peu parlementaire, parlait de mettre au pas les bonnets carrés comme la populace, à main armée ! « Le parlement n'est-il pas l'idole des peuples? Je sais que vous les comptez pour rien, parce que la Cour est armée ; mais je vous supplie de me permettre de vous dire qu'on les doit compter pour beaucoup, toutes les fois qu'ils se comptent eux-mêmes pour tout. Ils en sont là. Ils commencent eux-mêmes à compter vos armées pour rien ; et le malheur est que leurs forces consistent dans leur imagination ; et l'on peut dire avec vérité, qu'à la différence de toutes les autres sortes de puissances, ils peuvent, quand ils sont arrivés à un certain point, tout ce qu'ils croient pouvoir. »

Si Retz n'a pas rempli tout son mérite [1], si le hasard, père de la fortune et souvent beau-père de la vertu, ne lui vint pas en aide, n'en a-t-il pas assez fait pour montrer qu'il y avait en lui l'étoffe d'un homme d'État, tout au moins d'un diplomate plein de génie? A partir de

1. Bossuet, qui le qualifie de *ferme génie*, le désignait sans le nommer, du haut de la chaire, à ses auditeurs : « Puis-je oublier celui que je vois partout dans le récit de nos malheurs; cet homme si fidèle aux particuliers, si redoutable à l'État, d'un caractère si haut qu'on ne pouvait ni l'estimer, ni le craindre, ni l'aimer, ni le haïr à demi ?.... Après que tous les partis furent abattus, il sembla encore se soutenir seul, et seul encore menacer le favori victorieux de ses tristes et intrépides regards » (*Oraison funèbre de Michel Tellier*). Bazin voit en lui le plus spirituel, le plus fanfaron des intrigants; Sainte-Aulaire l'admire presque sans réserves; Sainte-

1662, après son accommodement avec Louis XIV, il partage son temps entre les loisirs de sa retraite à Commercy, l'administration de l'abbaye de Saint-Denis, certains écrits qu'on n'a pas retrouvés, ses quatre missions diplomatiques auprès de la cour de Rome : missions secrètes, car, en expiation du passé, et tenant la promesse faite à Mazarin mourant, le roi non seulement ne lui rend pas le siège de Paris, ne l'appelle pas aux affaires, mais ne l'envoie à Rome qu'avec sa qualité de cardinal français, sans jamais lui accorder le titre d'ambassadeur, d'envoyé extraordinaire ou même de protecteur des affaires ecclésiastiques de France. L'ancien tribun, le petit Catilina, comme on l'avait surnommé, devenu le sujet dévoué de son roi, souffrit amèrement de cette politique inexorable, mais il savait que « la constance des sages n'est que l'art de renfermer leur agitation dans leur cœur »; tout en tendant au ciel des bras las du repos, il réussit à cacher ses rancœurs, et puisqu'il ne pouvait laver la tache originelle, il ne songea qu'à rendre des services plus grands que la confiance ou la reconnaissance de son maître. Ils furent appréciés sans doute puisque, vers 1673, le roi rendit visite au solitaire de Commercy, et lui écrivit les lettres les plus flatteuses. Et tel était son ascendant à Rome, telles son habileté, sa profonde connaissance

Beuve estime que chez lui l'aventurier, l'audacieux, eussent compromis l'homme d'État, « dont il n'embrassait l'idée que par l'esprit : » mais il rend pleinement hommage à son talent d'écrivain, aux portraits supérieurs à ceux de Saint-Simon, ayant quelque chose de plus court, de plus clair, de plus délié en coloris; il prône le style des Mémoires : « un style neuf, plein de feu, où circule l'esprit des choses, unissant à la grandeur un air suprême de négligence qui en fait la grâce. »

des hommes, la justesse et la rapidité de son coup d'œil, que dans l'affaire de la garde corse et du duc de Créqui, dans les démêlés du roi avec Alexandre VII provoqués par la bulle contre la Faculté de théologie de Paris, lui seul découvre les moyens de faire capituler le Vatican ; il prend la part la plus large à cette paix religieuse de 1669 qui assure une trêve de dix ans aux jansénistes, et, dans les trois conclaves de 1667, 1670, 1676, déjoue les intrigues de l'Espagne, fait couronner les candidats agréables à la France, ramène le Saint-Esprit qui seul, observe Mme de Sévigné, était exilé de ces assemblées où le souci des intérêts temporels ne prévalait que trop souvent sur les intérêts religieux de l'Église.

Un mot d'une grande dame d'autrefois peint au vif l'état social, les rigueurs et les misères de l'absolutisme paternel, en même temps qu'il éclaire la conduite de Retz, explique ces déplorables contradictions entre sa vie et sa dignité : « J'ai quatre filles et quatre garçons, disait-elle ; mes quatre filles entreront au couvent, un de mes fils sera abbé, un autre évêque, les deux aînés pourront acheter un régiment et se pousser à la Cour. » On ne songeait alors qu'à perpétuer la famille, sa grandeur, à accroître son prestige ; on lui sacrifiait sans hésiter l'individu. Et les avantages de telles mœurs se payaient au prix d'une lourde rançon : la liberté foulée aux pieds, les victimes se résignant, la rage au cœur, à l'obéissance, mais cherchant à tourner la loi, à se comporter dans la vie religieuse comme dans la vie laïque, la nature reprenant impérieusement ses droits, l'épiscopat, les dignités de l'Église envahis par des hommes qui n'ont d'ecclésiastique que le nom, résident ra-

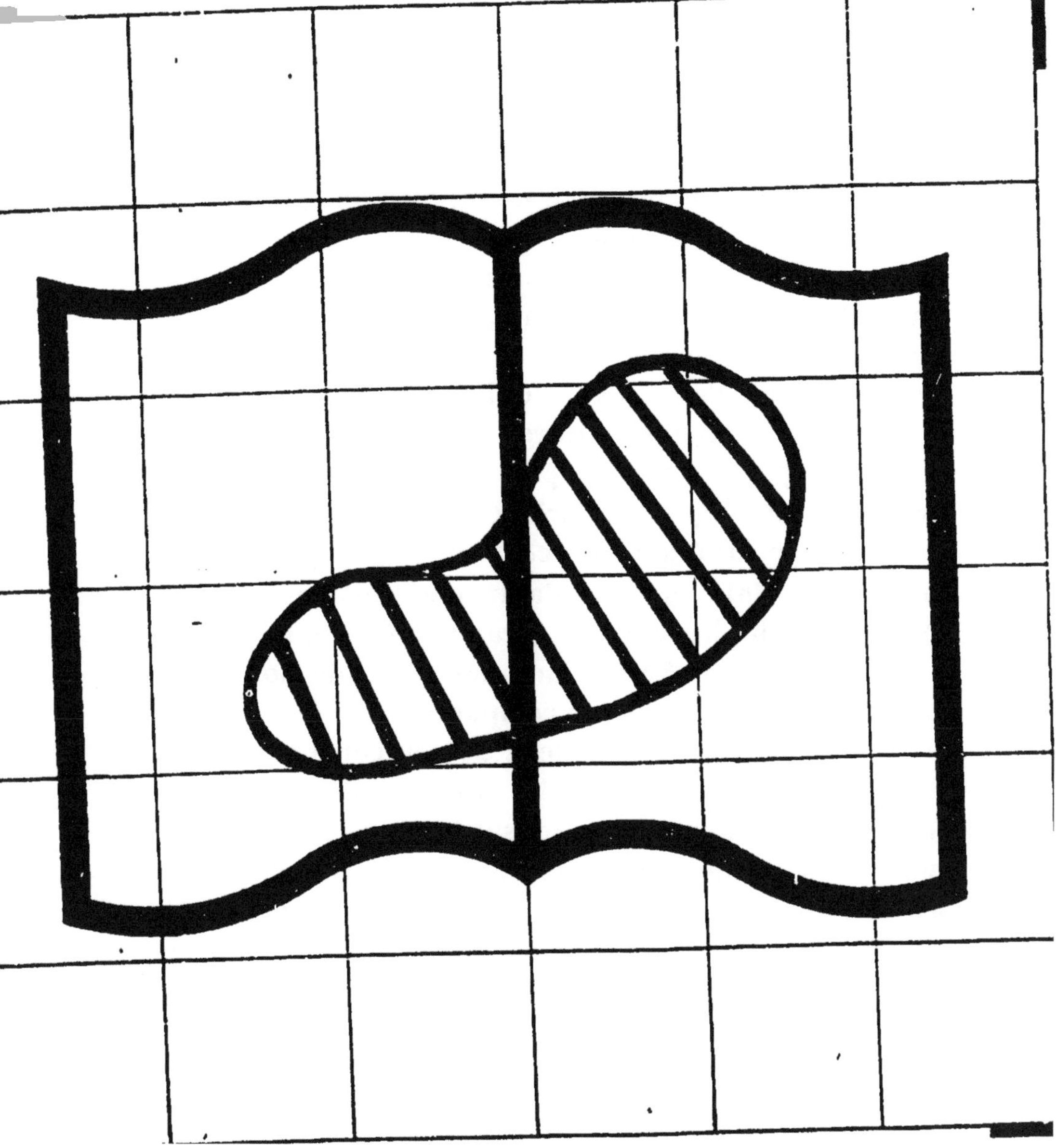

rement dans leurs diocèses, vont à l'Opéra, chassent à courre, font pis encore, et ne sont guère que des courtisans mitrés. C'est ainsi que l'on arrivait à considérer des évêchés, des abbayes comme des fiefs héréditaires, et cela rappelle cette idée du moyen âge que l'homme appartient à la terre plus que la terre n'appartient à l'homme. Les gens de qualité auxquels on confère ces dignités à cause de leur naissance, bien que parfois ils n'aient point l'âge canonique et n'offrent aucune garantie de savoir ou de moralité, trouvent tout naturel de s'abandonner à leurs penchants, et comme toujours, les scandales d'une minorité font plus de bruit que les belles actions de la majorité. Passe encore lorsqu'ils n'avaient pas reçu les ordres, comme le cardinal de Mazarin, qui n'était pas prêtre. François de Gondi, premier archevêque de Paris (c'est en 1623 seulement que ce siège fut érigé en archevêché), n'est pas réputé mauvais prélat; et cependant, avant d'avoir rompu avec le monde, il a musique, grand équipage, fait jouer dans son palais de Saint-Cloud des pièces de Corneille, et l'on y danse en brillante compagnie.

Quant à son neveu, le fameux Coadjuteur, il se croyait d'abord appelé à la carrière des armes; mais celui de ses frères qu'on destinait à monter sur le siège de Paris étant mort d'un accident de chasse, il dut le remplacer: il avait alors neuf ans, et c'est avec un violent chagrin qu'il se vit enlever sa petite épée de chevalier de Malte pour endosser une soutane. Malgré les efforts de ses parents, de son précepteur saint Vincent de Paul, sa répugnance pour sa profession ne fit que s'accroître avec l'âge, au point qu'il essaya jusqu'à trente ans de s'y soustraire par l'éclat de ses duels et de ses galanteries. Et n'est-ce pas extraordinaire que, parvenu plus tard au cardinalat, il les raconte tout au long, nommant sans vergogne ses adversaires, les dames qui ne lui furent point cruelles, que son confesseur et ami le bénédictin dom Hennezon, abbé de Saint-Mihiel, tout en supprimant deux cent cinquante-huit pages du manuscrit original, avant de l'envoyer à Mme de Caumartin, ait respecté certains détails fort scabreux ? On se demande ce que pouvaient contenir les passages jugés trop libres par le censeur. D'ailleurs le secret des galanteries de Retz était un peu, pour ses contemporains, le secret de Polichinelle. Mais quelle singulière perversion du sens moral ! Rendre le public confident de ses succès auprès de Mlle de Chevreuse, la princesse de Guéménée, la marquise de Pommereux, la maréchale de la Meilleraye, la duchesse de Lesdiguières, Mmes de Rhodes, de Brissac, de ses insuccès ou de ses demi-succès auprès de Mlle de Vendôme et de Mlle de la Loupe, la duchesse de Longueville, sœur du grand Condé, la duchesse de Bouillon ! Car Retz, avant sa tardive conversion de 1675, ne tenait pas moins à ses Mémoires que César à ses Commentaires, et il lui plaisait sans doute de rappeler que laid, petit, myope, il pouvait cependant se faire aimer, de prouver une fois de plus que la beauté des hommes c'est leur esprit. « Il en est des ecclésiastiques comme des femmes, écrit-il cyniquement ; elles ne peuvent conserver de dignité dans la galanterie que par le mérite de leurs amants. » C'est une grande affaire pour un homme que quelques pouces de plus ou de moins; les *homunculi*, a écrit un moraliste, sont volontiers rageurs, brouillons, parce qu'ils croient toujours que l'on ne fait pas état d'eux; or, Paul de Gondi était un parfait *homunculus*, ce qui contribua sans doute à le rendre batailleur.

Ses crimes et ses folies, comme il les appelait vers la fin, se prolongèrent jusque dans son âge mûr, bien longtemps après qu'il se fût résigné à entrer dans la prêtrise (1643). Écoutez cette page étonnante qui rappelle le mot de Satan dans le *Paradis perdu* de Milton : « Faire le mal sera notre volupté. »

« Comme j'étais obligé de prendre les ordres, je fis une retraite à Saint-Lazare, où je donnai à l'extérieur toutes les apparences ordinaires. L'occupation de mon intérieur fut une grande et profonde réflexion sur la manière que je devais prendre pour ma conduite. Je trouvais l'archevêché de Paris dégradé, à l'égard du monde, par les bassesses de mon oncle, et désolé, à l'égard de Dieu, par sa négligence et son incapacité. Je prévoyais des oppositions infinies à son rétablissement, et je n'étais pas si aveuglé, que je ne connusse que la plus grande et la plus insurmontable était dans moi-même. Je n'ignorais pas de quelle nécessité est la règle des mœurs à un évêque. Je sentais que le désordre scandaleux de ceux de mon ordre me l'imposait encore plus étroite et plus indispensable qu'aux autres, et je sentais en même temps que je n'en étais pas capable, et que tous les obstacles de conscience et de gloire que j'opposerais au dérèglement ne seraient que des digues fort mal assurées. Je pris, après six jours de réflexion, le parti de faire le mal par dessein, ce qui est sans comparaison le plus criminel devant Dieu, mais ce qui est sans doute le plus sage devant le monde ; et parce qu'en le faisant ainsi, l'on y met toujours des préalables (précautions) qui en couvrent une partie, et parce que l'on évite, par ce moyen, le plus dangereux ridicule qui se puisse rencontrer dans notre profession, qui est celui de mêler à contretemps le péché dans la dévotion.

« Voilà la sainte disposition avec laquelle je sortis de Saint-Lazare. Elle ne fut pourtant pas de tout point mauvaise, car je pris une ferme résolution de remplir exactement tous les devoirs de ma profession, et d'être aussi homme de bien pour le salut des autres, que je pouvais être méchant pour moi-même.... » Au reste il se console gaillardement en observant que les vices d'un archevêque peuvent bien souvent être les vertus d'un chef de parti. Celui que nous appelions le *cardinal de Retz*, à cause de son fanatisme clairvoyant pour le personnage qu'il a si profondément étudié, Chantelauze affirme que personne dans le vice ne conserva plus de respect pour la vertu. Une nouvelle façon de lui rendre hommage !

Et, tout plein de cette belle vision, le voilà qui joue si bien son personnage, que Messieurs de Port-Royal, l'évêque de Lisieux, saint Vincent de Paul, donnent dans le panneau; d'ailleurs il tente, autant que la jalousie de son oncle le lui permet, la réforme des prêtres de son diocèse, convertit son logis en académie, ménage sans affectation les chanoines, les curés, ne fait guère le dévot, mais il les estimait beaucoup, et à leur égard, dit-il, c'est un des grands points de la piété. Sa tante, la marquise de Maignelais, une véritable sainte qui a le génie de la charité, car on rencontre tous les extrêmes dans cette famille, et qui est adorée de tous les pauvres de Paris, devient aussi sa dupe, l'aide à se rendre populaire parmi ces malheureux dont on peut tirer parti en temps de révolution. Ayant reçu une somme de douze mille écus du comte de Soissons, Retz les apporte à sa tante en la priant de les distribuer aux pauvres honteux. Elle voulut qu'il fût présent, afin de l'accoutumer aux bonnes œuvres. C'est tout ce qu'il demandait; il se laissa traîner pendant quatre mois, tous les jours, dans les galetas des faubourgs, vit une foule de gens qui venaient à l'aumône secrète, donna des bagatelles à tous les enfants : il se mit ainsi à cultiver, sans qu'on s'en doutât, ceux qui n'ont rien à perdre et tout à gagner avec le désordre. Quel merveilleux candidat à la députation il eût fait de notre temps! Le voile de la marquise couvrait toute chose; l'excellente femme ne manquait presque jamais de dire aux solliciteurs : « Priez bien Dieu pour mon neveu, c'est lui de qui il lui a plu de se servir pour cette bonne œuvre. » Le moment venu, les faubourgs ne jureront que par le Coadjuteur, qui se trouvera le maître de Paris. Plus tard son expérience lui dictera cet axiome : « Descendre jusqu'aux petits est le plus sûr moyen de s'égaler aux grands. » Et en revanche, il montrera au peuple de dangereux chemins, comment on entre dans le sanctuaire, « comment on lève le voile qui doit toujours couvrir tout ce que l'on peut dire, tout ce que l'on peut croire du droit des peuples et de celui des rois, qui ne s'accordent jamais si bien que dans le silence. »

Comme on voit, il y a dans Retz un étonnant mystificateur politique, un admirable metteur en scène qui ne déteste pas les moyens de comédie, qui excelle à jouer plusieurs rôles à la fois. Faut-il rappeler de quelle manière il dupa son oncle l'archevêque, qui le détestait cordialement, au point de s'écrier, comme il avait fait une chute en s'appuyant sur Ménage tandis qu'il descendait de carrosse : « Ah ! de quoi m'avisais-je aussi de vouloir m'appuyer sur un homme qui est à mon coadjuteur ? » De son côté, le neveu ne tarissait point sur la faiblesse, la timidité et la jalousie de l'oncle. Ce dernier avait reçu une lettre de la reine qui le conjurait d'aller le lendemain au parlement pour empêcher le Coadjuteur de s'y rendre à sa place. L'affaire en jeu était de la dernière importance pour le jeune chef de la Fronde, et par cela même l'archevêque se réjouissait grandement à l'idée de lui créer de graves embarras. Mais le neveu avait pour ami le chirurgien de l'archevêque; celui-ci entre dans la chambre de Monsieur de Paris, le loue beaucoup de la fermeté avec laquelle il a résisté au Coadjuteur, l'exhorte ensuite à se lever en diligence pour aller au palais; mais aussitôt qu'il le voit hors du lit, il lui demande d'un ton effaré comment il se porte; et Monsieur de Paris ayant répliqué : « Fort bien. — Cela ne se peut, reprend le compère, vous avez trop mauvais visage. » Il lui tâte le pouls, l'assure qu'il a la fièvre, et d'autant plus à craindre qu'elle paraît moins. L'archevêque le croit, se remet au lit, tous les rois et toutes les reines ne l'en feront pas sortir de huit jours. Est-il besoin de dire que ce joli tour a inspiré une des plaisantes scènes du *Barbier de Séville?* « Allez vous coucher, Basile, vous sentez la fièvre. » Ce qu'on sait moins, c'est que Mazarin retourna le stratagème contre Retz lui-même en 1655, pour empêcher un membre influent de l'assemblée générale du clergé de voter en sa faveur. A trompeur trompeur et demi.

Le Coadjuteur tenta, en 1651, une mystification plus dangereuse, et qui d'ailleurs n'eut pas de succès, ou plutôt le mystificateur resta, en fin de compte, le mystifié.

Mme de Carignan ayant dit un jour devant la reine que Retz était très laid, elle répondit : « Il a les dents fort belles, et un homme n'est jamais laid avec cela. » Anne d'Autriche faisait grand cas des dents, et on lui avait entendu avancer en mainte occasion que la seule beauté des hommes était les dents, parce que « c'était l'unique qui fût d'usage. » La duchesse de Chevreuse, qui avait avec Retz de grandes relations d'intrigues et d'amitié, et qui le tenait encore par Mlle de Chevreuse, l'engagea un soir à se poser en admirateur de Sa Majesté. Anne d'Autriche, alors âgée de cinquante ans, était encore belle, un peu coquette, très fière de ses belles mains ; elle aimait les grands sentiments empanachés à l'espagnole, mis à la mode par l'*Astrée*, l'*Amadis*, les romans de chevalerie : le culte passionné du duc de Montmorency l'avait émue, elle avait eu tout au moins un « flirt » fort vif avec le fameux Buckingham, et personne n'ignorait son attachement pour Mazarin; celui-ci gouverna la France parce qu'il la gouvernait. De son côté, Retz avait « le vol des dames, » le jargon de la galanterie, une audace naturelle fortifiée par l'habitude de plaire et par une éloquence insinuante : la conquête d'un homme qui tenait Paris dans sa main n'était pas à dédaigner. Prétendre rester *le maître du bal* et compter sans le cœur de la reine était pure folie.

« Essayons, dit Mme de Chevreuse ; si vous voulez bien jouer votre personnage, je ne désespère de rien. Faites seulement le rêveur quand vous êtes auprès de la reine. Regardez continuellement ses mains, pestez contre le cardinal, laissez-moi faire du reste. » Retz demanda deux ou trois audiences secrètes de suite à la régente, suivit de point en point les leçons de Mme de

Chevreuse. Anne d'Autriche, qui « entendait la cadence, » en parla à sa confidente, et celle-ci ne fit la surprise qu'autant qu'il fallait pour mieux jouer son jeu.

« Il est vrai, Madame, dit-elle enfin, que Votre Majesté me fait ressouvenir de certaines circonstances qui se rapportent assez à ce que vous me dites. Le Coadjuteur me parlait des journées entières de toute la vie passée de Votre Majesté, avec une curiosité qui me surprenait, parce qu'il entrait même dans le détail de mille choses qui n'avaient aucun rapport au temps présent; ses conversations étaient les plus douces du monde tant qu'il ne s'agissait que de vous. Il n'était plus le même homme s'il arrivait que l'on nommât par hasard le nom de M. le cardinal; il disait même des rages de Votre Majesté, et puis tout d'un coup il se radoucissait, mais jamais pour M. le cardinal. Mais, à ce propos, il faut que je rappelle dans ma mémoire la manie qui lui monta un jour à la tête contre feu Buckingham; je ne m'en ressouviens pas précisément, il ne pouvait souffrir que je disse qu'il était fort honnête homme. Ce qui m'a toujours empêchée de faire réflexion sur mille et mille choses de cette nature, que je vois d'une vue, c'est l'attachement qu'il a pour ma fille; ce n'est pas que dans le fond cet attachement soit si grand que l'on croit. Je voudrais bien que la pauvre créature n'en eût pas plus pour lui qu'il en a pour elle. Sur le tout, je ne puis imaginer, Madame, que le Coadjuteur soit assez fou pour se mettre cette vision dans la fantaisie. »

Tant et si bien, qu'après vingt ou trente conversations de ce genre, la reine demeura très persuadée que le Coadjuteur l'aimait éperdument. Mais la passion naïve et capricieuse de Mlle de Chevreuse rejeta dans le néant cette sublime combinaison, ou précipita le dénouement : car il semble bien qu'Anne d'Autriche jouait de son côté un rôle concerté, et qu'il y avait dans l'affaire de la politique, de l'esprit, de la coquetterie, tout ce qu'on voudra, sauf de la tendresse. Mme de Chevreuse avait commis l'imprudence de confier à sa fille ce secret, elle prenait plaisir à faire répéter devant elle la comédie de *la Suissesse :* c'est ainsi qu'on appelait la reine. Mlle de Chevreuse finit par voir des montagnes là où il n'y avait qu'une taupinière; elle avait appris qu'un valet de la reine venait tous les jours chez Retz, en réalité pour retrouver un des gens de celui-ci ; elle ne put s'empêcher de murmurer, de menacer devant témoins ; bref la reine apprit qu'on l'avait traitée de *Suissesse* et elle ne le pardonna jamais. Le moment approchait où Retz sentirait l'effet d'une rancune de femme compliquée d'une rancune politique. Quelque temps après, au mois de juin 1652, il dit au président de Bellièvre, avec un vague pressentiment de l'avenir : « Nous sommes dans une grande tempête, où il me semble que nous voguons tous contre le vent. J'ai deux bonnes rames en main, dont l'une est la masse de cardinal, et l'autre la crosse de Paris. Je ne veux pas les rompre, et je n'ai présentement qu'à me soutenir. » Une autre fois, il prédisait à Gaston d'Orléans : « Vous serez fils de France à Blois ; moi je serai cardinal à Vincennes. » La masse de cardinal, la crosse de Paris le protégèrent moins efficacement que son bréviaire n'avait fait en 1649 : d'après les conseils d'amis qui craignaient pour lui, non sans raison, quelque guet-apens, il était allé au parlement armé d'un pistolet qu'on voyait sortir un peu de sa poche, et qu'on appela plaisamment : le bréviaire du Coadjuteur [1].

Mlle de Chevreuse eût-elle été inconsolable du succès de cette entreprise mi-politique, mi-galante ? On peut en douter, puisqu'elle ne tarda pas à donner l'abbé Fouquet pour successeur à Retz, qui le raconte fort tranquillement, et ne paraît pas s'en être beaucoup chagriné. Il ne laissait pas, au reste, de lui témoigner d'une manière assez originale son admiration et son dévouement. On lit dans la *Muse historique* de Loret (décembre 1650) :

J'ai su d'un véritable auteur
Que Monsieur le Coadjuteur,
Quittant son humeur sérieuse,
Pour plaire à la jeune Chevreuse,
Dansa, sans craindre les caquets,
Avec elle les tricotets,
Ravi de tenir sa main blanche ;
Et l'on dit que ce fut dimanche....

Lorsqu'il traite, au nom de la Vieille Fronde, avec la Nouvelle Fronde représentée par les princes, il stipule le mariage de son amie avec le prince de Conti, frère du grand Condé ; projet bientôt rompu par les manœuvres de la reine et de Mme de Longueville. Mme et Mlle de Chevreuse ayant été huées par les crieurs à gages du parti des princes, au sortir du palais de justice, et réclamant vengeance, Retz se rend le lendemain au palais avec

---

1. On connaît le mot du président Molé, comme Retz entrait au parlement un jeudi saint, après avoir présidé à Notre-Dame la cérémonie des saintes huiles : « Il vient de faire des huiles qui ne sont pas sans salpêtre ; » celui des Parisiens, au sujet de l'échec du régiment de Corinthe, levé par Retz, baptisé ainsi de son titre d'archevêque : *La première aux Corinthiens.*

ces dames, escorté de huit à neuf cents gentilshommes et bourgeois, force le prince de Conti à les saluer avec de grandes révérences, fait bâtonner d'importance Maillard, le chef des insulteurs; tout cela au risque d'une collision sanglante en plein parlement. Et les médisants de clabauder que le mariage ne pouvait manquer d'être très bon, puisque le prêtre y avait passé.

Mlle de Chevreuse mourut en 1652, emportée par une fièvre maligne en vingt-quatre heures. Voici quelques lignes du portrait que lui consacre Retz dans ses *Mémoires :*

« Mlle de Chevreuse n'avait que de la beauté, de laquelle on se rassasie quand elle n'est pas accompagnée.... Elle avait les plus beaux yeux du monde, et un art à les tourner, qui était admirable, et qui lui était particulier.... Elle n'avait de l'esprit que pour celui qu'elle aimait; mais comme elle n'aimait jamais longtemps, l'on ne trouvait pas assez longtemps qu'elle eût de l'esprit. Elle s'indisposait contre ses amants comme contre ses hardes. Les autres femmes s'en lassent, elle les brûlait; ses filles avaient toutes les peines du monde à sauver une jupe, des coiffes, des gants, un point de Venise. Je crois que si elle eût pu mettre au feu ses galants quand elle s'en lassait, elle l'eût fait du meilleur de son cœur. Madame sa mère, qui la voulait brouiller avec moi, quand elle résolut de s'unir entièrement à la cour, n'y put réussir quoique Mme de Guéménée lui eût fait lire un billet de ma main, par lequel je m'étais donné corps et âme à elle-même, comme les sorciers se donnent au diable. Dans l'éclat qu'il y eut entre l'hôtel de Chevreuse et moi, à l'entrée du cardinal dans le royaume, elle éclata avec fureur en ma faveur :

elle changea deux mois après, à propos de rien et sans savoir pourquoi.... »

Voilà pour une amitié passionnée; et voici pour une amitié simplement émue, avant d'arriver aux amitiés sans épithète :

« La petite vérole avait ôté à Mme de Longueville la première fleur de sa beauté ; mais elle lui en avait laissé presque tout l'éclat; et cet éclat, joint à sa qualité, à son esprit et à sa langueur, qui avait en elle un charme particulier, la rendait une des plus aimables personnes de France. Elle a naturellement bien du fond d'esprit, mais elle a encore plus le fin et le tour. Sa capacité, qui n'a pas été aidée par sa paresse, n'est pas allée jusqu'aux affaires dans lesquelles la haine contre M. le Prince l'a portée, et dans lesquelles la galanterie l'a maintenue. J'avais le cœur du monde le plus propre pour l'y placer, entre Mme de Guéménée et Mme de Pommereux. Je ne vous dirai pas qu'elle l'eût agréé, mais je vous dirai bien que ce ne fut pas la vue de l'impossible qui m'en fit rejeter la pensée, qui fut même assez vive dans les commencements. Le bénéfice n'était pas vacant; mais il n'était pas desservi. M. de la Rochefoucauld était en possession, mais il était en Poitou. J'écrivais tous les jours trois ou quatre billets, et j'en recevais bien autant. Je me trouvais très souvent à l'heure du réveil pour parler plus librement d'affaires. Je concevais beaucoup d'avantages, parce que je n'ignorais pas que ce pourrait être l'unique moyen de m'assurer de M. le prince de Conti par les suites. Je crus, pour ne vous rien celer, y entrevoir de la possibilité. La seule vue de l'amitié étroite que je professais avec le mari l'emporta sur le plaisir et sur la politique; et j'ai conçu, à l'heure qu'il est, autant de considérations de le croire, que j'en ai eu toute ma vie de douter du contraire. »

Quant à la duchesse de Montbazon, Retz ne l'aime pas du tout, et lui reproche, assez durement même, le cynisme de sa galanterie, sans doute parce qu'elle et lui se disputaient le duc de Beaufort, *le roi des halles*, grand seigneur fort court d'esprit, mais brave comme son aïeul Henri IV, et très populaire pendant un temps.

« Mme de Montbazon, dit-il, était d'une très grande beauté. La modestie manquait à son air. Sa morgue et son jargon eussent suppléé, dans un temps calme, à son peu d'esprit. Elle eut peu de foi dans la galanterie, nulle dans les affaires. Elle n'aimait rien que son plaisir, et, au-dessus de son plaisir, son intérêt. Je n'ai jamais vu personne qui eût conservé dans le vice si peu de respect pour la vertu. »

En général, Retz parle des femmes avec plus de sincérité que de bon goût, il manque à ses jugements une certaine fleur de délicatesse, cet arome de reconnaissance attendrie, qui font défaut, trop souvent, à ses contemporains; nul souci de cette chevalerie raffinée qu'on trouvait du moins dans les romans de Mlle de Scudéry, dans la conversation des précieuses de bon aloi, qui fait de la femme l'objet d'un culte véritable. C'est un libertin d'âme et d'esprit, avec un grain de fatuité très sensible, fatuité fondée assurément sur des réalités fort agréables, avec des brutalités de langage qui éclatent au milieu des aperçus les plus fins. Tel le révèle un très beau portrait qui appartient au comte de Luçay, descendant de Mme de Sévigné : l'homme d'État, le disciple d'Épicure, semblent aux prises sur cette physionomie; le premier domine le dessus du visage, le second se devine dans la partie inférieure. D'ailleurs il se montra bon ami, reconnaissant, exigeant et donnant beaucoup en fait de dévouement, infiniment plus chevaleresque dans sa conduite que dans ses écrits. Aussi trouve-t-il une foule de personnes prêtes à lui donner leur sang, leur bourse. Au temps de la Fronde, des centaines, des milliers d'hommes sont à ses ordres. A peine est-il en prison, curés, évêques, Sorbonne, jansénistes, le soutiennent énergiquement, remuent l'opinion par la plume et la parole [1], ne l'abandonnent pas, même aux heures où il désespère, où, perdant jusqu'au respect de lui-même, il se plonge dans la débauche. Quelques jours après son arrestation, un garde lui glisse un billet dans la main, avec un crayon, du papier: c'était Mme de Pommereux qui avait gagné cet homme, en lui donnant cinq cents écus pour ce premier billet; si bien qu'en dépit des ordres les plus rigoureux, son commerce épistolaire ne fut jamais interrompu. Mme de Pommereux, MM. de Caumartin, d'Hacqueville, lui écrivaient régulièrement, et il leur répondait deux fois par semaine. Il y eut sans doute quelques défaillances, mais, tout compte fait, les amitiés du cardinal de Retz peuvent prendre place dans le livre d'or des sentiments élevés, fournissent un argument solide aux optimistes contre les détracteurs de l'humanité; qu'il fût puissant ou persécuté, présent ou proscrit, prisonnier

---

1. M. Gazier remarque fort justement que, même au XVIIe siècle, l'opinion publique joue un grand rôle, puisque, religieux ou politiques, les partis sentent la nécessité de l'éclairer ou de la séduire par des factums et pamphlets; ceux-ci, surtout pendant la Fronde, sont innombrables. Retz, et avant lui Richelieu, usent avec la plus rare habileté de cette arme défensive et offensive.

pendant deux ans, exilé pendant huit ans, elles ne lui manquèrent jamais, et c'est d'elles qu'il put en majeure partie tirer ces quatre millions qu'il parvint à rembourser dans la dernière partie de sa vie. Le destin le trahit plus que les hommes ; aussi dit-il quelque part : « C'est un ingrat, il reconnaît fort mal la confiance qu'on place en lui. »

En même temps, il garde le goût de la bonne compagnie, des écrivains dont il aime à s'entourer, qu'il protégea toujours de sa bourse, de son crédit, reçut à sa table, et qui lui rendirent maint service d'opinion publique. Balzac, Chapelain, Ménage, Adrien de Valois, Gomberville, Simon Virelade, Montmort, Marigny, Bachaumont, Montreuil, Patru, Ménage, Saint-Amant, Dulot, Bragelonne, Salmonet, fréquentent beaucoup chez lui au temps de la Fronde. Scarron lui dédie son *Roman comique* : « Au Coadjuteur, c'est tout dire. » Le prince de Conti, sur ses instances, prit Sarrazin pour secrétaire. Mme de Sévigné, qui fut son amie dévouée, écrit en 1672, à Mme de Grignan : « Ces jours derniers, Corneille lui a lu une pièce qui sera jouée dans quelque temps, et qui fait souvenir des anciennes (*Pulchérie* sans doute). Samedi, Molière lui lira *Trissotin ou les Femmes savantes*, qui sont une fort plaisante chose. Despréaux lui donnera son *Lutrin* et son *Art poétique*. Voilà ce qu'on peut faire pour son service. Nous tâchons de l'amuser. Vos lettres aussi l'amusent, ma fille, et croyez-moi, ne vous contraignez jamais. S'il vous vient quelque folie au bout de votre plume, il en est charmé aussi bien que du sérieux. Le fond de religion n'empêche point encore ces petites chamarrures. »

La marquise annonça en ces termes sa mort à Bussy-

Rabutin : « Plaignez-moi d'avoir perdu le cardinal de Retz. Vous savez combien il était aimable et digne de tous ceux qui le connaissaient. J'étais son amie depuis trente ans, et je n'avais reçu que des marques tendres de son amitié. Elle m'était également honorable et délicieuse. Il était d'un commerce aisé plus que personne au monde. »

Les ennemis du cardinal l'ont accusé de jansénisme; mais avant d'être janséniste, il aurait fallu être chrétien, et les jansénistes du XVIIe siècle peuvent passer pour des chrétiens à la seconde puissance. En réalité, ceux-ci repoussent ses avances lorsqu'il fait des cabales pour occuper *la niche de premier ministre;* mais lorsque, prisonnier, proscrit, il ne songe plus qu'à revendiquer légalement son titre d'archevêque, ils lui apportent courageusement la bourse de leurs amis, la plume de leurs chefs. Pour s'accommoder avec la cour, il les sacrifie, se sépare d'eux avec éclat : comme ils ne lui gardent point rancune, et pratiquent le pardon des injures, il se rapproche insensiblement, redevient un ami dévoué, s'entremet utilement pour eux auprès de la cour de Rome, auprès de la cour de France, contribue à la Paix de l'Église de 1669. Il les aimait au fond et les estimait, tandis qu'il détestait les jésuites, qui avaient mis tout en œuvre contre lui : Vialart, évêque de Châlons, Nicole, Arnauld, dom Hennezon, l'abbé de Rancé, font partie de son intimité, et travaillent à sa conversion.

Sa conversion ! Elle rencontre des incrédules, et parmi les contemporains, et parmi les historiens. C'est en vain qu'il renvoie deux fois son chapeau de cardinal à Rome, 1675, 1676; en vain qu'il veut se retirer à la Trappe, demeure même quelque temps à l'abbaye de

Saint-Mihiel, vivant de la vie des autres religieux, réforme son train de maison de Commercy [1], lit des livres ascétiques, évite le bruit et l'éclat, cherche à s'ensevelir dans la retraite, compose la biographie d'une religieuse, un traité d'éducation chrétienne; en vain que des évêques, des religieux éminents se portent forts pour lui : les sceptiques résistent, croient à une dernière comédie de ce grand comédien. Sa double démission de cardinal, observent-ils, il savait bien que le pape ne l'accepterait point. Et comme tout doit être extraordinaire avec un tel homme, quelques-uns l'accusèrent d'avoir empoisonné Mazarin, cherché à empoisonner Louis XIV et son frère : des écrivains sérieux ont cru, les uns qu'il se suicida en 1679, les autres qu'il fut empoisonné par sa nièce, la duchesse de Lesdiguières, qui aurait trouvé qu'elle n'héritait pas assez vite. Je crois, pour ma part, que sa conversion morale et religieuse fut sincère, qu'il ne chercha à empoisonner ni Mazarin ni le roi, qu'il mourut naturellement. Le dossier politique et moral du cardinal est assez chargé pour qu'on n'ait pas besoin de le rendre plus pesant. Mais il y a des hommes auxquels on rapporte tout : tantôt responsables,

---

1. Jusqu'en 1675, le cardinal de Retz mène grand train à Commercy, où son titre de damoiseau souverain, sa dignité ecclésiastique, sa naissance, l'obligent à de lourdes dépenses : table ouverte, suite de cinquante personnes, musique, cantatrice, ménagerie ; au reste sa maison est fort bien administrée, il a l'habileté de mettre à la charge de ses vassaux la majeure partie de son entretien, ce qui lui permet de satisfaire des créanciers exigeants. Selon le mot de Voltaire, Catilina finissait en Atticus. Un Atticus d'un genre particulier, qui publie des décrets, ordonne des prières publiques, reçoit solennellement l'hommage de ses fiefs, rend la justice, sert avec succès la politique de Louis XIV en Italie, traite avec le Saint-Siège, fait des papes.

tantôt déifiés, boucs émissaires des péchés nationaux, usufruitiers de la gloire ou de l'esprit d'un peuple, leurs noms deviennent des symboles, autour desquels s'accrochent toutes sortes de légendes et de vérités, par un effet de rouille morale, d'alluvion intellectuelle. Le cardinal de Retz figure parmi ces hommes représentatifs; il appartient à son temps, car on chercherait vainement au XIXe siècle une figure qui lui ressemblât, même de loin; il appartient à l'humanité, car on trouve dans sa vie les contrastes les plus extrêmes, des vices inouïs et des qualités extraordinaires.

Le corps du cardinal fut inhumé dans l'église de Saint-Denis; sur son cercueil, une plaque de cuivre portait l'inscription suivante :

DANS CE CERCUEIL REPOSE
LE CORPS DE MONSEIGNEUR L'ÉMINENTISSIME
JEAN-FRANÇOIS-PAUL DE GONDI
ANCIEN ARCHEVÊQUE DE PARIS
CARDINAL DE LA S. E. R. DU TITRE DE SAINTE-MARIE
LA MINEURE
SURNOMMÉ DE RETZ
ABBÉ DE SAINT-DENIS EN FRANCE
DAMOISEAU SOUVERAIN DE COMMERCY, PRINCE D'ENVILLE
AGÉ DE 65 ANS XI MOIS
DÉCÉDÉ A PARIS EN L'HÔTEL DE LESDIGUIÈRES
LE 24 AOUT 1679

CINQUIÈME CONFÉRENCE

LA FAMILLE DE MAZARIN

MESDAMES, MESSIEURS,

Sa Majesté le Hasard a parfois la main heureuse. S'il est vrai que les Français sont les comédiens ordinaires du bon Dieu et les tragédiens de la fatalité, il faut reconnaître que de précieux collaborateurs leur échurent le jour où Mazarin s'avisa de faire venir d'Italie les fils, les filles de ses sœurs :

> Les Mancini, les Martinosses,
> Illustres matières de noces [1].

1. Amédée Renée : *Les nièces de Mazarin*, 1 vol., Firmin Didot. — *Mémoires* de Daniel de Cosnac. — Lucien Perey : *Le roman du grand Roi*, in-8, Calmann-Lévy. — Arvède Barine : *Princesses et grandes dames*. — Chantelauze : *Louis XIV et Marie Mancini*, 1 vol., Didier. — Franz Funck-Brentano : *Légendes et archives de la Bastille*, 1 vol. : *Le drame des poisons*, 1 vol. — *Mémoires* de la duchesse de Mazarin, rédigés par Saint-Réal. — *Mémoires* de Mme de Motteville, de Saint-Simon, du cardinal de Retz, de l'abbé de Choisy, de Brienne. — Combes : *Mme de Sévigné historien*. — Desnoireterres : *Les cours galantes*, t. I et II. — Sainte-Beuve : *Causeries du lundi*. — Duc de Noailles : *Histoire de Mme de Maintenon*, t. III. — Clément : *La police sous Louis XIV*. — *Apologie, ou les véritables Mémoires de Marie Mancini, connétable Colonna*, Leyde, 1678. — Mme d'Aulnoy : *Mémoires de la cour d'Espagne* et *Relation*

Si l'affection entrait pour peu dans cette mesure, la politique y avait la plus grande part. Richelieu avait trouvé sa force dans la raison de Louis XIII; Mazarin, qui chercha la sienne dans le cœur d'Anne d'Autriche, ne négligeait aucun moyen de l'affermir : pour que sa grandeur prît racine sur le sol français, il avait résolu, en mariant ses nièces, d'épouser d'illustres alliances. Premier ministre, il demeure cinq ans sans famille autour de lui, répète, en montrant les belles statues qu'il fait venir de Rome, que voilà les seules parentes qu'il veuille avoir en France. Le temps ayant apporté d'autres idées, il fait un signe, et sept nièces, trois neveux débarquent en plusieurs fournées, 1647, 1653, 1657, ravis plutôt qu'étonnés d'une telle aubaine. Deux neveux moururent jeunes, tous furent élevés en princes et princesses du sang. Une Noailles est allée chercher à Rome les quatre premiers, une la Rochefoucauld sera leur gouvernante, la

---

du voyage d'Espagne. — Charles Giraud : *Œuvres mêlées de Saint-Évremond*, 3 vol. — Comte d'Haussonville : *Histoire de la réunion de la Lorraine à la France.* — *Mémoires* du marquis de Beauvau, Cologne, 1690. — *Lettres* de Mme de Villars à Mme de Coulanges, 1 vol. in-8, Plon, 1878. — Comte Léon de Laborde : *Le palais Mazarin.* — G. Legué : *Médecins et empoisonneurs au XVIIe siècle*, Paris, 1896. — Lucien Mars : *Les empoisonnements sous Louis XIV*, 1899. — Bodin : *La démonomanie des sorciers.* — Pierre de Ségur : *La jeunesse du maréchal de Luxembourg*, 1 vol., 1900. — *Œuvres* de M. de Bouillon, 1663. — Charles Livet : *Portraits du grand siècle.* — Victor Cousin : *La société française au XVIIe siècle*, 2 vol. ; *Mme de Chevreuse*, 1 vol. — *Mémoires et Correspondance* de la marquise de Courcelles. — Comte de Cosnac : *Mazarin et Colbert*; *Les richesses du palais Mazarin.* — Chéruel : *Histoire de la France sous le ministère de Mazarin*, 3 vol., Hachette. — E. Rodocanachi : *Impressions d'un Italien à Paris sous le ministère de Mazarin.* — *Mémoires et réflexions du marquis de la Fare*, publiés par Émile Raunié. — Bazin : *Histoire du ministère de Mazarin.* — F. Reyssié : *Le cardinal de Bouillon*, 1 vol.

reine mère s'occupe d'eux comme de ses propres enfants. superstitieux, intelligents, ils n'eurent pas de peine à s'habituer à leur nouvelle destinée : la nature leur avait donné la faculté de passer avec aisance d'un état modeste au premier rang, faculté éminente qui les servit singulièrement. Plus tard, elle fera le même présent aux Bonaparte. On dit que les Turcs ont cette philosophie fataliste, qu'un simple batelier peut devenir du jour au lendemain grand vizir sans perdre la tête, en prononçant seulement la phrase sacramentelle : Que la volonté d'Allah soit faite !

On chercherait en vain dans tout le XVIIe siècle, et dans aucun temps, une famille plus amusante, plus originale, plus pittoresque en aventures et en caractères ; pour la définir, on épuiserait toutes les épithètes de Mme de Sévigné, on irait aux deux pôles du monde moral. De l'esprit, de l'instruction, de la beauté à en revendre, un charme exotique, de la grâce à damner un saint, de sens moral pas l'ombre (chez la majorité, s'entend), des goûts raffinés, inquiétants, des caprices qui éclatent avec la violence de la frénésie, des passions qui font mine d'embraser l'univers, d'emprunter à l'infini ses attributs, et qui soudain s'éteignent comme des feux de paille. Les Mancines rappellent leurs belles compatriotes du moyen âge qui gouvernaient un État, ne commandaient pas à leur cœur, et pratiquaient avant la lettre les préceptes de Machiavel : l'occasion leur a manqué d'aller jusqu'au bout de leurs caractères. Accordons-leur du moins les circonstances atténuantes qu'un homme d'esprit concédait à Mme de Tencin : si elles avaient eu intérêt à empoisonner quelqu'un, elles eussent choisi le poison le plus doux. Et puis leur oncle se montrait-il bon professeur de morale? Homme d'État de premier mérite et d'une séduction personnelle infinie, gouvernant avec des promesses et des sourires, mais fripon dans le particulier, trichant au jeu, prenant dans les coffres du roi, spéculant sur la nourriture des soldats auxquels il vendait jusqu'à l'eau pendant le siège de Dunkerque, laissant en mourant près de cinquante millions amassés à force de rapines et de concussions, une fortune qui était vraiment « le sang du peuple. » Qui ne connaît l'oraison funèbre que lui firent ses nièces : « *Pure e crepato!* Enfin il est crevé! » Personne, paraît-il, n'avait des manières si douces en public et si rudes dans le domestique : jusqu'à traiter *comme si elle eût été une chambrière* Anne d'Autriche qui, pendant sa dernière maladie, venait s'asseoir chaque jour auprès de son lit : « Ah ! murmurait-il en son jargon, cette femme me fera mourir, tant elle est importune ! Ne me laissera-t-elle jamais en repos ? » Du moins donne-t-il à ses nièces une excellente leçon de fermeté au dernier moment : il fit bonne mine à la mort, selon l'expression de Mme de Motteville. Un pamphlet de la Fronde lui avait décoché cette épigramme : « La Fortune accoucha de ce monstre pendant son divorce avec la Vertu. »

Faisons de suite la part de la morale. L'aînée des nièces, Laure Mancini, épouse le duc de Mercœur, petit-fils de Henri IV et de Gabrielle, doux, pieux, tranquille comme elle; Mazarin le combla, lui et les siens, d'honneurs et de gouvernements. Elle passe sa vie, tantôt à la cour, et tantôt à Anet, demeure des Vendôme, en communion complète avec la duchesse sa belle-mère, qui était aussi une sainte femme. Le jeune roi lui témoignait beaucoup d'affection, et, trop accoutumé à rendre tous les honneurs aux nièces du cardinal, la menait danser la première dans les ballets. Un jour qu'il était allé prendre Mme de Mercœur pour commencer le branle, la reine mère, surprise de cette faute, se leva brusquement, et lui arracha sa danseuse en lui disant tout bas d'aller inviter la princesse d'Angleterre. La reine d'Angleterre ayant essayé de pacifier le conflit en insinuant que sa fille avait mal au pied, Anne d'Autriche répondit que si la princesse ne dansait, le roi ne danserait point du tout. La reine d'Angleterre laissa danser la princesse sa fille, et, dans son âme, fut mal satisfaite du roi. Celui-ci fut encore chapitré le soir par sa mère, mais il répliqua qu'il n'aimait point les petites filles.

Les deux premiers enfants de Mme de Mercœur furent Vendôme, le vainqueur de Villaviciosa, et le grand prieur, qui prirent rang parmi les libertins les plus accomplis de leur temps; elle mourut quelques jours après avoir donné naissance à un troisième fils, sensiblement regrettée de ses proches et de toute la cour. Son mari en eut un tel chagrin qu'il se retira d'abord dans un couvent de capucins, puis, après une dernière campagne en Catalogne, il reçut la prêtrise, et mourut cardinal-légat du Saint-Siège en France.

Anne-Marie Martinozzi, « cette merveille aux cheveux blonds, » eut en partage le prince de Conti, un *homunculus*, bossu comme son premier ancêtre, frère de Condé et de Mme de Longueville, qui passa et repassa si souvent du libertinage à la dévotion. pour finir par une pénitence « dont la beauté surpassait de beaucoup la laideur de ses fautes. » Le cardinal de Retz, qui ne l'épargne pas, le définit « un zéro qui ne se multipliait que parce qu'il était prince du sang. La méchanceté faisait en lui ce que la faiblesse faisait de M. le duc d'Orléans : elle inondait ses autres qualités, qui n'étaient, d'ailleurs, que médiocres, et toutes semées de faiblesses. » En tout cas, un assez pauvre sire, de nature caudataire, destiné à graviter toujours dans la sphère d'une volonté plus forte. Il faut lire dans les Mémoires de Daniel de Cosnac l'histoire de son mariage, les ouvertures du poète Sarrazin, secrétaire de Son Altesse qui, une fois décidée, donne carte blanche quant au choix de la princesse, disant ce mot épique à force de cynisme : « qu'il épousait le cardinal et point du tout une femme. » On célébra les fiançailles à Compiègne, le 21 février 1654. Anne Martinozzi était vêtue d'un habit de velours noir, tout étincelant de l'éclat des diamants dont il était constellé. Elle porta le lendemain, à la cérémonie du mariage, un habit de brocatelle enrichi de perles. Le soir on joua le *Cid*. Mazarin avait fait briller aux yeux du prince l'espérance de l'épée de connétable, voire même une petite souveraineté. Cosnac, apprenant qu'il n'en était plus question, dit au prince : « Monseigneur, vous êtes trahi ; on vous marie au denier deux. » Conti rudoya son aumônier, et les méchantes langues imaginèrent que, dans sa colère d'être ainsi berné, il frappa d'un coup de pincettes à la tête Sarrazin [1], qui en serait mort, anecdote rapportée dans ce quatrain :

> Deux charmants, deux fameux poètes,
> Disciples de Marot, du Cerceau, Sarrazin,
> Ont éternisé les pincettes,
> Le premier par ses vers, et l'autre par sa fin.

---

1. Sur Sarrazin, voir l'étude de M. Hippeau, Mémoires de l'Académie de Caen, 1855.

La chasteté de la princesse ne la mit point à l'abri des incartades jalouses de son mari : le marquis de Vardes, le séducteur à la mode, tournait autour d'elle ; le roi, à peine âgé de dix-sept ans, lui disait quelques douceurs ; la jeune femme n'en pouvait mais, elle rabrouait très vertement, en plein bal, le jeune roi. Conti, alors en Catalogne, prend la mouche, ordonne à la princesse de le rejoindre, part de son côté et la rencontre à mi-chemin. « Je connais l'innocence et la vertu de ma femme, dit-il à Cosnac, mais elle a, comme toutes les autres, la vanité de plaire, et que sais-je si elle éviterait celle d'être aimée ? — Monseigneur, répliquait celui-ci, chercher une femme qui ne souffre pas qu'on l'aime, c'est désirer un cygne noir. »

Conti et sa femme finirent par se jeter dans le jansénisme et la haute dévotion, sous la direction d'un saint évêque, Nicolas Pavillon, évêque d'Aleth. Conti restitua les sommes extorquées pendant la Fronde ; il fit même une pénitence publique en cette ville de Bordeaux qui avait vu sa chute et ses désordres, alla jusqu'à écrire un livre contre la comédie et les spectacles. Il mourut en 1666, et sa veuve le suivit en 1672, à peine âgée de trente-cinq ans. Mme de Sévigné raconte ses derniers moments : « Cette nuit, Mme la princesse de Conti est tombée en apoplexie ; elle est sans pouls et sans parole ; on la martyrise pour la faire revenir.... Elle expira en faisant un grand cri, et au milieu d'une convulsion qui lui fit imprimer ses doigts dans le bras d'une femme qui la tenait. La désolation de sa chambre ne se peut représenter. M. le duc, MM. les princes de Conti, Mme de Longueville pleuraient de tout leur cœur. Mme de Gesvres avait pris le parti des évanouissements, Mme de Brissac de jeter les hauts cris ; il fallut les chasser. Ces deux personnes n'ont pas réussi : qui veut trop prouver ne prouve rien. Enfin, la douleur est universelle. Le roi a paru touché et a fait son panégyrique en disant qu'elle était plus considérable par sa vertu que par la grandeur de sa fortune.... »

Le tombeau de la princesse, à Saint-André des Arcs, porte cette inscription : « Elle vendit toutes ses pierreries pour nourrir, durant la famine de 1662, les pauvres du Berry, de Champagne et de Picardie. » Un de ses fils, qui devint roi de Pologne, était, dit Saint-Simon, « les constantes délices du monde, de la cour et des armées, la divinité du peuple, l'idole des soldats. »

Une troisième nièce, Laure Martinozzi, mariée au prince héritier de Modène, parait devoir figurer dans le camp de Laure et de Marie-Anne Après la mort de son mari, elle se trouve régente pour son fils au berceau, gouverne son petit État avec douceur, et, renommée pour sa justice et sa piété, reste dévouée à la politique française, obtient constamment l'appui de Louis XIV : quand celui-ci entreprit son expédition contre Candie, elle lui fournit un contingent de 1,000 hommes, avec un subside en argent. Le mariage de sa fille Marie-Béatrice avec le duc d'York, le futur roi Jacques II, figure parmi les événements majeurs de son règne : la jeune fille voulait se faire religieuse, et, loin de l'éblouir, la perspective de devenir la reine d'un peuple protestant l'effrayait singulièrement : la volonté du roi de France, l'intervention du pape, eurent raison de ses scrupules. Laure accompagna sa fille jusqu'à Versailles, où le Roi promena dans ses jardins les deux princesses, les fit monter seules avec lui dans son carrosse, et leur offrit une superbe collation. Dieu seul, a-t-on dit, sait ce que contiennent de larmes les yeux des reines : la fille de Laure ne fut pas épargnée sans doute, puisqu'elle finit par quitter, pour prendre le chemin de l'exil, ce pays où on l'avait accueillie si mal d'abord. Au seul bruit du mariage, toute l'Angleterre avait protesté : la Chambre des communes votait une adresse au roi pour le supplier de fixer un jour de jeûne et d'ordonner des prières publiques; on demandait que le duc d'York fût tenu de se retirer à la campagne et d'y vivre en simple gentilhomme. Et puis le charme opéra, car avec ces Mancines, il opérait toujours, en bien ou en mal; la grâce, la beauté de la princesse triomphèrent de ce triste esprit de parti qui est si rarement, hélas! le parti de l'esprit.

Et maintenant, nous entrons dans le royaume de la fantaisie et de la passion, où les lois du monde moral sont abolies, où la beauté seule règne, où elle est la vertu même et plus que la vertu. C'est une beauté armée de toutes pièces, qui possède, si j'ose dire, la tactique et la stratégie de son art, une beauté entourée d'auxiliaires redoutables, d'autant plus redoutable elle-même qu'elle prend racine dans l'imagination et je ne sais quel impétueux égoïsme qui se donne des airs de sensibilité profonde : mais il y manque le lest nécessaire, le jugement, l'équilibre, la persévérance, qui font les suprêmes victorieuses, ces éternelles dominatrices des cœurs et des esprits : une Cléopâtre, une Diane de Poitiers, une Maintenon ; faute de quoi, les nièces de Mazarin, ces paradoxes incarnés, resteront toujours de magnifiques aventurières. Dédaignant les obstacles et les sortilèges de la diplomatie, elles se ruent, tête baissée, dans tous les pièges que leur tendront la vie, les choses et surtout leur propre orgueil. Aller se casser la tête contre un mur qu'on voit devant soi, c'est déjà bien fort; mais construire soi-même le mur sur lequel on va se broyer la cervelle, c'est impardonnable, opinait M. Thiers. Ainsi firent-elles, gâchant à plaisir les destinées les plus brillantes, s'évertuant en quelque sorte à détruire l'œuvre d'une Providence prodigue de ses faveurs. Quoi qu'on ait dit, par exemple, il ne semble nullement prouvé que Mazarin n'eût point accepté le mariage de Marie Mancini avec Louis XIV, s'il y eût trouvé ses sûretés, s'il eût rencontré en elle un auxiliaire, un instrument de ses volontés; l'idée de garder le cœur du roi comme un gage dans la famille ne lui déplaisait point; elle, au lieu d'amadouer son oncle, rompt en visière, cherche visiblement à miner son crédit, perd, par sa faute, la plus belle partie d'ambition que puisse jouer une femme.

Cette Marie Mancini, la plus célèbre des Mazarines, les Mémoires, le roman, le théâtre, l'histoire ont rendu familière sa physionomie. Grâce aux belles études d'Amédée Renée, Chantelauze, Arvède Barine, Lucien Percy, ses amours avec Louis XIV (1658-1659), la fascination qu'elle exerce sur lui pendant des mois, son manège audacieux pour se faire épouser, sa transfiguration par la passion qui l'avait embellie, elle que l'on comparait d'abord à un pruneau, son exil à Brouage, ses fureurs volcaniques quand elle échoue, le mot fameux, plus ou moins arrangé : « Vous êtes roi, vous pleurez, et je pars ! » scandé par un accès de colère où elle déchire la manchette de dentelle du jeune roi, le mariage avec le connétable Colonna, puis les frasques, les

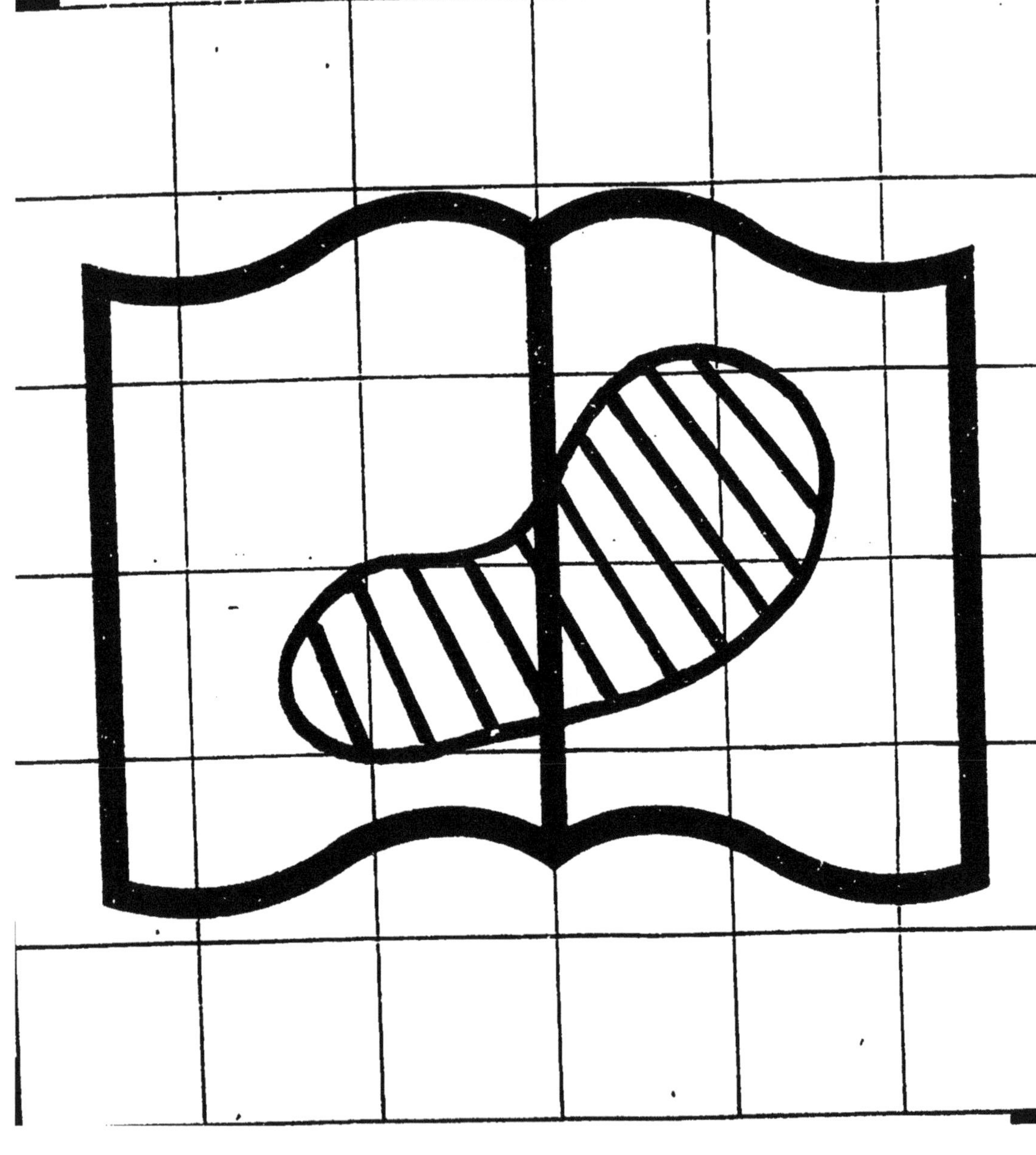

odyssées à travers l'Europe et les couvents, tout cela est trop connu maintenant pour qu'on ait besoin d'insister. « C'était une folle, dit Saint-Simon, et toutefois la meilleure de ces Mazarines. » Je ne veux retenir que deux ou trois traits qui peignent cette âme désheurée. A peine a-t-elle renoncé, par force, au roi, soudain, avec la puissance d'abolition qui caractérise tant de femmes, elle entame avec le prince Charles de Lorraine un second roman plus échevelé que le premier, jure cent fois qu'elle l'épousera ou se fera religieuse. Louis XIV, entre parenthèses, lui garda une sévère rancune de cette équipée, car le droit divin pour lui ne s'arrêtait pas à la politique, mais envahissait le domaine du sentiment à tel point qu'il se montre jaloux de Dieu même, et veut lui enlever la Vallière. Enfin elle se décide à n'avoir plus *la moindre pitié de son cœur*, le connétable Colonna l'épouse, lui plaît pendant quelques années, vit devant elle comme l'Hindou devant l'idole de Jaggernat; après ses premières couches, le Sacré Collège étant venu lui rendre visite, elle reçoit les cardinaux dans un lit figurant une conque marine [1] : « C'était, raconte-t-elle dans son *Apologie*, une espèce de coquille qui semblait flotter au milieu d'une mer si bien présentée qu'on eût dit qu'il n'y avait rien de plus véritable, et dont les ondes lui servaient de soubassements. Elle était soutenue par la croupe de chevaux marins, montés par autant

1. D'après un usage tout au moins ridicule, les nouvelles mariées recevaient sur leur lit, le lendemain du mariage; et souvent les princesses faisaient de même en parfaite santé, afin d'éviter la difficulté d'étiquette de donner la main, c'est-à-dire de reconduire. — La description du lit de la connétable Colonna donne la mesure du mauvais goût auquel était parvenue l'Italie de Raphaël.

de sirènes, les uns et les autres bien taillés, et d'une matière si propre et si brillante, qu'il n'y avait pas d'yeux qui n'y fussent trompés et qui ne les crussent en or. Dix ou douze Cupidons étaient les amoureuses agrafes qui soutenaient les rideaux d'un brocart d'or très riche, qu'ils laissaient pendre négligemment pour ne laisser voir que ce qui méritait d'être vu de cet éclatant appareil, servant plutôt d'ornement que de voile. » Le cardinal Flavio Chigi, neveu du pape et son premier favori, se laisse entraîner par elle à mille incongruités : un jour, par exemple, elle le surprend au lit, fait main basse sur ses vêtements, et, déguisée en cardinal, prétend donner audience à sa place. Une autre fois, ils vont à la chasse et campent dans les bois pendant quinze jours. La voilà enfin partie de Rome, courant l'Europe comme une écuyère, reçue dans les couvents à contre-cœur, et pour cause : percer les murs et passer par le trou béant, gagner des sœurs tourières et s'offrir des parties de nuit fort peu édifiantes, recevoir force galantes visites au parloir, porter des jupes de brocart or et argent sous la robe de laine, tout cela n'est que jeu pour elle. Ces exercices durèrent pendant vingt ans et plus. Et le plus piquant de l'aventure, c'est que le connétable, ce mari le plus conspué, le plus abandonné, un des plus minotaurisés de son temps, demeura amoureux d'elle jusqu'à la fin. Par testament, il implore son pardon, et, de peur que les apparences ne laissent à ses enfants quelque ressentiment contre leur mère, il s'accuse lui-même et leur prêche respect, reconnaissance et estime. Voilà un des plus beaux cas de philosophie conjugale dont l'histoire fasse mention. Quant à la connétable, elle courra encore les aventures, sous les yeux de ses enfants, à cinquante ans, et c'est d'elle peut-être cette jolie réflexion sur ses cascades : « Non, non, je ne croirai jamais que de si bons péchés soient mortels. » S'il y a trois périodes dans la vie des femmes, rêver l'amour, le vivre, le regretter, elle raccourcit le plus possible au bénéfice de la seconde la première et la troisième. Mais quelle épitaphe que celle qu'on grava par son ordre sur sa tombe : « Marie Mancini Colonna, poussière et cendre ! »

Avec Olympe Mancini, nous ferons un pas de plus. Elle aussi est une passionnée, mais surtout une intrigante, sur laquelle ses relations avec la Voisin laissent planer de singuliers soupçons. N'ayant pas réussi à pousser jusqu'au mariage l'inclination que lui témoigne Louis XIV adolescent, elle épouse le comte de Soissons, de la maison de Savoie, tenant par sa mère aux Bourbons, un mari soumis, d'un aveuglement et d'une complaisance merveilleux. La voilà princesse du sang, appelée par distinction Mme la Comtesse, attirant chez elle le roi, et sans doute ne lui refusant rien pour le garder dans sa barque, jalouse de sa sœur Marie quand la passion du roi éclate, et, après la brouille avec celle-ci, rentrant par degrés dans les bonnes grâces de Louis XIV, qui allait la voir tous les jours, même au début de ses amours avec Mlle de la Vallière ; il y passait ses soirées : le jeu, la conversation le retenaient fort tard ; il y prit cette fleur de grâce majestueuse et aisée que ne connut jamais Louis XV. En revenant de Bordeaux à Versailles, il quitta le carrosse de la reine dès la seconde journée, installa dans le sien la comtesse de Soissons avec Mme d'Uzès, y dînant tous les jours en tête à tête, jouant aussi un jeu à perdre trois ou quatre cents pistoles. Pour la récompenser de ses bons offices, Mazarin la fit surintendante de la maison de la reine; elle devint ainsi la plus grande dame de la cour, et rien n'était pareil, dit Saint-Simon, à sa splendeur : elle semblait la maîtresse de la cour, des fêtes et des grâces.

Là, les jeunes beautés du Tibre
Font maint cœur serf de maint cœur libre.

Elle se console gaillardement des infidélités du roi, en aimant à la folie le marquis de Vardes, alors en grand renom de bravoure, de galanterie, et possédant l'irrésistible don des larmes. Le comte de Guiche et Vardes, moins célèbres que Lauzun, eurent autrement de grâce, d'esprit, de dons de séduction. Madame Henriette semble les avoir agréés comme admirateurs, et cependant, ô ironie de la destinée, on les a oubliés pour se rappeler les amours de la Grande Mademoiselle, qui n'était ni jeune ni belle, avec Lauzun, qui n'avait que de l'audace et commettait des brutalités indignes d'un gentilhomme. La jeune duchesse de Roquelaure, qui battait à plates coutures toutes les beautés du Louvre, adora Vardes; il lui donna de la fausse monnaie pour du bon argent, puis se lassa bientôt d'un amour qui voulait du mystère et l'obligeait une fois à passer quarante-huit heures dans un caveau de l'hôtel. Rien de pareil à craindre avec le comte de Soissons, qui, tout au contraire, lorsqu'il y avait brouille entre sa femme et Vardes, allait chercher celui-ci et le ramenait. Il prit un empire absolu sur la comtesse, s'engagea avec elle et son ami le comte de Guiche dans une cabale assez dangereuse contre la Vallière, et sut encore persuader au roi que l'intrigue avait été ourdie par la duchesse de Navailles. Puis, toujours avec la comtesse de Soissons, il s'efforce de remplacer la Vallière par Mlle de la Mothe-Houdancourt, compose les billets de celle-ci au roi. Enfin, il réussit à supplanter son ami le comte de Guiche auprès de Madame, et la comtesse de Soissons en conçut une si effroyable jalousie qu'elle se plaignit à la princesse elle-même; celle-ci, ayant d'autres griefs contre Vardes, le fit mettre à la Bastille et puis exiler dans son gouvernement d'Aigues-Mortes; mais alors Mme de Soissons, furieuse que Madame lui enlevât Vardes et par son amour et par sa haine, jura de perdre le comte de Guiche, et fit des aveux au roi: elle en fut quitte pour passer quelque temps avec son mari dans son gouvernement de Champagne, revint bientôt à Versailles, y reprit sa grande existence, et ne tarda pas à entamer un nouveau roman avec le marquis de Villeroy, celui que les femmes surnommaient : le charmant.

Pour vivre seize ans exilé à Aigues-Mortes, pour avoir perdu la jeunesse, Vardes n'en reste pas moins le brillant Galaor que l'on a vu à Versailles, fascinant la noblesse de la Provence, séduisant à cinquante ans la fille du marquis de Toiras qui en avait vingt, et puis l'abandonnant : toujours indulgente pour les félonies de l'amour, la société élégante se divertit en faisant de cette aventure une espèce de drame que l'on représentait dans les cercles intimes. Enfin, Louvois étant venu en Provence, se laisse enjôler comme les autres, souffle au roi l'idée de rappeler Vardes (1683). Celui-ci s'avisa de se présenter avec une tête unique en son espèce et un vieux justaucorps à brevet, comme on en portait en 1663. Il fit l'effet d'un revenant: le roi lui-même ne put retenir un sourire à son aspect : « Ah! Sire, s'écria Vardes, quand on est assez misérable pour être éloigné de vous, on n'est pas seulement malheureux, on est ridicule. » Le roi lui ayant présenté le dauphin comme un jeune courtisan, il le reconnut et s'inclina. Louis XIV lui dit en riant : « Vardes, voilà une sottise; vous savez bien qu'on ne salue personne devant moi. — Sire, je ne sais plus rien, j'ai tout oublié, il faut que Votre Majesté me pardonne jusqu'à trente sottises. — Eh bien! je le veux, reste à vingt-neuf. » Le rusé courtisan avait gagné son procès en remémorant au roi le bon temps de leur jeunesse, en le faisant rire à ses dépens. A soixante ans, il redevint le héros de la mode, l'Évangile du jour. « Il est plus délicieux que jamais, observe Mme de Sévigné, il est toujours le bon parti de la conversation. » — Voilà don Juan au XVIIe siècle.

Mazarin consultait les horoscopes lorsqu'il mariait ses nièces; rien d'étonnant si celles-ci, dont l'esprit est moins ferme, s'adonnent avec passion aux sciences occultes : leur oncle, malgré de sincères efforts, n'avait guère su leur donner d'autre religion. Cette passion eut les suites les plus fâcheuses pour Mme de Soissons : on l'accusa d'avoir empoisonné son mari, et plus tard la reine d'Espagne, fille du frère de Louis XIV; car c'est une fatalité que, partout où elle apparaît, éclatent des morts imprévues, inexplicables. Mais quel intérêt aurait-elle eu à se défaire d'un mari si paisible, qui ne voyait que par ses yeux? Malheureusement, elle fournit des prétextes à la calomnie ou à la médisance : on cultivait l'astrologie, la magie, on évoquait les esprits à l'hôtel de Soissons. L'abbé de Choisy rapporte une scène de ce genre qui a trait à la mort du comte.

« Voilà ce qui arriva chez la comtesse de Soissons : son mari était malade en Champagne. Elle était un soir incertaine si elle partirait ou non pour l'aller trouver, lorsqu'un vieux gentilhomme de sa maison lui offrit tout bas de lui faire dire par un esprit si M. le comte mourrait ou non de cette maladie. Mme de Bouillon était présente avec M. de Vendôme et le duc, à présent maréchal de Villeroy. Le gentilhomme fit entrer dans le cabinet une petite fille de cinq ans, et lui mit à la main un verre plein d'une eau fort claire; il fit ensuite ses conjurations. La petite fille dit que l'eau devenait trouble : le gentilhomme dit tout bas à la compagnie qu'il allait commander à l'esprit de faire paraître dans le verre un cheval blanc en cas que M. le comte dût mourir, et un tigre en cas qu'il dût en échapper. Il demanda aussitôt à la petite fille si elle ne voyait rien dans le verre! — « Ah! s'écria-t-elle, le beau petit cheval blanc! » Il fit cinq fois de suite la même épreuve, et toujours la petite fille annonça la mort par des marques toutes différentes que M. de Vendôme ou Mme de Bouillon avaient nommées tout bas au gentilhomme, sans que la petite fille pût les entendre. »

Des présomptions plus graves donnaient un corps à ces rumeurs sinistres. En 1679, Mme de Soissons et sa sœur la duchesse de Bouillon se trouvèrent compromises dans le procès de la Voisin, où la Chambre ardente de l'Arsenal [1], composée de l'élite des membres du conseil d'État, ne retint pas moins de deux cent quarante-six accusés : trente-six périrent par la corde, le fer et le

1. On l'appelait ainsi parce qu'autrefois ces tribunaux extraordinaires siégeaient dans une chambre tendue de noir, éclairée de torches et de flambeaux.

feu; les autres furent punis par les galères, la prison ou l'exil. Sous couleur de divination, de sorcellerie, la Voisin vendait des philtres ou poudres magiques pour l'amour, des poisons qu'on appelait poudres de succession. La fable des Devineresses résume le mobile de tant de crimes et d'aberrations.

Perdait-on un chiffon, avait-on un amant,
Un mari vivant trop au gré de son épouse,
Une mère fâcheuse, une femme jalouse,
Chez la devineuse on courait.

La Voisin ne se contente pas d'avoir une maison fort achalandée, où les clients attendent leur tour, comme aujourd'hui chez les grands médecins : elle donne des consultations en ville, dans les salons, gagne cinquante, cent mille francs par an, jette l'argent par les fenêtres, entretient richement ses amants, rend ses oracles vêtue d'une robe et d'un manteau qui ont coûté 15,000 livres : elle a étudié à fond la physionomie, c'est là le fond de son art, elle l'avoue à la Reynie. Une dame ayant voulu lui donner la main sans se démasquer, elle lui dit qu'elle ne se connaissait point aux physionomies de velours.

« La vie de l'homme est publiquement en commerce, écrit la Reynie, le grand lieutenant de police, un admirable serviteur de la France et du roi; c'est presque l'unique remède dont on se sert dans tous les embarras de famille : les impiétés, les sacrilèges, les abominations sont pratiques communes à Paris, à la campagne, dans les provinces. »

Les sorcières, qui fourmillent partout, malgré de sévères défenses, cumulent la pharmacie, la médecine, les remèdes de bonnes femmes, la suggestion, la chiromancie, la cartomancie et toutes les branches de la sorcellerie : sages-femmes, droguistes, magiciennes, souvent aussi empoisonneuses et faiseuses d'anges.

« Une femme, dit Ravaisson, ordinairement une prostituée, sur le point d'accoucher, se faisait porter au milieu d'un cercle tracé sur le parquet et environné de chandelles noires; lorsque l'enfantement avait lieu, la mère livrait son fils pour le vouer au démon. Après avoir prononcé d'immondes conjurations, le prêtre égorgeait la victime, quelquefois sous les yeux de sa mère; mais plus souvent il l'emportait pour le sacrifier à l'écart, parce que, au dernier moment, la nature outragée reprenant ses droits, on avait vu de ces malheureuses arracher leur enfant à la mort. D'autres fois, on se contentait d'égorger un enfant abandonné, les devineresses n'en manquaient jamais : les filles imprudentes, les femmes légères, les chargeaient d'exposer les fruits d'un amour illégitime : elles avaient même des sages-femmes attitrées et fort occupées à procurer des fausses couches; les enfants, après avoir reçu le baptême, étaient mis à mort et portés ensuite au cimetière, et, plus souvent encore, enfouis au coin d'un bois ou consumés dans un four. »

A côté des magiciens et des sorcières, le groupe des alchimistes, des « philosophes » cherchant la pierre philosophale, le moyen de convertir les métaux en or par la solidification du mercure : Louis de Vanens, Chasteuil, Cadelan, Rabel, Bachimont; plusieurs sont mêlés aux pratiques démoniaques, et fréquentent chez la Voisin. M. Franz Funck-Brentano les a portraiturés avec verve.

Des accusés soumis à la torture prétendirent que la

vie du roi, du dauphin, de Colbert, de Mmes de la Vallière et Fontanges avait été en danger, et ils persuadèrent les juges instructeurs. Louis XIV apprit que Mme de Montespan lui avait fait avaler des poudres pour l'amour qui, administrées à trop forte dose, pouvaient, au dire des médecins, agir comme de vrais poisons. La Reynie semblait admettre qu'on avait empoisonné Mme de Fontanges, et le roi, craignant d'en trop découvrir, refusa d'autoriser l'autopsie. Des rôles furent enlevés par ordre d'en haut, des documents, des déclarations soustraits au tribunal, les séances de la chambre ardente suspendues le 1er octobre 1680 : une dame de qualité répétait partout qu'il fallait brûler le procès et les juges. Dans ses interrogatoires, la Voisin nomma le maréchal de Luxembourg, la duchesse de Vivonne, la duchesse de Bouillon, la comtesse de Soissons parmi les personnages qui venaient la consulter. Henriette d'Angleterre fut accusée d'avoir fait dire une messe, en plein Palais-Royal, avec des formules de sorcellerie, contre son mari. Des rivales de la Vallière, de Montespan demandèrent des poudres pour les *éloigner*. Croirait-on que la femme Filastre fut convaincue d'avoir sacrifié un de ses enfants pour en recueillir le sang; que l'abbé Guibourg [1] confessa, entre autres profanations,

1. Ancien aumônier du comte de Montgommery, l'abbé Guibourg était alors sacristain de Saint-Marcel, à Saint-Denis. Il disait la messe selon le rite, vêtu de l'aube, de l'étole et du manipule. « Celles sur le ventre desquelles des messes avaient été dites, étaient toutes nues, sans chemise, sur une table servant d'autel; elles avaient les bras étendus et tenaient dans chaque main un cierge. » D'autres fois elles ne se déshabillaient point « et ne faisaient que retrousser leurs habits jusqu'au-dessus de la gorge. » Le calice était posé sur le ventre nu. Au moment de l'offertoire, un enfant était égorgé. Guibourg le piquait d'une grande aiguille dans le cou.

avoir dit, à l'intention de Mme de Montespan, sur le corps de celle-ci, des messes où, après le sacrifice d'un jeune enfant dont le sang était soigneusement conservé, il avait passé sous le calice un écrit portant ces mots : « Je demande l'amitié du roi et celle de Mgr le dauphin, qu'elle me soit continuée, que la reine soit stérile, que le roi quitte son lit et sa table pour moi, que j'obtienne de lui tout ce que je lui demanderai pour moi, mes parents; que mes serviteurs et domestiques lui soient agréables. Chérie et respectée des grands seigneurs, que je puisse être appelée aux conseils du roi et savoir ce qui s'y passe ; et que, cette amitié redoublant plus que par le passé, le roi quitte et ne regarde la Vallière, et que, la reine étant répudiée, je puisse épouser le roi. »

Les relations de la marquise avec les sorciers commencent de bonne heure : lorsque le scandale éclata, il y eut entre le roi et Mme de Montespan une scène pathétique; Louis XIV pardonna, mais désormais elle était perdue comme favorite.

Colbert empêcha l'arrestation de Mme de Vivonne, dont le fils avait épousé sa fille, mais Luxembourg passa deux ans à la Bastille. Mme de Bouillon paya d'audace, déclara qu'elle était allée chez la Voisin se faire dire la bonne aventure, et mit les rieurs de son côté. Mme de Soissons se sentait-elle moins innocente ?

Le sang de la victime expirante était versé dans le calice, où il se mêlait à du sang de chauve-souris et à d'autres matières obtenues par des pratiques immondes. On ajoutait de la farine pour solidifier le mélange, auquel on donnait une forme d'hostie pour être bénit au moment où, dans le sacrifice de la messe, Dieu descend sur l'autel. La scène est reconstituée par la Reynie d'après les interrogatoires des accusés. »(Funck-Brentano : *Le drame des poisons.*)

Avait-elle demandé à la sibylle des recettes magiques pour se faire aimer de nouveau du roi ? Craignait-elle plutôt la rancune de Louvois et de Mme de Montespan ? On prétend que le roi dit à la princesse de Carignan : « J'ai bien voulu que Mme la Comtesse se sauvât. Peut-être en rendrai-je compte un jour à Dieu et à mon peuple. » Quoi qu'il en soit, elle prit le parti de la fuite. Voici en quels termes Mme de Sévigné conte sa dernière soirée à l'hôtel de Soissons : « Elle jouait à la bassette mercredi. M. de Bouillon entra ; il la pria de passer dans son cabinet, et lui dit qu'il fallait sortir de France ou aller à la Bastille. Elle ne balança point ; elle fit sortir du jeu la marquise d'Alluye ; elles ne reparurent plus. L'heure du souper vint ; on dit que Mme la Comtesse soupait en ville ; tout le monde s'en alla, persuadé de quelque chose d'extraordinaire. Cependant on fit beaucoup de paquets ; on prit de l'argent, des pierreries, on fit prendre des justaucorps gris aux laquais et aux cochers ; on fit mettre huit chevaux au carrosse. Elle fit placer près d'elle la marquise d'Alluye, qui ne voulait pas partir, dit-on, et deux femmes de chambre sur le devant. Elle dit à ses gens qu'ils ne se missent point en peine d'elle, qu'elle était innocente, mais que ces coquines de femmes avaient pris plaisir à la nommer. Elle pleura, elle passa chez Mme de Carignan, et sortit de Paris à trois heures du matin. Elle était accompagnée de deux de ses enfants et d'une suite de vingt personnes. »

La haine de Louvois la poursuivit à travers les Pays-Bas. Les hôteliers refusaient de la recevoir, elle dut coucher souvent sur la paille, s'entendre traiter de sorcière et d'empoisonneuse par la foule ; à Bruxelles on fit une danse de chats liés ensemble pour figurer le sabbat des diables et sorcières qui la suivaient. Puis l'orage s'apaise : l'exilée retrouve une petite cour à Bruxelles, lorsqu'on voit à ses pieds le prince de Parme, gouverneur des Pays-Bas; car elle était belle encore, avec ses quarante-deux ans, et Balzac n'a pas à lui seul réhabilité la femme qui a deux fois vingt ans. Elle fit de grands efforts pour rentrer en France, et n'y parvint jamais; elle vivra vingt-huit ans encore, en Flandre, en Espagne, mêlée aux intrigues, aux événements du dehors, visitant quelquefois sa sœur Hortense en Angleterre, mettant toute son activité au service de son quatrième fils, le prince Eugène, le vainqueur d'Oudenarde et de Malplaquet, qui la vengeait au centuple des sévérités de Louis XIV. Quelques jeunes seigneurs, les fils du prince de Conti, Eugène de Savoie, le prince de Turenne, étaient allés, après la paix de Nimègue, faire campagne contre les Turcs sur le Danube. Sans s'inquiéter du cabinet noir, ils avaient étourdiment écrit des lettres où leur verve frondeuse s'exerçait sur le maître lui-même, où il put lire des phrases comme celle-ci : « Quand il faut représenter, c'est un roi de théâtre; quand il faut combattre, c'est un roi d'échecs. » On devine la colère de Jupiter : il commanda aux imprudents de revenir, Eugène n'obéit pas, et répondit fièrement qu'il renonçait à la France. Le roi, à cette nouvelle, dit en riant : « Ne trouvez-vous pas que j'ai fait là une grande perte? » Celui qu'il appelait dédaigneusement le petit abbé, que les États Généraux décorèrent du titre de grand abbé de Hollande, devait ébranler son trône, lui arracher villes et provinces; tandis qu'avec lui, sans doute il fût resté l'arbitre de l'Europe, il eût été le grand roi jusqu'à la fin. Ces terribles surprises, ces ironies de la destinée ne sont que trop fréquentes dans l'histoire.

Marie-Anne Mancini, la dernière et la plus jeune nièce de Mazarin (je réserve Hortense, duchesse de Mazarin, pour la causerie sur Saint-Évremond), nous présente une physionomie un peu moins suspecte, plus agréable en tous cas. Non certes qu'elle vaille beaucoup mieux que les autres au fond : comme ses sœurs et cousines, elle a des passions ou des passionnettes, et l'indifférence débonnaire de son mari ne la sauve pas de quelques mois de couvent; son étourderie l'entraîne aux pires imprudences, et son innocence dans le procès de la Voisin ne paraissait pas lumineusement établie, puisque Louis XIV l'exila à Nérac. Mais l'histoire, les contemporains l'ont adoptée comme favorite, plaident en sa faveur les circonstances atténuantes : un salon célèbre, nouvel hôtel de Rambouillet, libéralement ouvert aux poètes qu'elle protégea dès l'âge le plus tendre, et qui la protégèrent devant le monde, je ne sais quelle grâce hautaine et quelle souplesse à se tirer des mauvais pas, une joie de vivre, un charme répandu sur ses actions comme des diamants sur une parure, sa fidélité aux amis, cette conscience plus ou moins légitime de sa supériorité qui domine les hommes par un dédain tranquille et continu, une beauté, des agréments conservés jusqu'à la mort (1714). Son oncle le cardinal, lorsqu'on lui recommandait quelqu'un pour un emploi important, avait coutume de demander : « Est-il heureux ? » Marie-Anne fut heureuse; elle figure, parmi ces dévergondées, le personnage sympathique.

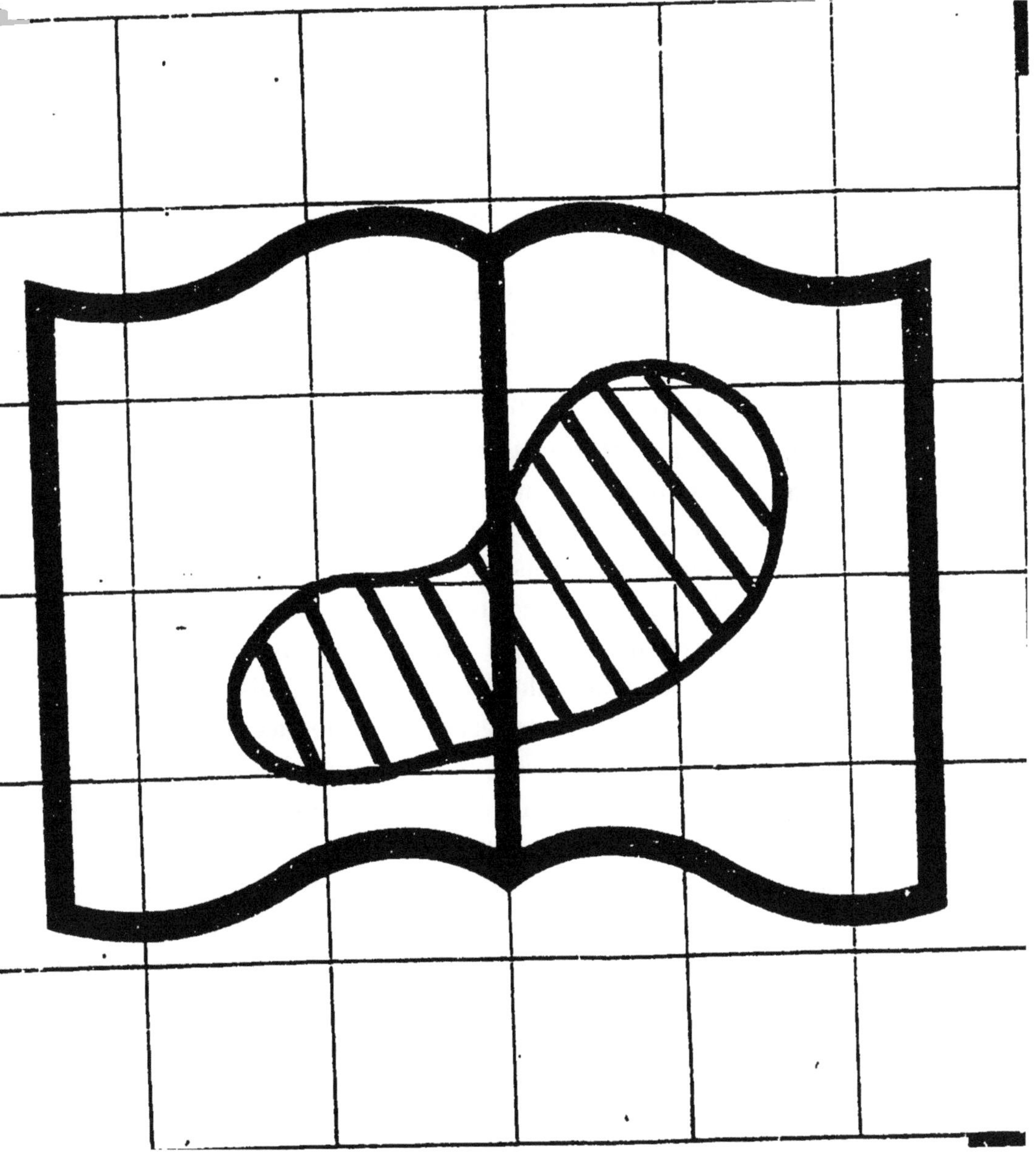

Saint-Simon trace d'elle un portrait qui, sous sa plume, est une sorte d'apothéose. « Elle était la reine de Paris et de tous les lieux où elle avait été exilée.... Mari, enfants, tous les Bouillon, le prince de Conti, le duc de Bourbon, qui ne bougeaient à Paris de chez elle, tous étaient plus petits devant elle que l'herbe.... Elle n'allait chez personne qu'aux occasions...., et elle y conservait un air de supériorité sur tout le monde qu'elle savait mesurer et assaisonner de beaucoup de politesse, selon les rangs.... Elle arrivait chez le roi la tête haute, et on l'entendait de deux pièces. Ce parler haut ne baissait point de ton, et fort souvent même au souper du roi, où elle attaquait Monseigneur et les autres princes.... Sa maison était ouverte dès le matin...., c'était grande table matin et soir, grand jeu, et de toutes les sortes à la fois. Jamais femme qui s'occupât moins de sa toilette ; point de beaux et singuliers visages comme le sien qui eussent moins besoin de secours, et à qui tout allât si bien ; toutefois, toujours de la parure et de belles pierreries. Elle savait, parlait bien, disputait volontiers, et quelquefois allait à la botte.... L'esprit et la beauté la soutinrent, et le monde s'accoutuma à en être dominé. »

Elle n'a pas encore dix ans, et déjà elle joue les Mécènes, écrit à son oncle des lettres en vers où elle devient l'espionne inconsciente de sa sœur Marie exilée alors à Brouage, au plus fort de la passion du roi, lettres où elle étale une intrépidité d'amour-propre, une hypertrophie du moi, que les années ne diminueront guère. Comment ne se croirait-elle pas une manière de muse ? Les courtisans traitent comme une puissance cette enfant gâtée, le joujou de la reine, de Mazarin, ils s'associent à la mystification singulière dont on lit le récit dans les Mémoires de la duchesse de Mazarin, rédigés par Saint-Réal (t. III, p. 558) et qui constitue un chef-d'œuvre d'indécence.

« Une chose qui nous fit fort rire en ce temps-là fut une plaisante galanterie que le cardinal fit à la future duchesse de Bouillon, la petite Marianne, qui pouvait avoir six ans : elle était fort gaie, fort vive et avait des reparties au-dessus de son âge. La reine s'en divertissait fort, ainsi que le cardinal, qui lui permettait les plus grandes libertés et se plaisait à la taquiner le mieux du monde. La cour était alors à la Fère. Un jour, chez la reine, Mazarin s'amusait à railler Marianne sur quelque galant qu'il prétendait qu'elle avait, il s'avisa à la fin de lui reprocher qu'elle était grosse. Le ressentiment qu'elle en témoigna le divertit si fort qu'on résolut de continuer à le lui dire. On lui rétrécissait ses habits de temps en temps, et on lui faisait accroire que c'était elle qui avait grossi. Cela dura autant qu'il fallait pour lui faire paraître la chose vraisemblable, mais elle n'en voulut rien croire et s'en défendit toujours avec beaucoup d'aigreur, quand un beau matin elle trouva un petit enfant entre ses draps. On ne saurait croire son étonnement et sa désolation à cette vue, puis, tout à coup, elle s'écria : « Il n'y a donc que la Vierge et moi à qui cela soit arrivé, car je n'ai du tout point eu de mal. » La reine la vint consoler et voulut être marraine, ce dont le petit enfant se trouva fort bien; toute la cour vint se réjouir avec l'accouchée, qui finit par être fort contente ; on la pressa fort de nommer le père de l'enfant, et elle répondit d'un air mystérieux : « Ce ne peut être que le roi ou le comte de

Guiche, parce qu'il n'y a qu'eux qui m'aient baisée. »

A l'âge de treize ans, elle épouse Maurice Godefroy de la Tour, duc de Bouillon, neveu de Turenne, déploie sa grâce et sa vivacité dans les ballets, préside à l'hôtel de Bouillon sa petite académie, établit un commerce intime avec les beaux esprits, Segrais, Benserade, Mme Deshoulières, Ménage, Chaulieu. Son mari étant allé guerroyer en Hongrie contre le Turc, elle se rend à Château-Thierry, duché-pairie que les Bouillon avaient eu avec d'autres domaines, en échange de leur souveraineté de Sedan. Sa pléiade galante lui manquait fort, mais elle eut la bonne fortune de rencontrer la Fontaine qui, revenu dans sa ville natale après la catastrophe de Fouquet, devint sa seule ressource contre l'ennui, se laissa charmer par elle, et la suivit avec joie à Paris. Le bonhomme que Saint-Simon peint « si pesant en conversation » avait été un galant à bonnes fortunes; il aimait le commerce des femmes, il savait leur parler, et avec elles n'éprouvait point la gène qu'il ressentait dans la compagnie des hommes du monde et des beaux esprits. Mme de Bouillon eut une influence considérable sur lui : avant de la connaître, la Fontaine n'avait publié qu'un petit volume contenant *Joconde*, la *Matrone d'Éphèse* et quelques poésies : elle stimula sa pensée, l'encouragea à écrire des fables, des contes libertins, l'appela le Fablier : c'est sous son inspiration qu'il publia les six premiers livres de ses fables; elle obtint pour lui une place de gentilhomme de la chambre auprès de Madame Henriette. Comme son oncle et ses sœurs, elle avait le goût des bêtes, et la Fontaine put tout à son aise observer celles-ci dans son palais. A quelque heure qu'on surprît la duchesse, on la trouvait entourée de chats, de chiens, de singes, de perroquets. Un matin, la Fontaine vient lui soumettre des vers, et elle de se partager entre cette lecture et trois querelles d'animaux ; loin de se plaindre, il la compare encore à César qui dictait quatre lettres à la fois. Chaulieu ne montrait pas moins de longanimité :

« J'aurais bien d'autres plaintes à vous faire de vos rigueurs, et de celles de MM. vos chiens et de Mme Carcau (la chatte favorite), dont je porte encore les marques.... Vos chiens m'ont mangé la main, la guenon m'a mordu, MM. de Vendôme m'ont brûlé ma perruque et déchiré mon manteau, sans que vous ayez donné la moindre marque que cela vous touchât un peu au cœur. »

La Fontaine ne se contentait pas d'écrire des fables et ses contes les moins pudiques pour désennuyer la rieuse châtelaine, il chantait sa taille, ses petits pieds qu'elle aimait à laisser voir, ses belles mains, son teint éclatant, sa magnifique chevelure, et jusqu'à son nez retroussé qui lui semblait si supérieur à tous les nez aquilins de la terre :

La mère des Amours et la reine des Grâces,
C'est Bouillon; et Vénus lui cède ses emplois....
Elle sait enchanter et l'esprit et les yeux.
Mortels, aimez-la tous ! Mais ce n'est qu'à des dieux
Qu'est réservé l'honneur de lui rendre les armes.

Pour en finir avec la Fontaine, rappelons qu'en 1687, lorsque Mme de Bouillon partit ponr l'Angleterre, sous couleur de visiter sa sœur Hortense, peut-être aussi pour quelque escapade galante, le Fablier, qui ne pouvait se consoler de son absence, lui écrivit vers et prose tout à fait charmants :

« Madame, disait-il, nous commençons ici de murmurer contre les Anglais de ce qu'ils vous retiennent si longtemps. Je suis d'avis qu'ils vous rendent à la France avant la fin de l'automne, et qu'en échange nous leur donnions deux ou trois îles dans l'Océan. S'il ne s'agissait que de ma satisfaction, je leur céderais tout l'Océan même :

Vous excellez en mille choses,
Vous portez en tous lieux la joie et les plaisirs;
Allez en des climats inconnus aux zéphyrs,
Les champs se vêtiront de roses.

Le séjour de la duchesse à Londres donna lieu à une sorte de tournoi poétique entre la Fontaine et Saint-Évremond, l'un tenant pour Hortense, l'autre pour Marianne ; ils se défièrent en vrais chevaliers :

« Faisons-nous chevaliers de la Table ronde, écrit la Fontaine ; aussi bien est-ce en Angleterre que cette chevalerie a commencé. Nous aurons deux tentes en notre équipage, et, au haut de ces deux tentes, les deux portraits des divinités que nous adorons :

Au passage d'un pont, ou sur le bord d'un bois,
Nos hérauts publieront ce ban à haute voix :
Marianne sans pair, Hortense sans seconde,
Veulent les cœurs de tout le monde.
Si vous en êtes cru, le parti le plus fort
Penchera du côté d'Hortense ;
Si l'on m'en croit aussi, Marianne d'abord
Doit faire incliner la balance.
Hortense ou Marianne, il faut y venir tous !...

Vers 1668, l'hôtel de Bouillon était devenu le rendez-vous des poètes, des beaux esprits ; la jeune femme tenait le sceptre de la conversation, prenait part à la bataille, versifiait elle-même, composait, dissertait ;

elle donnait à manger, à aimer et à causer; son salon tout ensemble est cérébral et sentimental, littéraire et galant. A côté des gens de lettres, on y voit son frère, ce duc de Nevers, si aimable et si capricieux, qui, tels plus tard Boufflers et de l'Isle, aurait dû élire domicile sur les grandes routes, toujours par monts et par vaux, partant pour Rome comme d'autres partaient pour Fontainebleau, passant sa vie à taquiner la muse, à chanter ses sœurs au point de les compromettre et d'exciter la jalousie de deux de ses beaux-frères, rimant contre ceux-ci, contre l'abbé de Rancé et Bossuet lui-même, sur tous et toutes choses, sur le quiétisme, le jansénisme, la bulle *Unigenitus*, la révocation de l'Édit de Nantes :

Meaux est un très grand esprit
Tout plein de littérature;
Mais quand on le contredit,
Il a l'âme un peu bien dure.

Aimer Dieu sans intérêt,
C'est pécher contre nature!
La charité lui déplaît
Quand sa flamme est toute pure.

Il fait vêtir Montespan
D'étamine et puis de bure.
Que vend donc ce charlatan?
De l'onguent pour la brûlure.

Ailleurs il dit assez joliment de l'épicurien Chaulieu :

C'est un autre moi-même! Il sait goûter la vie
En paresseux sensé qui *pond sur ses plaisirs.*

Citons encore l'abbé de Bouillon duc d'Albret [1], frère

1. Au lieu de l'abbé de Bouillon, le pape aurait préféré donner la nomination de cardinal à.... Turenne lui-même. « Ah! s'écria celui-ci, que ferais-je d'une calotte et d'une grande queue? Cet

du duc de Bouillon, promu si jeune au cardinalat (il avait vingt-six ans), qu'il fut appelé l'*enfant rouge*, fort érudit et intelligent, mais très friand, comme sa belle-sœur, des contes du Décaméron et de la Fontaine, partageant ses goûts, ses plaisirs, et vivant avec elle dans une intimité qui fit courir bien des bruits ; le grand Turenne qui, lui aussi, malgré sa conversion assez récente, se délectait aux lectures égrillardes de l'hôtel de Bouillon ; un peu plus tard ses neveux MM. de Vendôme, les Altesses chansonnières, trop célèbres par les soupers libertins de l'hôtel de Vendôme et du Temple, où la *déesse Bouillon*, leur tante, s'invitait sans cérémonie avec son frère Nevers, comme elle s'invitait chez Chaulieu à Fontenay, pour y entendre ou voir ce qu'on n'aurait osé chez elle, bien qu'on y osât beaucoup, pour y rencontrer peut-être Ninon de Lenclos, qui n'était plus jeune, mais « l'amour, dit Chaulieu, s'était réfugié jusque dans les rides de son front. »

Voici la punition de ces inconséquences. Un fils de la duchesse, le chevalier de Bouillon, menait une vie fort débauchée, et de tout point si étrange, que son père crut devoir lui adresser quelques remontrances. Il l'écouta quelque temps, puis fort cavalièrement observa qu'il le trouvait bien bon de se mettre tant en peine de

---

équipage m'embarrasserait fort. Je vous prie de remercier bien le pape pour moi et de le prier de faire mon neveu cardinal. » (*Mémoires* de l'abbé de Choisy, t. II, p. 157.) A vingt-quatre ans, l'abbé de Bouillon avait été reçu docteur de la Faculté de Paris. Les soutenances de thèses attiraient un public nombreux et brillant : la famille, les amis faisaient cortège au candidat, si bien qu'en plusieurs circonstances, notamment pour les soutenances d'un fils de Colbert et du fils de Chamillart, le roi se trouva presque seul depuis son lever jusqu'à son coucher.

sa conduite, et bien plaisant de lui en parler avec tant d'autorité. Et comme le duc, irrité de cette insolence, invoquait ses droits paternels : « Vous mon père ! répliqua le chevalier avec un grand éclat de rire, vous savez bien que non, et que c'est M. le grand prieur de Vendôme. » Les autres fils de la duchesse lui firent honneur, servirent avec éclat dans les armées du roi ; l'aîné avait soutenu des thèses de philosophie et de droit au collège de Clermont ; le cadet épousa la fille d'un financier ; Mme de Bouillon appelait sa bru : son *petit lingot d'or*. Mais son orgueil, qui parfois baissait pavillon devant Sa Majesté l'argent, demeurait intraitable en toute autre circonstance. Par exemple, un jour que son carrosse se rencontra avec celui de la duchesse de Hanovre, celle-ci ayant exigé qu'elle lui cédât le pas, les Bouillon, piqués au vif, jurèrent de se venger. Mme de Hanovre étant allée à la Comédie, ils s'y rendirent tous, et leur livrée avait ordre de se prendre de querelle avec celle de la princesse. L'exécution fut complète, les gens de l'Allemande rossés d'importance, les harnais de ses chevaux coupés, son carrosse fort maltraité. Elle jeta les hauts cris, mais il n'en fut que cela. Douce avec ses inférieurs, superbe avec ses égaux, telle était la devise de Mme de Bouillon.

Elle était la reine de Paris, mais toute royauté a ses éclipses, et parfois elle rencontrait un homme qui ne craignait pas de lui tenir tête, un public qui regimbait contre ses caprices littéraires. Le Sage lui ayant promis une lecture de son *Turcaret*, et étant arrivé en retard, elle observa sèchement qu'il lui avait fait perdre une heure : « Eh bien, Madame, répondit l'auteur avec sang-froid, je vais vous en faire gagner deux. » Et tirant sa révérence, il sortit sans qu'il fût possible de le retenir.

Une mésaventure plus éclatante lui advint avec la *Phèdre* de Pradon. Mme Deshoulières, dont les jugements étaient révérés comme des arrêts dans beaucoup de cercles, avait présenté Pradon à l'hôtel de Bouillon, où l'on haïssait Racine de toute l'admiration que l'on professait pour le vieux Corneille. Mme de Bouillon et le duc de Nevers ayant appris que Racine achevait une *Phèdre*, attelèrent Pradon au même sujet, et éperonnèrent son zèle de telle sorte que sa pièce put être jouée en même temps que celle de son rival. Dans son ardeur extrême, Mme de Bouillon loua pour les six premières représentations les salles de l'hôtel de Bourgogne et de la rue Guénégaud, afin de pouvoir, dans l'un et l'autre théâtre, disposer à son gré du public : elle paya des gens pour siffler, elle en paya peut-être pour dormir. Cette fantaisie, qui lui coûta environ 15,000 livres, n'eut pas tout le succès qu'on en attendait ; la pièce de Racine tomba, pour se relever bientôt après : elle tombait du ciel, pouvait-on dire ; celle de Pradon réussit un instant, puis, malgré tant de prôneurs, s'écroula après quinze ou seize représentations. Ce n'est pas qu'il fût sans quelque talent, et sa tragédie de *Régulus* resta plus de trente ans au répertoire ; mais il avait consenti à devenir l'instrument d'une coterie, et fut classé comme le type du méchant poète.

La cabale montée contre Racine ne s'en était pas tenue là ; dans le cercle de la duchesse on chanta sa défaite, et Mme Deshoulières rima son trop fameux sonnet.

> Dans un fauteuil doré, Phèdre, tremblante et blême,
> Dit des vers où, d'abord, personne n'entend rien.

Sa nourrice lui fait un sermon fort chrétien
Contre l'affreux dessein d'attenter sur soi-même.

Hippolyte la hait presque autant qu'elle l'aime;
Rien ne change son cœur ni son chaste maintien.
La nourrice l'accuse : elle s'en punit bien;
Thésée a pour son fils une rigueur extrême.

Une grosse Aricie, au teint rouge, aux crins blonds,
N'est là que pour montrer deux énormes tetons,
Que, malgré sa froideur, Hippolyte idolâtre.

Il meurt enfin, traîné par ses coursiers ingrats;
Et Phèdre, après avoir pris de la mort-aux-rats,
Vient, en se confessant, mourir sur le théâtre.

Racine et Boileau étaient trop avisés pour s'en prendre à Mme de Bouillon ou à Mme Deshoulières; mais, pendant un souper, quelques jeunes seigneurs de leurs amis, d'Effiat, Manicamp, Fiesque, Nantouillet, ripostèrent brutalement en parodiant le sonnet à l'adresse du duc de Nevers, dont personne n'ignorait l'incontinence poétique :

Dans un palais doré, Damon, jaloux et blême,
Fait des vers où jamais personne n'entend rien.
Il n'est ni courtisan, ni guerrier, ni chrétien;
Et souvent, pour rimer, il s'enferme lui-même.

La Muse, par malheur, le hait autant qu'il l'aime.
Il a d'un franc poète et l'air et le maintien.
Il veut juger de tout et n'en juge pas bien.
Il a pour le Phébus une tendresse extrême.

Une sœur vagabonde, aux crins plus noirs que blonds,
Va par tout l'univers promener deux tetons
Dont, malgré son pays, Damon est idolâtre.

Il se tue à rimer pour des lecteurs ingrats,
L'Énéide, à son goût, est de la mort-aux-rats,
Et, selon lui, Pradon est le roi du théâtre.

Le sonnet gâtait une cause qui n'avait pas besoin de pareilles armes, et Nevers ne manqua point d'accuser les principaux intéressés, Racine et Boileau; ils furent avertis que le duc avait mis des estafiers en campagne pour les faire assassiner ou bâtonner d'importance. En attendant l'exécution, le duc de Nevers leur décocha ce vilain sonnet :

Racine et Despréaux, l'air triste et le teint blême,
Viennent demander grâce et ne confessent rien.
Il leur faut pardonner, parce qu'on est chrétien ;
Mais on sait ce qu'on doit au public, à soi-même.

Damon, pour l'intérêt de cette sœur qu'il aime,
Doit de ces scélérats châtier le maintien;
Car il serait blâmé de tous les gens de bien,
S'il ne punissait pas leur insolence extrême.

Ce fut une furie, aux crins plus noirs que blonds,
Qui leur pressa, du pus de ses affreux tetons,
Ce sonnet qu'en secret leur cabale idolâtre.

Vous en serez punis, satiriques ingrats,
Non pas en trahison, d'un sou de mort-aux-rats,
Mais de coups de bâton donnés en plein théâtre.

La menace avait de quoi effrayer deux hommes moins timides. Heureusement pour eux, Condé leur fit écrire par son fils M. le duc : « Si vous n'avez pas fait le sonnet, venez à l'hôtel de Condé, où M. le prince saura bien vous garantir de ces menaces, puisque vous êtes innocents; et, si vous l'avez fait, venez aussi à l'hôtel de Condé, et M. le prince vous prendra de même sous sa protection, parce que le sonnet est très plaisant et plein d'esprit. » En même temps, Condé fit avertir Nevers « qu'il vengerait comme faites à lui-même les insultes que l'on s'aviserait de faire à deux hommes d'esprit qu'il aimait. » Nevers se le tint pour dit, et ainsi se termina cette querelle où ni lui ni sa sœur n'eurent le beau rôle, où Corneille avait rencontré des amis plus impétueux qu'habiles.

Voilà, trop brièvement résumée, la destinée brillante, éphémère, des nièces de Mazarin, ces *splendides parvenues*, comme les appelle M. Amédée Renée, dont plusieurs frôlèrent le trône, d'où sortirent ou se continuèrent les derniers Stuarts, les Modène, les Carignan, les Vendôme, les Conti, les Bouillon, les Colonna. « Eugène et Vendôme, deux hommes de guerre de premier ordre, étaient Mancini par leurs mères. Mais il semble que le sang des Mazarin n'ait pas porté bonheur à ces races illustres auxquelles il s'était mêlé, car elles s'éteignirent rapidement. Il donne naissance à des héros, mais la flamme se consume vite. » C'est surtout par l'intelligence que les Mancini brillèrent; le duc de Nevers et ses sœurs méritent, sous ce rapport, un regard de l'histoire ; les Vendôme, le prince Eugène, le duc de Nivernois, leurs enfants, reçurent aussi ce précieux héritage, et mêlèrent à leur vie politique ou guerrière le goût persistant de l'esprit et des beaux-arts : et ce sont là, sans doute, deux auxiliaires précieux de ce talent de plaire qui, devant la postérité, souvent aussi devant les contemporains, tient lieu de contrition parfaite, efface ou atténue les fautes les plus graves, désarme la critique et crée les personnages sympathiques de l'histoire.

SIXIÈME CONFÉRENCE

LE SALON DE MLLE DE SCUDÉRY

MESDAMES, MESSIEURS,

Des quinze ou vingt ruelles, réduits ou alcôves qui se partagèrent la royauté morale, intellectuelle, littéraire et sociale de l'hôtel de Rambouillet, devenue vacante aux environs de 1650, le salon de Mlle de Scudéry est demeuré le plus célèbre [1], grâce au talent de sa directrice qui ne mourut qu'en 1701, à l'âge de quatre-vingt-quatorze ans, et eut ainsi le temps de perpétuer les traditions de la marquise dont elle avait été l'amie, grâce aux principaux intimes de Sapho, Pellisson, Chapelain, Conrart, Ménage, qui tiennent registre des réunions du fameux Samedi; grâce aussi aux ennemis de toute sorte qui se déchaînèrent contre une personne dont le nom était devenu le drapeau et comme le synonyme de la

1. *Le Parnasse des femmes*, 5 vol. — Furetière : *Le roman bourgeois.* — Émile Colombey : *La journée des madrigaux*, 1856. — Marcou : *Étude sur la vie et les œuvres de Pellisson.* — Rathery et Boutron : *Mlle de Scudéry, sa vie, sa correspondance*, 1 vol. — *Recueil* de la Suze, 6 vol. — De Barthélemy : *Les amis de la marquise de Sablé*, 1 vol., Dentu; *Histoire de la vie du duc de la Rochefoucauld.* — Charles Livet : *Précieux et précieuses; Portraits du grand*

préciosité. En effet, le salon de Mlle de Scudéry rencontre à peu près les mêmes défenseurs et les mêmes adversaires que l'hôtel de Rambouillet, je ne dis pas les mêmes hôtes; car les années ont coulé, le rang ici est inférieur, la fortune n'existe point, et, bien qu'un certain nombre de gens du bel air continuent de fréquenter la ruelle de l'auteur du *Grand Cyrus*, le tiers état y domine sensiblement. C'est même là que l'esprit conquit en quelque sorte ses droits de bourgeoisie, là que les personnes non titrées apprirent à s'assembler, à lire, à causer entre elles, sans se soucier des grands seigneurs, et même à jouer des comédies où elles refusaient d'admettre le comte de Soissons; là encore qu'on commençait de secouer le préjugé qui permit à M. de Chaudebonne de dire à Voiture : « Monsieur, vous êtes trop galant pour demeurer dans la bourgeoisie, il faut que je vous en tire. » Et Voiture, *réengendré* par Chaude-

---

siècle. — Ferdinand Brunetière : *La société précieuse au XVIIe siècle*, dans *Revue des Deux Mondes*, 15 avril 1882. — *Mémoires* de Niceron, de Marolles. — Petit de Julleville : *Histoire de la langue et de la littérature française*, t. IV. — Sainte-Beuve : *Causeries du lundi*. — Doncieux : *Le P. Bouhours*. — Sauval : *Antiquités de Paris*, t. III, p. 58 et suiv. — De Moüy : *Grands seigneurs et grandes dames*. — *Historiettes* de Tallemant des Réaux. — Labitte : *Études littéraires*, t. II. — Saint-Marc Girardin : *Cours de littérature*, t. III. — Mlle de Scudéry : *Artamène ou le grand Cyrus*, 10 vol.; *Clélie, histoire romaine*, 10 vol.; *Ibrahim ou l'illustre Bassa*, 3 vol.; *Conversations sur divers sujets*, 2 vol ; *Conversations nouvelles sur divers sujets*, 2 vol.; *Conversations morales*, 2 vol.; *Nouvelles conversations de morale*, 2 vol.; *Entretiens de morale*, 2 vol. — Fléchier : *Mémoires sur les grands jours d'Auvergne*. — Mme du Noyer : *Lettres historiques et galantes*. — Bosquillon : *Éloge de Mlle de Scudéry*, dans *Journal des savants*, juillet 1701. — Victor Cousin : *La société française au XVIIe siècle*, 2 vol.; *Mme de Chevreuse*, 1 vol.; *Mme de Hautefort*, 1 vol.; *Mme de Sablé*, 1 vol.; *Mme de Longueville*, 2 vol., Didier. — *Œuvres diverses* de M. Pellisson, de l'Académie française, etc.

bonne et la marquise de Rambouillet, devenait M. de Voiture, l'âme de la chambre bleue, *du rond*, comme on disait, était consacré l'homme le plus spirituel de France.

Mais, vers 1660, la fausse préciosité infesta les salons de la bourgeoisie parisienne et gagna les provinces; la pudeur devint pruderie, la pureté du langage afféterie, la finesse tourna au maniérisme alambiqué, la grâce à la minauderie; les modèles de comédie ou de satire se multiplièrent. A côté des quelques précieuses de bon aloi citées par Somaize, combien de comtesses d'Escarbagnas, de Cathos et de Madelons parmi les présidentes, les élues de province, jalouses de la gloire des Parisiennes et cherchant à renchérir sur elles! C'est l'époque où l'abbé de Pure invente sa fameuse distinction des quatre amours :

L'amour de *oui*,
L'amour de *non*,
L'amour de *mais*,
L'amour de *eh bien!*

qui sont le propre de la coquette,
de la finette,
de la discrète
et de la bourgeoise.

L'entourage, la cabale de Sapho-Scudéry prête quelque peu à la satire, tandis que celle de la marquise de Rambouillet n'y prêtait guère; l'une et l'autre furent attaquées, la première d'une manière ouverte, directe, comme un type qu'on a sous les yeux, l'autre de biais, de souvenir en quelque sorte, puisque l'hôtel de la marquise était à peu près fermé. Quoi qu'en aient dit Rœderer et Victor Cousin, Boileau, Molière ne se contentent point de bafouer de mauvais singes d'excellents modèles; leurs précautions oratoires ne donnent pas le change, leurs traits visent plus loin et plus haut. Boileau, par exemple, fit à plusieurs reprises le procès de Mlle de Scudéry, et la calomnia assez brutalement même :

> D'abord tu la verras, ainsi que dans *Clélie*,
> Recevant ses amants sous le doux nom d'amis,
> S'en tenir avec eux aux petits soins permis,
> Puis bientôt, en grande eau, sur le fleuve de Tendre,
> Naviguer à souhait, tout dire et tout entendre ;
> Et ne présume pas que Vénus ou Satan
> Souffre qu'elle en demeure aux termes du roman.

Boileau, qui attaqua les romans de Mlle de Scudéry au nom du goût et de la morale, faisait comme Molière, son métier de bon ou de plat courtisan; il n'avait garde de laisser échapper une occasion de plaire à Louis XIV, en daubant une école si opposée à ses errements, en favorisant ses mœurs olympiennes. Et sans doute ils rencontraient comme auxiliaires certains dévots, Arnauld en tête, qui reprochèrent à Mlle de Scudéry d'établir la galanterie, d'écrire des romans, des œuvres dont le caractère est de rouler sur la passion ; mais ni Arnauld ni Boileau n'ont tout ce qu'il faut pour bien juger les femmes et leur rôle social. Fléchier, Racine et Mascaron rendaient mieux justice à la noble demoiselle. Mme de Maintenon adopte ses volumes de *Conversations* pour les jeunes filles de Saint-Cyr; Mascaron lui écrivait en 1672 :

« L'occupation de mon automne est la lecture de *Cyrus*, de *Clélie* et d'*Ibrahim*. Ces ouvrages ont toujours pour moi le charme de la nouveauté, et j'y trouve tant de choses propres pour réformer le monde, que je ne fais pas difficulté de vous avouer que, dans les sermons que

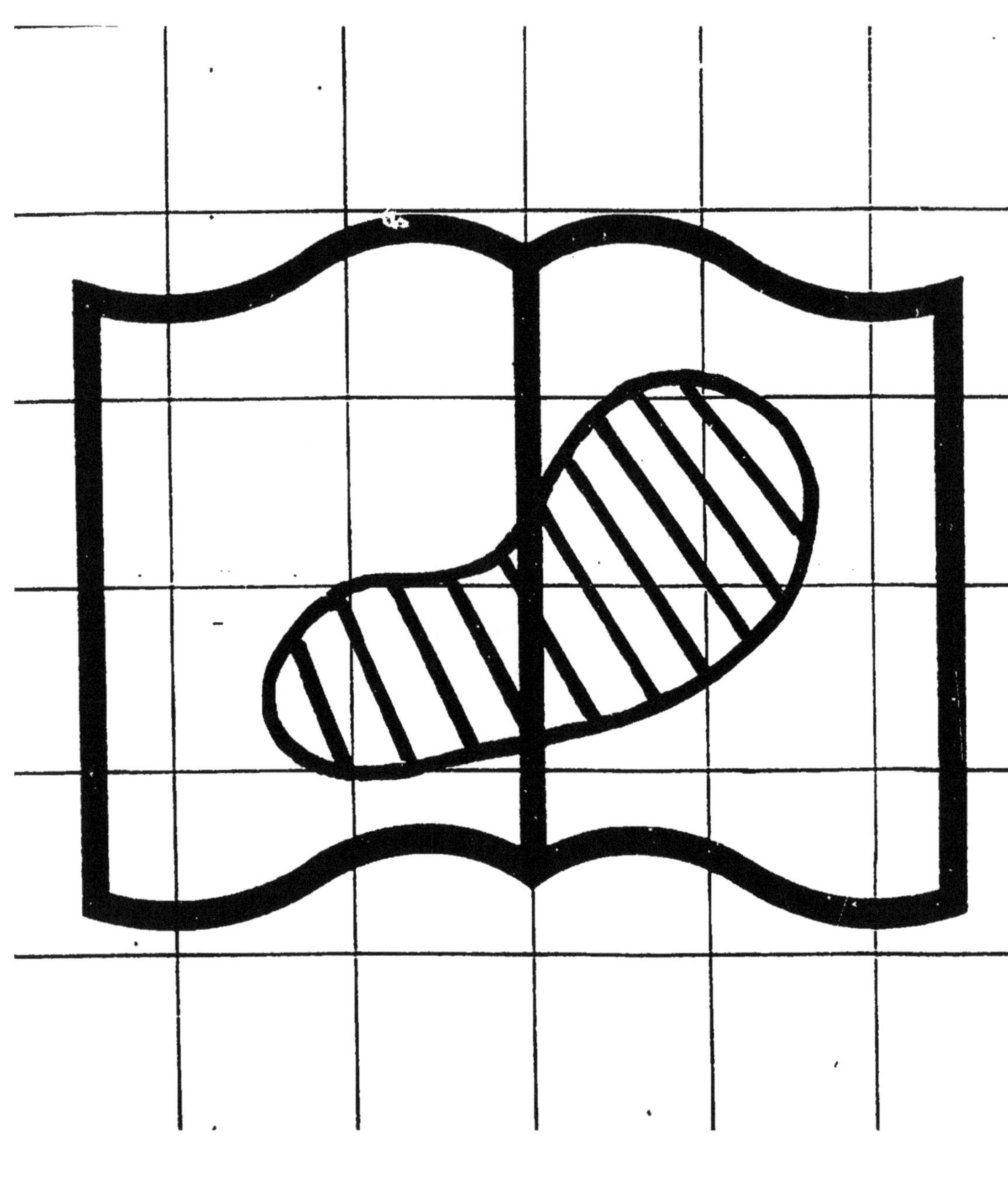

je prépare pour la Cour, vous serez très souvent à côté de saint Augustin et de saint Bernard. »

A l'autre pôle du monde des gens d'esprit, les libertins, les épicuriens comme Saint-Évremond, reprochaient aux Précieuses « d'avoir ôté à l'amour ce qu'il a de plus naturel à force de vouloir l'épurer, » se moquaient fort des *sentiments à la platonique*, de ces conversations interminables entre amoureux de la *Clélie* et du *Cyrus* qui, plus tard, faisaient dire à une princesse italienne : « Voilà bien des paroles pour une affaire qui chez nous s'arrange dans l'espace d'une matinée. »

C'est d'ailleurs un des bienfaits de la préciosité et des salons précieux, d'avoir répandu l'instinct des nécessités sociales et mondaines, et de développer l'art de la conversation, de retenir l'homme sur cette pente de la grossièreté où il roule et s'abîme aisément quand il est abandonné à lui-même ; par là, de relever la condition de la femme. M. Brunetière observe, avec sa profondeur habituelle, qu'en épurant la langue, les précieux l'ont appauvrie ; que leurs auteurs ont écrit pour un public trop étroit, qu'ils ont donné trop de place à la galanterie noble, à la conversation, qu'ils se sont détournés du sentiment de la nature, du spectacle des humbles, qu'ils ont substitué l'étude du beau monde à l'observation sincère et large de la vie, exagéré la tendance à faire de la métaphore une énigme, et de la périphrase un vrai déguisement. D'appeler par exemple l'almanach : les mémoires de l'avenir ; l'écho : un invisible solitaire ou le consolateur des amants ; le violon, l'âme des pieds ; le masque : un instrument de curiosité ; le bonnet de nuit : le complice innocent du mensonge ; le lavement : le bouillon des deux sœurs ;

la chaise percée : la soucoupe inférieure ; midi : l'heure des nécessités méridionales ; de dire : « Ma commune, allez quérir mon zéphyr dans mon précieux, » pour ordonner à sa femme de chambre d'aller chercher un éventail dans son secrétaire [1], de telles licences tournent à la mascarade littéraire.

Mais n'est-ce rien d'avoir épuré la langue en la débarrassant du pédantisme, des termes grossiers qui caractérisent les fonctions basses, les habitudes vulgaires, les misères de l'humanité ; de l'avoir enrichie par la détermination du sens précis des mots, par l'acquisition de très nombreuses locutions nouvelles, de telle sorte qu'aujourd'hui nous parlons bien souvent le langage des ruelles sans nous en douter ? N'est-ce rien d'avoir formulé les règles d'une orthographe meilleure, d'avoir créé quelques genres littéraires, le genre épistolaire, les moralistes, le roman psychologique, les portraits, les conversations ? Peut-on oublier que l'Académie

1. Tout ceci, bien entendu, appartient à la fausse préciosité, aux précieuses ridicules ; et de même ces locutions : une âme mal demeurée, n'avoir pas d'esprit ; avoir un œuf caché sous la cendre, avoir de l'esprit mais n'en point posséder la clef ; l'amour, le partisan des désirs ; la boutique d'un libraire, le cimetière des vivants et des morts ; un carrosse, l'assemblage de quatre corniches ; les chenets, les bras de Vulcain ; la cour, l'empire des œillades ; les joues, les trônes de la pudeur ; les pieds, les chers souffrants ; le potage, l'union de deux éléments ; le pain, le soutien de la vie ; le miroir, un peintre de la dernière fidélité. — Il y a, remarquons-le en passant, chez les poètes du premier Empire, des périphrases tout aussi cocasses que celles des précieuses de mauvais aloi, et encore celles-ci cherchaient-elles à exprimer le sens des choses, tandis que les ultra-classiques ne songeaient qu'à dire en beaucoup de mots ce qui pouvait être dit plus clairement en un seul. — On trouvera, dans l'étude de Barthélemy sur *Les amis de Mme de Sablé*, p. 46 et suiv., une liste de bonnes locutions lancées par les vraies précieuses, et dont celles-ci ont enrichi notre langue.

française recruta dans cette société une bonne partie de ses membres ; que Corneille lut ses premiers vers à l'hôtel de Rambouillet ; que Bossuet y improvisa à dix-sept ans, et à minuit, son premier sermon, ce qui fit dire à Voiture qu'il n'avait jamais entendu prêcher, ni si tôt, ni si tard ?

Enfin, si la politesse est un respect délicat de la sensibilité d'autrui, si elle semble l'expression ou l'imitation des vertus sociales, comment ne pas reconnaître que les précieuses ont fait rendre à celle-ci ses fruits les plus exquis ? Admettons qu'elles n'ont pas évité certains travers ; que Mlle Dupré, celle qu'on appelait la cartésienne, est un peu ridicule quand elle se fait gloire d'être incapable de tendresse ; qu'une de ses émules a mauvaise grâce à défendre qu'on dise : j'aime le melon, *parce que c'est avilir le mot j'aime* (il fallait dire : j'estime le melon). Mais, ridicule pour ridicule, comment ne pas préférer ceux de la préciosité à ceux de la brutalité ?

Voilà, en quelques mots, le pour et le contre de la préciosité ; permettez-moi maintenant de vous présenter l'illustre précieuse à laquelle ses amis décernèrent tout d'une voix le surnom de Sapho, et qui continua de son mieux l'œuvre de la marquise de Rambouillet.

Elle appartient à une assez bonne noblesse de province. Son frère, Georges de Scudéry, apparaît comme un curieux type de capitaine Fracasse, moitié Don Quichotte et moitié Matamore, assez habile toutefois à bien choisir ses protecteurs, écrivain polygraphe d'une fécondité prodigieuse, auteur dramatique, poète, romancier, avec de l'esprit, un talent confus, désordonné, beaucoup d'honneur, un grand amour de la gloire, « cette belle dame dont la possession ne lasse pas, » et surtout une présomption qui n'eut d'égale que son absence de goût et de jugement.

L'excès de modestie est un excès d'orgueil.

Il déclare quelque part qu'il est sorti d'une maison où l'on n'a *jamais eu de plume qu'au chapeau*. Sa sœur et lui ne continuèrent pas les traditions de cette race, puisqu'ils ont écrit environ quatre-vingts volumes [1] : encore Georges de Scudéry eut-il fort longtemps les honneurs de cette collaboration, car Madeleine ne mettait pas son nom à ses premiers ouvrages, et les composait comme en secret, sans qu'on pût deviner ses heures de travail. Jusqu'au tardif mariage de son frère, elle joue auprès de lui le rôle de Providence, organise son succès à l'Académie française, répare ses écarts de plume et de conduite, habite presque toujours avec lui, toute dévouée à cet enfant gâté, au point de quitter Paris, sa chère société de l'hôtel de Rambouillet, et de passer trois ans à Marseille, où Richelieu avait nommé Scudéry gouverneur de Notre-Dame de la Garde, forteresse voisine de la ville, perchée au-dessus d'une petite montagne. « Il n'aurait pas voulu, disait Mme de Rambouillet, accepter un gouvernement dans une vallée. Je m'imagine, ajoutait-elle, le voir sur le donjon de Notre-Dame de la Garde, la tête dans les nues, regarder avec mépris tout ce qui est au-dessous de lui. » Singulier

---

1. Leurs livres, en général, se vendaient fort bien : Courbé, le libraire de *Cyrus*, y gagna, dit-on, cent mille écus; les éditions se succédèrent rapidement, et les lecteurs s'arrachaient les feuilles à mesure qu'on les imprimait. Pradon affirme qu'on les traduisit en toutes sortes de langues, même en arabe.

gouvernement, où l'on payait fort peu le gouverneur devenu bien *malgré lui le créancier du roi*, et se plaignant vainement de voir ses soldats, pâles, défigurés, pressés par la famine,

N'épargner ni souris ni rats,

craignant pour lui-même le sort d'Actéon, et demandant

.... Que cette modeste muse
Obtienne aujourd'huy pour tout bien
Que le roy ne luy doive rien.

Plus tard Chapelle et Bachaumont visitèrent Notre-Dame de la Garde, qui leur inspira cet amusant portrait, un peu chargé sans doute :

Gouvernement commode et beau,
A qui suffit pour toute garde
Un Suisse avec sa hallebarde
Peint sur la porte du château.

« Nous grimpâmes plus d'une heure avant que d'arriver à l'extrémité de cette montagne, où l'on est bien surpris de ne trouver qu'une méchante masure tremblante, prête à tomber au premier vent. Nous frappâmes à la porte, mais doucement, de peur de la jeter par terre. » Des ouvriers leur apprirent que

Le gouverneur de cette roche,
Retournant en route par coche,
A, depuis environ quinze ans,
Emporté la clef dans sa poche.

En ce temps-là, le voyage de Paris à Marseille était plus dangereux qu'un voyage autour du monde de nos jours : Georges et Madeleine faillirent plusieurs fois faire naufrage sur le Rhône. Et puis Marseille n'était pas encore cette fière cité dont les femmes rivalisent de beauté avec celles d'Arles, d'élégance et d'esprit avec celles de Paris. Quelle tristesse, pour une habituée de la Chambre Bleue, de n'y rencontrer que six ou sept dames parlant français! Aussi prononce-t-elle, dans ses lettres à Mlle Paulet, à Mlle de Chalais, à Chapelain, le mot d'exil, et préfère-t-elle l'hiver parisien tout hérissé de glaçons à l'hiver marseillais tout couronné de roses. — Cependant elle revint un peu de ses premières impressions : les Forbin-Janson, Mascaron, qui devinrent ses amis et surent apprécier ses mérites, y contribuèrent; et puis elle se lia étroitement avec une précieuse marseillaise, Mlle Diodée, belle, jeune, et de bonne mine, « l'un des plus beaux naturels de femme, dit-elle, que j'aie jamais remarqué en aucune femme de province. Elle parle français comme si elle était née à Paris, et naturellement elle est fort éloquente; elle entend l'espagnol, l'italien, le latin, et même le grec; elle est fort douce, fort civile et de fort bonne maison.... Malheureusement, cette demoiselle, dans ses conversations ordinaires, cite souvent, si j'ai bien retenu, Trismégiste, Zoroastre, et autres semblables messieurs qui ne sont pas de ma connaissance. » Tallemant, dans ses *Historiettes*, affirme que Mlle Diodée était fort coquette et fort mal vue à Marseille; bien qu'il soit sujet à caution, je crains que cette fois il n'ait eu raison, car Mlle de Scudéry, malgré toute son indulgence, confesse qu'on témoignait beaucoup d'injustice à son amie. Le corps très respectable des précieuses n'était pas, hélas! à l'abri de telles mésaventures.

Presque réduits à la famine, aiguillonnés par le désir de revoir Paris, cette patrie de leur âme et de leur talent, le frère et la sœur reprennent, en 1647, le chemin de la capitale. Même pendant leur voyage, le hasard se complut à les traiter en héros de roman ; chemin faisant, ils bâtissaient le roman d'*Artamène* ou le *Grand Cyrus*, Georges fournissant le canevas, les épisodes dramatiques, Madeleine imaginant les portraits, les conversations, les analyses sentimentales, la véritable substance de l'œuvre. Donc, un soir qu'ils causaient avec animation, dans une chambre d'hôtel, à Lyon, un bon gentilhomme d'Auvergne, leur voisin, entendit leurs discours. Et comme ils traînaient partout avec eux une foule de héros qui les suivaient dans leur imagination, ils tinrent conseil s'ils devaient faire périr l'un d'eux. — Il faut qu'il meure, opinait Georges. — Il faut le sauver, répondait Madeleine. — S'étant accordés pour la mort, ils délibérèrent sur le genre de trépas, l'un voulant une mort très cruelle, l'autre prêchant pour le poison. Notre gentilhomme, qui ne perdait pas un mot du débat, croit qu'il s'agit de la vie du roi, avertit l'hôte ; on appelle les gens de justice, qui se saisissent des conspirateurs et les emmènent en prison ; le lendemain, un magistrat les interrogea, et ils eurent quelque peine à faire reconnaître leur innocence. Scribe tira de cette aventure une comédie : *l'Auberge ou les Brigands sans le savoir*.

Quant à la personne morale et physique de Mlle de Scudéry, elle n'était ni belle ni jolie. Elle-même en convient, semble-t-il, dans ce quatrain sur son portrait en pastel fait par Nanteuil :

> Nanteuil, en faisant mon image,
> A de son art divin signalé le pouvoir.
> Je hais mes yeux dans mon miroir,
> Je les aime dans son ouvrage.

Cette absence de beauté, ou cette laideur distinguée, n'empêcha point les adorations platoniques de monter vers elle, même après qu'elle eut passé la quarantaine ; elle les favorisa peut-être, dirait quelque sceptique; mais on a toujours l'âge et la beauté des passions qu'on inspire. N'oublions pas que beaucoup de belles précieuses ne permirent pas d'autres sentiments, que plusieurs, comme Mlle de la Vigne, se refusèrent même *l'amour à la platonique.* Avant tout, Sapho a le sens, mieux encore le culte de l'amitié, ses amis ne sont jamais plus assurés de son cœur que quand ils sont malheureux ; et sous ce rapport, son frère ne lui cède guère. « Je me pique, dit-il avec son emphase coutumière, d'aimer jusqu'en la prison et en la sépulture. » Et tous deux encourent la disgrâce de Mazarin, plutôt que d'abandonner le prince de Condé et Mme de Longueville dans la mauvaise fortune. Tout Paris redit les vers que Madeleine composa sur Condé, prisonnier à Vincennes, et sur les œillets qu'il cultivait de ses mains [1].

En voyant ces œillets, qu'un illustre guerrier
Arrosa d'une main qui gagna les batailles,
Souviens-toi qu'Apollon bâtissait des murailles.
Et ne t'étonne pas si Mars est jardinier....

A ses amis qui lui promettent l'immortalité, elle répond :

J'y renoncerais par tendresse
Si mes amis n'étaient immortels comme moi.

---

1. On célébra aussi son gracieux madrigal sur le jeune duc de Bourgogne qui, en 1689, faisait l'exercice avec les mousquetaires.

Quel est ce petit mousquetaire,
Si savant en l'art militaire,
Et plus encore en l'art de plaire ?
L'énigme n'est pas malaisé :
C'est l'Amour, sans autre mystère,
Qui, pour divertir Mars, s'est ainsi déguisé.

Madeleine et Georges dédient successivement à Mme de Longueville les dix volumes du *Grand Cyrus*, et, dédicaces, portraits, chiffres, illustrations, ils prodiguent leur meilleur encens pour glorifier la maison de Condé. Chaque volume portait en effet l'A couronné d'Anne de Bourbon, soutenu par un aigle et un Jupiter armé, avec cette légende audacieusement fidèle :

Qui ne l'honore pas est digne de la foudre.

« Madame, lit-on dans l'épître placée en tête du dernier volume, Cyrus veut finir par où il a commencé, et vous rendre ses premiers devoirs comme il vous a rendu ses premiers hommages. Votre Altesse sait que, dans la plus grande chaleur de la guerre et durant la plus aigre animosité des partis, l'on a toujours vu vos chiffres, vos armes, votre nom, vos livrées et des inscriptions à votre gloire sur ses drapeaux ; qu'il n'a point craint la rupture entre les couronnes, et qu'il vous a été trouver en des lieux où il ne lui était pas possible d'aller, sans être obligé de faire voir de quelle couleur était son écharpe, et sans qu'on lui demandât : qui vive ? »

Mme de Longueville les remercia de n'avoir point changé pour elle avec la fortune, et, n'ayant rien de meilleur à offrir, elle leur envoya de son exil sa miniature enrichie de diamants, qui pouvait valoir 1,200 écus. La reine Christine de Suède avait déclaré cent fois qu'elle réservait une chaîne d'or de mille pistoles pour la dédicace que Scudéry lui ferait de son *Alaric*. Mais comme le comte Magnus de la Gardie, un des héros du poème, était alors en disgrâce, elle fit prier l'écrivain de biffer les vers qui le concernaient. « Quand, répondit-il, la chaîne d'or serait aussi grosse et aussi pesante que celle dont il est fait mention dans l'histoire des *Incas*, je ne détruirai jamais l'autel où j'ai sacrifié. » Le propos déplut à la reine, qui changea d'avis, et quant au comte Magnus, il ne remercia même point Scudéry. L'amitié de Leibnitz avait de quoi le consoler.

C'est vers 1654, qu'ayant recouvré son indépendance par le mariage de son frère, Madeleine commença de tenir ruelle d'une façon suivie, et son samedi ne tarda pas à devenir fort brillant. La plupart de ceux qui fréquentaient chez elle et chez la marquise de Rambouillet se retrouvent idéalisés, légèrement déguisés sous des costumes asiatiques, grecs, africains ou romains, dans les deux romans de *Cyrus* et de la *Clélie :* de telle sorte qu'en lisant ceux-ci, on voit défiler une foule de personnages pris sur le vif, avec leur attitude sociale en quelque sorte, leur genre d'esprit, leurs habitudes, qualités, travers et divertissements. Ces livres, auxquels il faut joindre les dix volumes de conversations publiés plus tard par Mlle de Scudéry, projettent une vive lumière sur la société et les principaux salons du XVIIe siècle, étudient toutes les questions qui se rattachent à la condition des femmes dans le monde. Citons seulement quelques habitués du cercle de Mlle de Scudéry.

« On y voyait, dit Marcou, et ces jeunes filles qui aimaient Descartes et le chantaient, et celles qui, par leur beauté, vengeaient le Samedi des épigrammes de Furetière, et d'autres qui les justifiaient trop ; et la noblesse provinciale ou parisienne, d'épée ou de robe ; et les présidents, les avocats, les beaux esprits, les abbés, même les évêques ; et tous ces contingents de la Normandie, de la Provence et du Languedoc, recrues que l'admiration ou l'amitié avaient faites, à Mlle de Scudéry, quand elle habitait le Havre ou Marseille, à Pellisson, quand il était à Toulouse ou à Castres. »

Pellisson était le grand homme, le prince, l'Apollon des samedis ; aussi habile à plaire par sa conversation que par son silence, uni à la divine Sapho par une de ces amitiés nobles et pures, voisines de l'amour, qui présentent quelques-uns des caractères de celui-ci. Cette amitié si honorable, son histoire de l'Académie française, ses mémoires si éloquents en faveur de son patron et bienfaiteur Fouquet dont il partagea la disgrâce et la captivité, ont porté Pellisson à la postérité ; celle-ci ratifie le témoignage de ses contemporains. Ce petit homme disgracié de taille, défiguré par la petite vérole, abusait de la permission qu'ont les hommes d'être laids ; mais en le dédoublant, disait Mme de Sévigné, on trouvait une belle intelligence et une belle âme, avec le don de ressentir et d'inspirer la sympathie ; joignez-y une gaieté communicative, l'art d'inventer mille surprises de société, la fertilité poétique, en un mot le génie du monde. C'est en 1655 que Mlle de Scudéry lui avouait en ces termes sa préférence :

Enfin, Acanthe, il faut se rendre,
Votre esprit a charmé le mien :
Je vous fais citoyen de Tendre,
Mais, de grâce, n'en dites rien !

Et, connaissant son caractère chevaleresque, enthousiaste, on peut imaginer quelle fidélité elle témoigna à son ami, lorsque, victime de son dévouement à Fouquet, il fut jeté à la Bastille et y resta près de cinq ans. Captivité très rigoureuse d'abord, à tel point que Pellisson n'avait pour écrire que le plomb de ses vitres et le papier blanc de ses livres, qu'il dut se faire une compagnie en apprivoisant une araignée.

C'est en souvenir de cette cruelle séparation qu'il composa, je pense, le petit dialogue d'un *Passant et d'une Tourterelle*, dont la simplicité touchante rappelle certaines pièces de l'Anthologie grecque :

LE PASSANT.
Que fais-tu dans ce bois, plaintive tourterelle ?

LA TOURTERELLE.
Je gémis, j'ai perdu ma compagne fidèle.

LE PASSANT.
Ne crains-tu pas que l'oiseleur
Ne te fasse mourir comme elle ?

LA TOURTERELLE.
Si ce n'est lui, ce sera ma douleur.

Cependant Mlle de Scudéry trouvait le moyen d'entretenir avec lui une correspondance assez suivie, puisqu'elle reçut plus de cinq cents billets ; elle écrivit une lettre éloquente à Colbert pour qu'il adoucît cette captivité, et lorsque, au bout de vingt mois, on permit à Pellisson de recevoir quelques parents et amis, elle passa une partie de ses journées auprès du prisonnier.

Non certes, il n'y eut point entre eux de mariage de conscience, mais un de ces sentiments très exquis et très élevés que nient volontiers ceux qui ne sont point capables de les éprouver. Mlle de Scudéry s'en explique fort clairement, et l'on n'a point le droit de mettre en doute ses affirmations, car elle habite cette province de l'idéal où s'épanouissent loyauté, délicatesse, héroïsme, souci du beau et du bon, probité : ce qui ne l'empêche pas d'être *tendre de la dernière tendresse*, et c'est ainsi qu'il faut entendre ce mot qu'elle dit un jour :

« La vraie mesure du mérite doit se prendre sur la capacité que l'on a d'aimer. » Sapho a fait longuement l'analyse et l'histoire de cette amitié dans la *Clélie* et le *Grand Cyrus;* il y a là des pages charmantes, des sortes de confessions à la troisième personne et sous forme de théorie, mais des confessions de sentiments légitimes.

« Par exemple, dit-elle, lorsque l'amitié devient amour dans le cœur d'un amant, ou, pour mieux dire, lorsque cet amour se mêle à l'amitié, sans la détruire, il n'y a rien de si doux que cette espèce d'amour; car tout violent qu'il est, il est pourtant toujours un peu plus réglé que l'amour ordinaire; il est plus durable, plus tendre, plus respectueux, et même plus ardent, quoiqu'il ne soit pas sujet à tant de caprices tumultueux que l'amour qui naît sans amitié. On peut dire, en un mot, que l'amour et l'amitié se mêlent comme deux fleuves dont le plus célèbre fait perdre le nom à l'autre.... »

Et ailleurs :

« Ils convinrent même des conditions de leur amour; car Phaon promit solennellement à Sapho, qui le voulut ainsi, de ne désirer jamais d'elle que la possession de son cœur, et elle lui promit aussi de ne recevoir jamais que lui dans le sien.... Ils se disaient toutes leurs pensées, ils les entendaient même sans se les dire; ils voyaient dans leurs yeux tous les mouvements de leurs cœurs, et ils y voyaient des sentiments si tendres, que plus ils se connaissaient, plus ils s'aimaient. La paix n'était pourtant pas si profondément établie parmi eux que leur affection en pût devenir tiède et languissante; car encore qu'ils s'aimassent autant qu'on peut s'aimer, ils se plaignaient pourtant quelquefois tour à tour de n'être pas assez aimés, et ils avaient enfin assez de petits démêlés pour avoir toujours quelque chose de nouveau à souhaiter; mais ils n'en avaient jamais d'assez grands pour troubler essentiellement leur repos.... »

Et puis Sapho recevait dans son cercle d'autres amants, lisez des admirateurs, des soupirants platoniques, car alors on idéalisait autant les mots qu'aujourd'hui on les matérialise; galante signifiait gracieuse, aimable, propre, élégante; honnête homme : homme du monde, élevé à l'école de la galanterie et du bon ton. Mais « ce qu'il y avait de plus rare était que Sapho, sans rien faire contre la fidélité qu'elle devait à Phaon, ne laissait pas de maintenir son empire dans les cœurs de tous ses adorateurs ; car comme elle agissait avec tant d'adresse qu'on ne lui disait jamais que ce qu'elle voulait qu'on lui dit, elle n'avait aucun sujet de se plaindre d'eux, et par conséquent elle n'en avait point de les bannir d'auprès d'elle.... »

Après sa sortie de la Bastille, Pellisson se recueillit, attendit la fortune, qui ne vint pas toute seule; il fallut la solliciter. Enfin le voici admis à suivre le roi dans ses campagnes de Flandre et de Franche-Comté; historiographe, maître des requêtes, académicien [1], secrétaire de Louis XIV, toujours propre à tout, grâce à son érudition variée, et préférant une affaire à un plaisir, économe royal, polémiste religieux, adminis-

1. Quant aux poésies de Pellisson, elles n'ont pas d'âge littéraire : « C'est, dit assez prétentieusement Marcou, une esquisse sans signature qui s'efface, et perd sa couleur et son nom. Elle est la fin ordinaire et le châtiment de ces vers nés de la mode : elle est leur mère incontestable, mais ils restent des enfants sans père. »

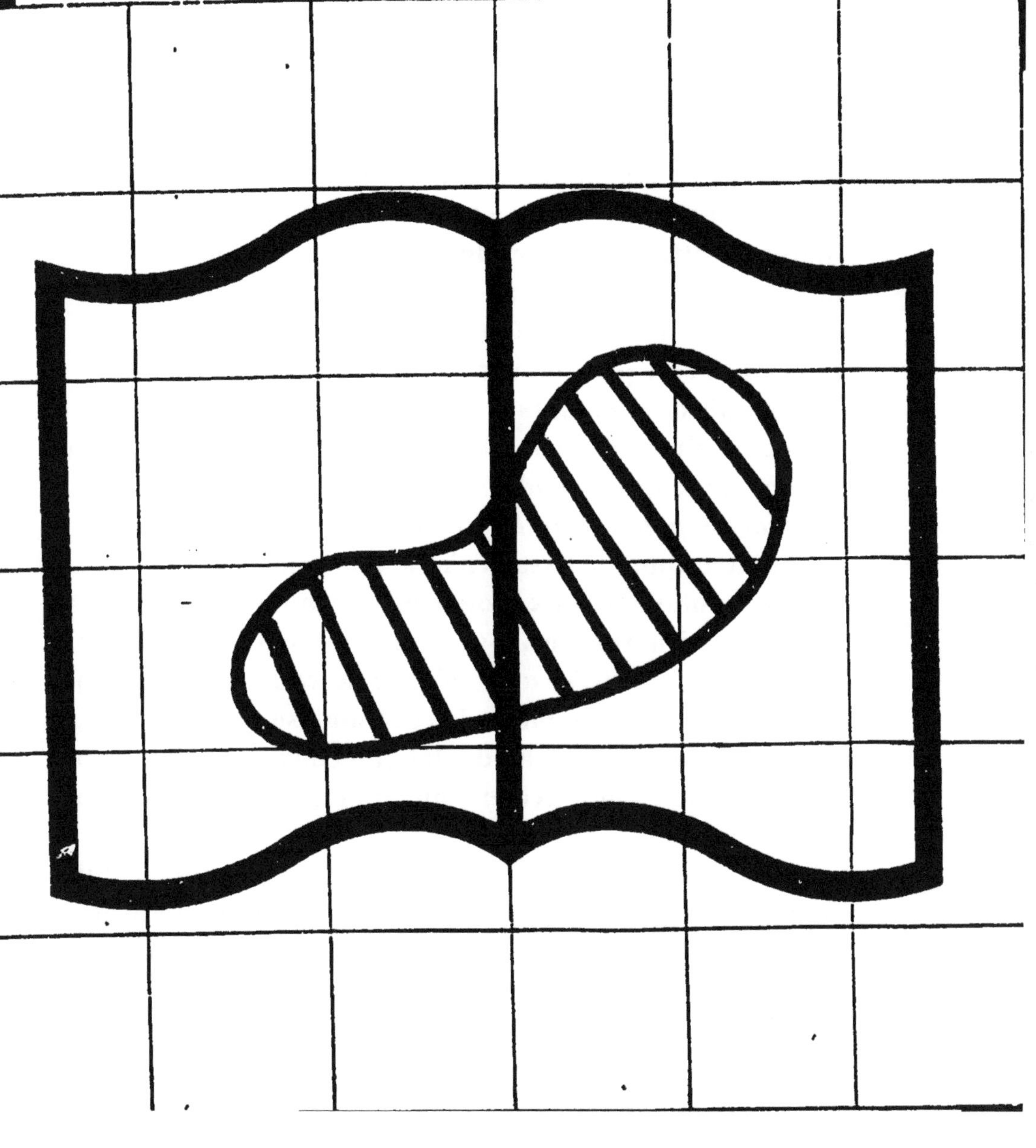

trateur de la *caisse des conversions.* Car il a abjuré, et il y a de lui certaine lettre de 1677 qu'on aimerait mieux ne pas trouver dans le dossier de ce galant homme, celle où il mande aux évêques d'acheter au besoin les conversions, en poussant jusqu'à cent francs : « Ce n'est pas à dire que l'intention soit qu'on aille toujours jusque-là, étant nécessaire d'y apporter le plus d'économie qu'il se pourra : premièrement pour répandre cette rosée sur plus de gens ; et puis encore parce que, si l'on donne cent francs aux moindres personnes sans aucune famille qui les suive, ceux qui seront tant soit peu relevés, ou qui entraîneront après eux nombre d'enfants, demanderont des sommes beaucoup plus grandes. » Les protestants ne lui épargnèrent ni les satires ni les reproches ; Bayle l'appela le *trésorier général de la Propagation de la foi.* Il faut reconnaître que Pellisson n'alla pas plus loin, et ne s'associa nullement aux violences que tant de personnes trouvaient si naturelles. Un évêque n'écrit-il pas au duc de Noailles, en 1685 : « Je m'offre à vous pour un de vos missionnaires, quoique je reconnaisse que ceux qui frappent fassent bien plus d'effet que ceux qui parlent. » Mais bien peu alors avaient au cœur et dans l'esprit le goût de la tolérance.

Parmi les personnes de qualité et de mérite qui s'empressent au fameux samedi de Madeleine, figurent le duc et la duchesse de Montausier, la marquise de Sablé, Mlle Jacqueline d'Arpajon, fille du duc d'Arpajon, les Duplessis-Guénégaud, les Saint-Aignan, les comtesses de Rieux et de Maure, Mlle de Vandy, la duchesse douairière de Saint-Simon, Marie-Eléonore de Rohan-Montbazon, abbesse de Malnoue, connue dans la société précieuse sous les noms d'Octavie, Méleagire, La grande vestale, celle-là même dont Huet traçait un portrait assez singulier, si l'on songe qu'il s'applique à une abbesse, et qu'il a pour auteur un futur évêque : « N'ayant jamais vu votre gorge, je n'en puis parler; mais si votre sévérité et votre modestie voulaient me permettre de dire le jugement que j'en fais sur les apparences, je jurerais qu'il n'y a rien de plus accompli.... »

La comtesse de la Suze, petite-fille de l'amiral de Coligny, belle, galante et poète élégiaque, trouvait en Mlle de Scudéry une confidente affectueuse de ses faiblesses. On dit qu'elle prit son mari en aversion, au point de lui donner 25,000 écus pour rompre son mariage, et de se faire catholique, afin de ne le voir ni en ce monde ni dans l'autre. *Se non è vero, è ben trovato!*

Le salon de Mme de la Suze, devenu une autre succursale de l'hôtel de Rambouillet, partagea cet honneur avec les hôtels d'Albret, de Richelieu, de Nevers, de Créqui. Académiciens et lettrés y affluaient : ils prirent parti pour elle dans un procès qu'elle perdit contre Mme de Châtillon. Le roi ayant demandé des détails sur cette affaire, quelqu'un répondit que les princes et personnes de qualité avaient été pour Mme de Châtillon, et que Mme de la Suze n'avait eu que les *fauvettes* de son côté; on appelait ainsi les poètes, à cause des vers qu'ils avaient faits sur une fauvette messagère du printemps, qui revenait tous les ans dans le jardin de Mlle de Scudéry.

Et, le prince de Conti ayant dit à Ménage que la raison l'avait emporté sur les poètes, Ménage riposta que ceux qui avaient gagné n'avaient ni rime ni raison.

En grec, en latin, en français les beaux esprits chantèrent Mme de la Suze; Charleval dit de ses vers :

Le Louvre en fait tout son plaisir
Et le Parnasse en fait sa gloire.

Un autre madrigalier affirme que, pour faire des captifs, elle n'a qu'à paraître; que, pour faire des vers, elle n'a qu'à parler. Ses élégies! Malgré le suffrage de Boileau lui-même, et bien qu'elle fût obligée de recourir à deux teinturiers littéraires, Subligny et Montplaisir, l'inspiration en semble fort médiocre; je donnerais toute cette poésie décolorée pour la jolie énigme qu'elle communiqua un jour à son amie [1] :

Je suis bien fort et ne suis pas bien grand;
Pour me fixer, quelquefois on m'encage;
Mais encagé je deviens plus volage
  Et plus libre qu'auparavant.
Je suis doux et cruel, je suis fou, je suis sage;
  J'aime à donner, j'aime à faire un larcin;
J'excite la tempête et je calme l'orage:
J'ai fait plus d'un héros, et plus d'un capucin.
Changé-je de climat, je change de méthode;
  Souvent maudit, mais toujours à la mode;
Couvert d'un froc, d'un chapeau, d'un turban,
Timide esclave, impérieux tyran,
  Tout est contraste dans mon être.
Je chéris le mystère et parle sans détour;
Je naquis immortel et je meurs chaque jour.
J'en ai trop dit, je me trahis peut-être;
Mais achevons ce portrait ingénu;
Malheur à toi si tu dois me connaître!
Malheur à toi si tu ne m'as connu!

Du côté bourgeois, une foule de beaux esprits s'em-

1. Le mot de l'énigme est : Amour. — Dixmerie, *Almanach des Muses*, 1782.

pressent chez notre héroïne : Chapelain, Conrart, Ménage, Sarrazin, Daneville, Isarn, Raincy, Mme Cornuel et ses filles, Mme Aragonnais, Mlles Boquet, Robineau, de la Vigne, Dupré, Chéron, Lhéritier; — Mme de Scudéry, femme de Georges de Scudéry, correspondante de Bussy-Rabutin, qui goûtait sa prose ferme et spirituelle, presque autant que celle de Mme de Sévigné. La ruelle de Mme de Scudéry était aussi fort bien achalandée, et l'on remarquait parmi ses alcovistes : Sobiesky le futur roi de Pologne, l'abbé de Choisy, le P. Rapin, le duc de Noailles, le duc de Saint-Aignan, Mlle de Vandy, Mmes du Vigean et de Montmorency, le comte de Guiche, M. d'Elbène, etc. Elle rendait plaisamment justice à son mari qu'elle aima fort, malgré la différence d'âge, et ne remplaça en aucune façon : « Un fort bon homme, qui était de mes amis comme s'il n'eût pas été mon mari, qui m'a toujours louée, toujours estimée, toujours bien traitée. »

Mme Cornuel, grande bourgeoise du Marais, était très considérée pour sa fortune, ses réceptions, très redoutée pour son esprit sarcastique, *ayant de la monnaie pour toutes les pièces,* le don de faire *une grande satire en quatre paroles,* capable, si elle l'eût voulu, de *tourner en ridicule la bataille de Rocroy;* mais, comme le remarque Victor Cousin, le ridicule entre ses mains n'était que l'arme du bon sens et en quelque sorte la revanche de la raison. Ses mots éclatent comme des fanfares joyeuses, tombent comme des jugements sans appel, réjouissent la cour, Paris, la province, vont au fond des choses, tirent la substance médullaire des événements et des personnes.

Un jour, par exemple, qu'elle attendait dans l'antichambre d'un commis de Colbert, remplie de laquais fort incivils, il y vint un homme du monde qui lui dit qu'elle était mal au milieu de ces gens-là. « Hélas ! répond-elle, je ne les crains point tant qu'ils sont laquais ! » Et à propos des partisans qui avaient fait fortune, elle jetait : « Ceux qui nous ont décrottés autrefois nous crottent à présent. »

La comtesse de Fiesque se conservait assez fraîche et agréable, à force d'insouciance et de légèreté. C'est, sourit Mme Cornuel, qu'elle s'entretient dans l'extravagance comme les cerises dans l'eau-de-vie, elle est salée dans la folie. Cette même Mme de Fiesque s'efforçant de prouver que Combourg n'était point fou : « Bonne comtesse, repart Mme Cornuel, vous êtes comme les gens qui ont mangé de l'ail. »

Notre ironiste va à Versailles, trouve de jeunes ministres auprès du roi vieillissant, M. de Seignelai entre autres, à peine âgé de trente-cinq ans : « Je viens de voir, dit-elle, l'amour au tombeau, et les ministres au berceau. » Daubant Louis XIV lui-même, on peut bien penser qu'elle n'épargnait point les courtisans ; l'Église aussi passait sous sa férule, et elle ne put se tenir de lancer une épigramme sur son propre fils qu'elle aimait beaucoup.

En 1693, elle comparait aux blés de cette année calamiteuse les victoires assez stériles du maréchal de Luxembourg : « Ils sont beaux, observa-t-elle, mais ils ne rendent point. »

Elle disait du P. Gonnelieu, jésuite et prédicateur fort sévère, qu'il surfaisait en chaire et donnait à bon marché au confessionnal ; de Jacques II, roi d'Angleterre, qui, à l'encontre de Henri IV, perdit trois couronnes pour une messe, que le Saint-Esprit lui avait mangé l'entendement; de la religion, qu'elle n'était pas mourante, mais qu'elle était défaillante; du duc de Rohan, qu'il était bien né, mais qu'il avait été mal fouetté; de Mme de Lionne, qui soutenait ses charmes expirants avec beaucoup de pierreries : que c'était du lard dans une souricière; du marquis d'Alluye qui avait l'air d'un mort tant il était changé, qu'elle avait été sur le point de lui demander s'il avait congé du fossoyeur, pour aller ainsi par la ville.

Elle eut aussi des mots qui entrèrent dans l'histoire politique et littéraire; celui de *Messieurs les Importants*, appliqué au duc de Beaufort et à ses amis, qui prenaient de grands airs et affectaient de porter les destinées du monde; celui d'*Importants spirituels*, sur les jansénistes. Et il y en a cent de cette force. Mme de Villesavin, son amie, étant morte à quatre-vingt-treize ans : « Hélas! soupirait-elle, il n'y avait plus qu'elle entre la mort et moi : me voilà découverte. » Elle mourut en 1694, âgée de quatre-vingt-neuf ans.

Mlle de Scudéry, dans le *Grand Cyrus*, fait le portrait de Mme Cornuel à l'âge de quarante-deux ans : « Zénocrite est une femme qui est en droit de dire tout ce que bon lui semble, sans qu'on en ose se mettre en colère.... Et, quoiqu'il soit assez rare de voir qu'on cherche avec soin la conversation de celles qui ne pardonnent rien, qui n'excusent presque jamais personne, et qui parlent quelquefois indifféremment des amis et des ennemis, il est pourtant vrai qu'il y a toujours plus d'honnêtes gens chez cette dame qu'en tout autre lieu de la ville.... Elle est pourtant née bonne et généreuse, et si elle parle au désavantage de quelqu'un, c'est plutôt par excès de raison et de sincérité, et par une impétuosité d'esprit et d'imagination qu'elle ne peut retenir, que par malice. Ce qu'il y a de plus rare en cette personne, c'est que le chagrin de son esprit fait bien souvent la joie de celui des autres; car lorsqu'elle se plaint ou du malheur du siècle ou du mauvais gouvernement, elle le fait d'une manière si agréable, qu'elle divertit plus par ses plaintes et ses murmures que les autres ne peuvent faire avec l'humeur la plus enjouée.... »

D'aucuns affirment qu'elle distingua Charles Brulart, sieur de Genlis, et le marquis de Sourdis : pas très longtemps sans doute, car elle ne pouvait supporter longtemps le même visage, et, une année où elle fit un voyage en litière avec Mme de Maure, elle se sentait si lasse d'avoir toujours la même personne devant les yeux, qu'il lui prit deux ou trois fois l'envie de l'étrangler. Certaine lettre à cette amie atteste d'ailleurs qu'elle maniait aussi bien la plume que la parole. Le mari de Mme Cornuel, trésorier de l'extraordinaire des guerres, étant mort *bien gentiment, bien gentiment* on l'enterra, et bientôt il fut oublié; d'ailleurs sa veuve reçut alors les visites de toute la cour, admirable consolation en pareille occurrence.

Ce qu'on faisait dans le salon de Mlle de Scudéry, vous le devinez sans peine; on s'y amusait comme chez Mme de Rambouillet, on plaisantait fort gaiement, on riait et on souriait, on se faisait des farces en prose et en vers. Il y avait des lectures, des loteries d'esprit, des sonnets-énigmes, des bouts-rimés, des vers-échos, de belles joutes littéraires, des discussions entre les casuistes de morale; ce salon avait ses causeurs et ses parleurs, ceux qui tyrannisent l'auditoire et ceux qui le charment, ceux qui tirent des feux d'artifice et ceux qui les préparent, ceux qui font une symphonie de la conversation, ceux qui la tournent en monologue et n'ont pas d'éclairs de silence. On ne suivait pas la mode, on la faisait plutôt : en art, en littérature comme en toilettes, la nullité suit la mode, la prétention l'exagère, le goût pactise avec elle.

Certaines conversations ressemblent fort aux conversations contemporaines. La poésie doit-elle passer avant la science ? L'histoire avant le roman ou les romans avant l'histoire ? De quelle liberté les femmes doivent-elles jouir dans la société ? Les hommes sont-ils capables d'aimer fidèlement ? On disserte sur Corneille et Racine, Boileau et Molière, Gassendi et Descartes, de même qu'aujourd'hui nos beaux esprits disputent sur MM. Jules Lemaître et Anatole France, Paul Hervieu et René Bazin, d'Annunzio et Tolstoï. La pièce d'hier, celle de demain, la querelle amoureuse de deux rivaux, les candidatures académiques, les intrigues de la cour, tout sert d'aliment à la causerie qui, partie parfois de l'hôtel de Bourgogne, parcourt le monde moral, intellectuel et physique, monte au ciel ou finit en enfer.

Voici des vers-échos que Pellisson composa sur la prise de Valenciennes.

Toujours au milieu du salpêtre.... être,
Percer partout comme un éclair.... l'air,
Ne se plaire qu'où la trompette.... pette,
De bon œil les soldats qui font bien leur devoir.... voir,
Rencontrer toujours la fortune.... une,
Porter un faix de soins dont on verrait Atlas.... las
Et trouver les vertus même dans les rebelles.... belles,
C'est ternir les héros passés.... assez,
Et servir aux futurs d'exemple.... ample.
Que par ce conquérant vous serez embellis.... lis !

Son nom, quoiqu'éclatant, bien moins que sa personne.... sonne,
Chacun prendra de lui, charmé de ses exploits.... lois,
Quiconque à les louer, employer vers ou prose.... ose,
Ignore qu'on y voit les plus brillants esprits.... pris.

Et voici deux sonnets-énigmes ; le mot du premier est : *sourire ;* celui du second : *carte de visite.*

Je suis niais et fin, honnête et malhonnête,
Moins sincère à la cour qu'en un simple taudis :
Je fais d'un air plaisant trembler les plus hardis,
Le fort me laisse aller, et le sage m'arrête.

A personne sans moi l'on ne fait jamais fête :
J'embellis quelquefois, quelquefois j'enlaidis.
Je dédaigne tantôt et tantôt j'applaudis;
Pour m'avoir en partage, il faut n'être pas bête.

Plus mon trône est petit, plus il a de beauté.
Je l'agrandis pourtant d'un et d'autre côté,
Faisant voir bien souvent des défauts dont on jase.

Je quitte mon éclat quand je suis sans témoins,
Et je me puis vanter enfin d'être la chose
Qui contente le plus et qui coûte le moins.

Souvent, quoique léger, je lasse qui me porte.
Un mot de ma façon vaut un ample discours.
J'ai sous Louis le Grand commencé d'avoir cours,
Mince, long, plat, étroit, d'une étoffe peu forte.

Les doigts les moins savants me taillent de la sorte;
Sous mille noms divers je parais tous les jours;
Aux valets étourdis je suis d'un grand secours.
Le Louvre ne voit point ma figure à sa porte.

Une grossière main vient la plupart du temps
Me prendre de la main des plus honnêtes gens.
Civil, officieux, je suis né pour la ville.

Dans le plus rude hiver j'ai le dos toujours nu :
Et, quoique fort commode, à peine m'a-t-on vu,
Qu'aussitôt négligé, je deviens inutile.

Deux de ces jeux de société sont restés célèbres : la journée des Madrigaux, la carte du pays de Tendre, ont eu presque autant d'éclat que la grande bataille des Uranins et des Jobelins au sujet des deux sonnets de Voiture et de Benserade. Un samedi de 1653, Théodamas-Conrart, en se retirant, donna à Sapho *je ne sais quoi* enveloppé d'un papier bien parfumé, à condition qu'elle ne l'ouvrirait que quand il serait parti. Ce *je ne sais quoi* était un cachet de cristal, gravé du chiffre de Sapho et du sien mêlés ensemble. Le lendemain Sapho l'en remercia par un madrigal assez bien tourné :

Pour mériter un cachet si joli,
Si bien gravé, si brillant, si poli,
Il faudrait avoir, ce me semble,
Quelque joli secret ensemble.
Car enfin les jolis cachets
Demandent de jolis secrets,
Ou du moins de jolis billets.
Mais comme je n'en sais point faire,
Que je n'ai rien qu'il faille taire,
Ni qui mérite aucun mystère,
Il faut vous dire seulement,
Que vous donnez si galamment,
Qu'on ne peut longtemps se défendre
De vous donner son cœur ou de le laisser prendre.

Ce madrigal, d'après la chronique de Conrart, attira une épître fort galante de Théodamas, l'épître un autre madrigal de Sapho, et ce madrigal un autre de Théodamas, qui voulut avoir le dernier. Dès lors on commença à comprendre « qu'un beau madrigal et un beau cachet de cristal étaient deux choses qui ne rimaient pas mal ensemble.... » Les choses en étaient là, quand la secrète influence des madrigaux conduisit Mlle de Scudéry et une partie de sa compagnie chez Mme Aragonnais, qu'une légère indisposition avait empêchée de se rendre au Samedi. Leurs âmes sans doute étaient disposées à recevoir les inspirations d'Apollon. Mme Aragonnais, qui avait promis un madrigal à Pellisson, s'adressa aux assistants pour l'obtenir; chacun proposa le sien, de là un déluge de madrigaux passables ou mauvais, mauvais surtout, vers de mirliton et de confiseur, poésie de colombier et de volière, qui n'ont d'autre excuse que celle de l'improvisation, et que l'on donnerait volontiers pour ce quatrain d'une autre habituée de l'endroit :

Où peut-on trouver des amans
Qui nous soient à jamais fidèles ?
Je n'en sais que dans les romans,
Et dans les nids des tourterelles.

« S'il est vrai ce qu'on en conte, la poésie, ce jour-là, descendit jusqu'aux offices; un écuyer qui était bel esprit, ou qui avait volonté de l'être, acheva un sonnet de bouts-rimés; et un grand laquais fit pour le moins six douzaines de vers burlesques.... Mais nos héros et nos héroïnes ne s'attachèrent qu'aux madrigaux. Jamais il n'en fut tant fait ni si promptement.... Ici on récitait quatre vers, là on en écrivait deux. Tout s'y faisait gaiement et sans grimace. Personne n'en rognait ses ongles et n'en perdait le rire ni le parler. La plume passait de main en main, et la main ne pouvait suffire à l'esprit. On fit des vers pour toutes les dames présentes, et même pour quelques absentes. »

Afin d'amuser ses intimes, Mlle de Scudéry avait imaginé cette carte du pays de Tendre [1] qu'elle mit ensuite dans la *Clélie*. Qui n'a prononcé ce mot de pays

---

1. A la suite de la *Carte de Tendre*, M. Émile Colombey publie la *Gazette de Tendre*, qui « peuple le monde que la *Vierge du Marais* s'était contentée de créer. »

de Tendre? Qui ne le connaît, au moins par ouï-dire? Combien peu en revanche ont étudié *la Carte* et *la Gazette!* Il n'est donc pas inutile de résumer la description de ce galant itinéraire.

D'abord, tout au bas, voici la ville de *Nouvelle-Amitié*. Comme on peut éprouver de la tendresse par trois causes différentes, ou par grande estime, ou par reconnaissance, ou par inclination, Sapho-Scudéry crée trois villes de *Tendre : Tendre-sur-Inclination*, *Tendre-sur-Estime*, *Tendre-sur-Reconnaissance*, sur trois rivières qui portent trois noms; et elle fait aussi trois routes différentes pour s'y rendre.

Supposant que la tendresse qui naît par inclination n'a besoin de rien autre chose pour être ce qu'elle est, Sapho n'a posé aucun village le long des bords du fleuve d'*Inclination* pour aller de *Nouvelle-Amitié* à *Tendre*.

Mais pour arriver à *Tendre-sur-Estime*, il n'en va pas de même, et vous rencontrez autant de villages qu'il y a de petites et de grandes choses qui peuvent contribuer à développer la tendresse par estime. Ainsi, de *Nouvelle-Amitié*, on passe à un lieu appelé *Grand-Esprit*, parce que c'est le lieu qui d'ordinaire inspire l'estime; puis le long de la route s'égrènent d'agréables villages : *Jolis-Vers*, *Billet-Galant*, *Billet-Doux*, qui sont les arguments et procédés habituels de *Grand-Esprit* au début. Ensuite, paraissent *Sincérité*, *Grand-Cœur*, *Probité*, *Générosité*, *Respect*, *Exactitude*, et *Bonté* qui est tout contre Tendre.

Retournons maintenant à *Nouvelle-Amitié*, d'où bifurquent tous les chemins du Tendre. Ici non plus les étapes ne manqueront point : *Complaisance*, *Soumission*, *Petits-Soins*, *Empressement*, *Assiduité*, *Grands-Services*, et pour marquer qu'il y a peu de gens qui en rendent de tels, ce dernier village est plus petit que les autres. On passe ensuite par *Sensibilité, Tendresse, Obéissance* et *Constante-Amitié.* Prenons garde alors de nous égarer : car si, au sortir de *Grand-Esprit*, on allait à *Négligence*, et puis qu'au lieu de retrouver sa route, on échouât sur *Inégalité, Tiédeur, Légèreté, Oubli*, on tomberait dans le lac d'*Indifférence* en tournant le dos à *Tendre-sur-Estime.*

Et d'autre part, si en quittant *Nouvelle-Amitié*, on prenait un peu trop à gauche, et qu'on gagnât *Indiscrétion, Perfidie, Orgueil, Médisance, Méchanceté*, au lieu de rencontrer *Tendre-sur-Reconnaissance*, on ferait naufrage dans la mer d'*Inimitié.* La rivière d'Inclination se jette dans la *Mer dangereuse*, et au delà de cette mer, sont les *Terres inconnues*, l'inexploré, le vide, le néant.

Mlle de Scudéry, qui ne voyait d'abord dans la carte du Tendre qu'un badinage de société, eut beaucoup d'ennui lorsque cette plaisanterie ingénieuse se répandit dans le monde. Il semblait qu'elle pressentît l'avenir, et que la carte du Tendre serait son titre, un peu ridicule, devant la postérité, faisant oublier son talent très réel, ses romans si curieux, malgré leur longueur et leur prolixité. Car c'est assez notre habitude d'enterrer quelqu'un sous un mot ou de lui faire un piédestal avec un mot ; nous n'avons pas le loisir d'en apprendre ou d'en retenir davantage, et les formules simplistes sont un délicieux oreiller de nonchalance.

Avouons-le d'ailleurs, Sapho montre le défaut commun aux gens de lettres, l'amour-propre d'auteur, et elle tenait à son invention plus qu'elle ne voulait paraître ; car elle s'indigne hautement et crie au plagiat quand l'abbé d'Aubignac publie, en 1654, la *Relation du royaume de Coquetterie*, tandis que sa carte à elle courait manuscrite et n'avait pas encore paru dans la *Clélie*. Comme si tout ce monde allégorique ne descendait pas en droite ligne de Jean de Meung, Guillaume de Lorris, Christine de Pisan, et des troubadours[1] ! Comme si Scarron n'avait pas imaginé la province de *Scarronnerie*, et Balzac le *Pays des Épigrammes!* La docte demoiselle ne possédait donc aucun droit à un brevet d'invention pour cette géographie précieuse, et d'Aubignac la réfuta fort congrûment.

« Dans toute la carte du Tendre, dit-il, on voit quatre villes, trois rivières, deux mers, un lac, et trente petits villages sur les diverses routes qu'on y peut tenir, et si proches l'un de l'autre, que les voyageurs n'ont pas seulement le temps de se lasser. Dans le royaume de *Coquetterie*, on ne voit point de rivière, on n'y parle de mer qu'en passant, il n'y a qu'une grande ville, et les chemins ne sont point remplis de gites. C'est un pays où l'on doit aller vite, et faire de longues traites, si l'on veut arriver à ses fins; et, dans cette petite carte, qu'y trouve-t-on de conforme en la moindre circonstance avec la place de *Cajolerie*, le tournoi des *Chars dorés*, le combat des *Belles Jupes*, la place du *Roi*, le palais des *Bonnes Fortunes*, le bureau des *Récompenses*, la borne des *Coquettes*, et la chapelle de *Saint-Retour?* Le *Tendre* est un petit coin de terre dans le pays de l'*Amitié*, sans aucune autre description que les lieux ; et le royaume de *Coquetterie* est d'une vaste étendue, composé de tout ce qui peut rendre un État considérable, et réglé

1. Francis Wey : *Histoire des révolutions du langage français*, 1848.

par toutes les maximes de la politique. Ce peuple a son roi, sa religion, ses lois, ses écoles, son trafic, ses jeux publics, ses magasins et ses différentes conditions.... »

Quoi qu'en aient dit ses détracteurs, Mlle de Scudéry parlait très simplement et également bien des choses sérieuses, des choses galantes et enjouées, se défendait d'être savante, et c'est une véritable injustice de l'avoir affublée des attributs des fausses précieuses, mauvaises copies d'excellents originaux. Personne n'a plus écrit qu'elle sur la condition des femmes, personne n'en a mieux écrit; mainte page pourrait être signée : Boileau, Molière, Legouvé; sur ce terrain son imagination créait, son expérience enseignait. Elle a trouvé des types de comédie : telle Damophile, fausse savante qui veut être la Sapho de son quartier, s'entoure de maîtres dont le moins savant lui enseigne l'astrologie, ne dit que de grands mots, vous étourdit de sa fausse érudition, et ne se mêle nullement de sa maison. Damophile se fait peindre avec le costume des muses, à côté d'une grande table couverte de livres, de pinceaux, d'une lyre et d'instruments de mathématiques; et pour comble, elle promet ses bonnes grâces à un vilain lettré, s'il fait pour elle des vers et déclare qu'elle en est l'auteur.

Cette page ne semble-t-elle pas marquée au coin du bon sens et de la bonne grâce ?

« La difficulté de savoir quelque chose avec bienséance ne vient pas tant à une femme de ce qu'elle sait, que de ce que les autres ne savent pas; et c'est sans doute la singularité qui fait qu'il est très difficile d'être comme les autres ne sont point, sans être exposée à être blâmée.... Sérieusement, y a-t-il rien de plus bizarre que de voir comment on agit pour l'ordinaire en l'éducation des femmes ? On ne veut pas qu'elles soient coquettes ni galantes, et on leur permet pourtant d'apprendre soigneusement tout ce qui est propre à la galanterie, sans leur permettre de savoir rien qui puisse fortifier leur vertu ni occuper leur esprit.... Qu'on ne s'imagine pourtant pas que je veuille qu'une femme ne soit point propre (élégante), ne sache ni danser ni chanter ; mais je voudrais aussi qu'on eût autant de soin d'orner son esprit que son corps, et, qu'entre être ignorante ou savante, on prît un chemin entre ces deux extrémités qui empêchât d'être incommodé par une suffisance impertinente, ou par une stupidité ennuyeuse.... Je veux donc bien qu'on puisse dire d'une personne de mon sexe, qu'elle sait cent choses dont elle ne se vante pas, qu'elle a l'esprit fort éclairé, qu'elle connaît finement les beaux ouvrages, qu'elle parle bien, qu'elle écrit juste, et qu'elle sait le monde ; mais je ne veux pas qu'on puisse dire d'elle : c'est une femme savante.... Ce n'est pas que celle qu'on n'appellera point savante ne puisse savoir autant et plus de choses que celle à qui on donnera ce terrible nom ; mais c'est qu'elle se sait mieux servir de son esprit, et qu'elle sait cacher adroitement ce que l'autre montre mal à propos.... »

Et l'on trouverait dans les dix volumes de *Conversations* une foule de pensées comme celle-ci :

« Les plus honnêtes femmes du monde, quand elles sont un grand nombre ensemble, ne disent presque jamais rien qui vaille, et s'ennuient plus que si elles étaient seules.... Au contraire, il y a je ne sais quoi, que je ne sais comment exprimer, qui fait qu'un honnête homme réjouit et divertit plus une compagnie de dames, que la plus aimable femme de la terre ne saurait le faire. »

Je veux cependant chercher chicane à Mlle de Scudéry, en terminant. Elle était, par goût d'indépendance, fort opposée au mariage, qu'elle regarde comme un long esclavage; elle préfère le célibat vertueux, mais orné de galanterie platonique : sans se dissimuler les dangers de celle-ci, elle en montre la nécessité et le charme, elle en pratique les délicates maximes. Mais, lorsque la beauté et les adorateurs se sont enfuis, quelle consolation acco.de-t-elle à ses adeptes? L'esprit, la causerie, la magistrature du bon ton et du bon goût. Quelle nourriture, et combien légère pour combler les vides du cœur, combattre la mélancolie de la solitude, des lourdes heures de tête-à-tête dans l'automne et l'hiver de l'existence! Toutes ne savent pas prendre leur parti comme Mme d'Houdetot, racontant une histoire et débutant par ces mots : « Autrefois, quand j'étais femme. »

Et, bien qu'un tel système aboutisse au triomphe de la civilisation la plus raffinée, il semble si subtil, repose sur des bases si fragiles, qu'on a peine à comprendre qu'il puisse devenir la règle d'une élite même dans l'élite, qu'on a envie de se demander si, à force de vouloir faire l'ange, Mlle de Scudéry veut aller par delà le paradis. Les tentatives de la chevalerie, des académies italiennes du XVIe siècle, des beaux esprits du XVIIe siècle, pour faire de l'amour une doctrine, une institution ou un manuel de morale et de savoir-vivre, ont produit sans doute des livres exquis, des héros et de charmantes héroïnes, embelli la vie sociale et augmenté la douceur de vivre, — mais elles ont leur effet dans un monde très restreint. Au contraire, l'humanité, qui vit de bonne soupe et non de beau langage, cherche la moyenne, et estime sagement que l'amour n'a pas de plus puissant auxiliaire, de meilleur soutien que le mariage, car celui-ci n'est nullement une institution fatiguée ou démodée, mais demeure encore ce qu'on a trouvé de moins imparfait pour faire une promenade supportable à travers la planète que nous habitons.

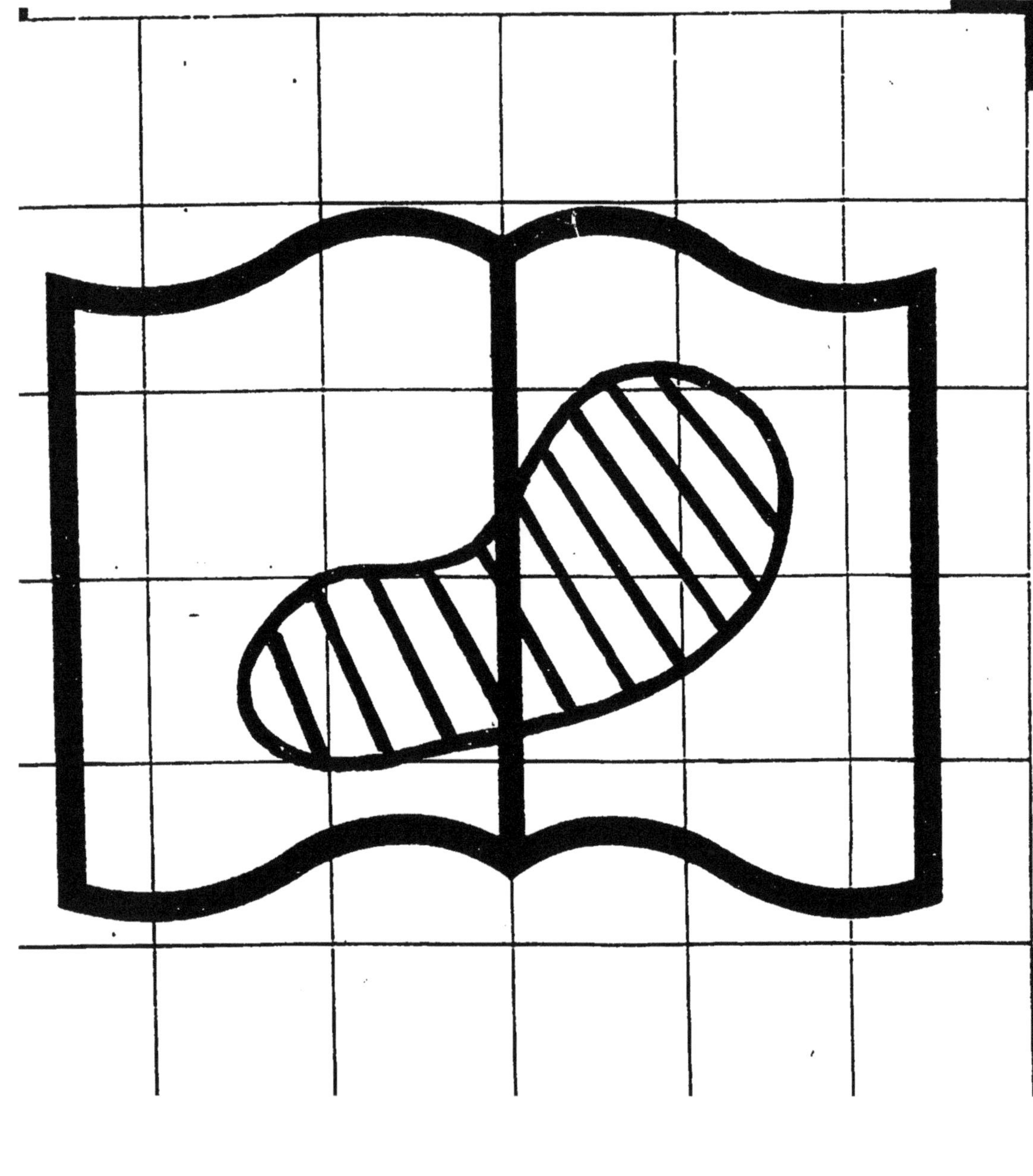

SEPTIÈME CONFÉRENCE

LES AMIS DE Mme DE SÉVIGNÉ

MESDAMES, MESSIEURS,

Il ne saurait être question de présenter ici un portrait en pied de Marie de Rabutin-Chantal, marquise de Sévigné [1], née à Paris en 1626, restée veuve à vingt-six ans, morte en 1696 au château de Grignan, petite-fille d'une sainte qui lui transmit peut-être les fortes vertus grâce auxquelles elle put traverser un tourbillon de galanterie mondaine sans y succomber, préservée sans doute aussi des dangers qui menacent une jeune et jolie veuve, par cet amour maternel qui lui est une gloire presque au même titre que sa corres-

1. Combes : *Mme de Sévigné historien*, Perrin, 1885. — Walckenaër : *Mémoires sur la marquise de Sévigné*, Firmin Didot, 6 vol. — Babou : *Les amoureux de Mme de Sévigné*, 1 vol., Didier, 1862. — Desnoireterres : *Cours galantes*, 4 vol. — De Mouy : *Grands seigneurs et grandes dames*. — *Poésies* de Saint-Pavin et de Charleval, 1759, in-12. — Gaston Boissier : *Mme de Sévigné*, 1 vol., Hachette. Bussy-Rabutin : *Mémoires*, édition Lalanne, 2 vol. in-12; *Histoire amoureuse des Gaules*, 4 vol.; *Correspondance de Bussy-Rabutin*, édition Lalanne, 6 vol. — Sainte-Beuve : *Portraits de femmes* : *Causeries du lundi*, t. III. — Perrens : *Les libertins en France au XVIIe siècle*. — Marquis de Saporta : *La famille de Mme de Sévigné en Provence*, Plon, 1889. — Docteur Druhen : *De la médecine au*

pondance, dans un temps où ce sentiment était en général assez mal pratiqué par l'aristocratie. Ce portrait d'ensemble, MM. Walckenaër, Combes, Gaston Boissier, Léon de la Brière, Emile Trolliet, pour ne citer que quelques-uns de ses biographes, l'ont dessiné de main de maître. C'est d'ailleurs la personne qui ressemble le plus à ses écrits, ceux du moins qu'on a retrouvés, car beaucoup, hélas! les plus confidentiels, les plus intéressants je pense, sont perdus à tout jamais : elle s'y réfléchit en quelque sorte, comme elle y réfléchit la société française : douée d'une robuste santé au moral et au physique, expansive, loyale, confiante, impressionnable, aimant autant la gaieté à gros grains que le

---

temps de Mme de Sévigné, 1883. — Ducurtyl : *Mme de Sévigné et Mme de Maintenon*, Pitrat, 1889. — Léon de la Brière : *Mme de Sévigné en Bretagne*, 1882. — Paul Lacroix : *Mme de Sévigné et ses enfants à la cour de Versailles*. — A. Poidebard : *Les voyages de Mme de Sévigné dans le Lyonnais*, 1889, Lyon. — Mgr Ricard : *Le grand siècle, Mme de Sévigné*. — Frédéric Saulnier : *Les Sévigné en Bretagne*. — Vallery-Radot : *Mme de Sévigné*, Oudin, 1889. — Comte d'Haussonville : *Madame de la Fayette*. — *Mémoires* du prince de Tarente. — *Œuvres* de Montreuil, 1671. — *Recueil des chansons de Coulanges*, 1754. — *Mémoires* de Coulanges, Monmerqué. — *Historiettes* de Tallemant des Réaux. — Petit de Julleville : *Histoire de la langue et de la littérature françaises*, t. V, article de M. Émile Trolliet. — E. Fournier : *Les poètes français*, 4 vol., Hachette, 1862. — *Œuvres de Maucroix*, 2 vol. in-18, Techener, préface de Louis Paris. — Émile Montégut : *Souvenirs de Bourgogne*, *Le château de Bussy-Rabutin*, pages 200 à 225. — Gréard : *L'éducation des femmes par les femmes*. — Jules Lemaître : *Figurines*, 6e série des contemporains. — E. Faguet : *Les grands maîtres du XVIIe siècle*. — Ferdinand Brunetière : *Études critiques*, t. I. — Félix Hémon : *Cours de littérature*, t. X. — Paul Janet : *Les lettres de Mme de Grignan*. — Félix Reynaud : *Les défauts de la comtesse de Grignan*, « *Un procès à reviser*, » Marseille, 1895. — E. de Barthélemy : *La marquise d'Huxelles et ses amis*, 1 vol., Firmin-Didot. — Péricaud : *Notes et documents*. — Breghot du Lut : *Mélanges*.

sourire des raffinés, aussi avide des caquets de la cour que des lectures solides, férue d'orgueil nobiliaire, captive des préjugés, des superstitions et des goûts de sa caste ou même de sa coterie, assez peu tendre, la plume à la main, pour le prochain, sa fille et ses intimes exceptés, femme de tête et femme d'imagination, frondeuse au fond de son âme et un tantinet janséniste, non point assez cependant pour ne pas s'écrier que Louis XIV obscurcira la gloire de tous ses prédécesseurs, parce qu'il vient de danser avec elle, fidèle aux amis disgraciés, Retz, Fouquet, Pomponne, et détestant leurs persécuteurs, recherchant les bienfaits de la cour pour ses enfants. Elle est célébrée dans les salons pour son esprit, à un âge où l'on ne songe guère à la réputation, où l'on est comme cette princesse qui répondait à une question sur l'état de son âme : « A vingt ans, on n'a point d'âme ; » et elle possède ces qualités si précieuses du style : le naturel, l'éclat de la vie, l'originalité de l'expression, la grâce, le coloris, l'ampleur sans emphase et l'abondance sans prolixité; au surplus, n'inventant rien, mais sachant regarder et exprimer en perfection ce qu'elle a vu et senti, témoin et peintre de son siècle, aimant aussi la nature, sentiment assez rare au XVIIe siècle, non point inconnu cependant, comme d'aucuns l'ont prétendu.

Mais une étude qui n'a guère excité la curiosité jusqu'à présent, et qui fournirait un volume des plus attrayants, ce serait une galerie des amis de la marquise, amis sincères ou apparences d'amis, qui traversèrent son salon, occupèrent son esprit ou son âme. Elle en eut beaucoup, car elle posséda le don de plaire, d'attirer, de retenir, et charmait ses serviteurs eux-mêmes ; on pourrait les partager en quatre classes :

Lettrés et écrivains;

Amitiés émues, amoureuses, passionnées;

Amis de Bretagne;

Gens de cour, Parisiens.

Et il va de soi que cette classification n'a rien d'absolu, qu'elle pourrait s'étendre singulièrement, que tel ami appartient en même temps à plusieurs catégories. C'est là en somme une nouvelle façon de retrouver Mme de Sévigné.

Voici par exemple Ménage, le plus galant des pédants, le plus pédant des galants, Ménage que Mlle de Rabutin eut pour professeur avec Chapelain, nouvel Abélard d'une Héloïse récalcitrante, qui lui fait la cour avant, après son mariage, en vers et en prose, en français, en latin, en italien et même en grec, ce qui ne laisse pas de la flatter; car, sans parler d'une espèce d'académie hebdomadaire qu'il avait instituée chez lui, il jouissait d'une grande renommée : Balzac et Somaize ne prononcent son nom qu'avec respect. Elle désire donc qu'il demeure son alcoviste fidèle, comme on dit alors, qu'il fréquente sa ruelle, son cercle. Gagner sans mettre au jeu, tenir en haleine des prétendants aussi nombreux que ceux de Pénélope, embaumer insensiblement leur passion dans l'amitié, être aimées, en un mot, sans aimer, n'est-ce pas la prétention de beaucoup de femmes qui, voulant toucher les revenus platoniques de leur beauté ou de leur grâce, et rester en règle avec le devoir, croient que l'on conserve mieux les hommes par l'espérance que par la reconnaissance. C'est le cas de Mme de Sévigné; digne élève de l'école de Rambouillet et de la marquise de Sablé, elle pense certes que l'abstinence du cœur et de l'esprit est la plus grande des austérités, la moins raisonnable aussi, que sans amitié émue l'âme tombe en paralysie, qu'en un mot l'amour est la vertu des belles âmes; et, à défaut d'un sentiment qu'elle s'est interdit, parce qu'elle est au fond d'un naturel froid, thésaurise et place toute sa capacité d'affection sur la tête de sa fille, elle permet qu'on l'éprouve pour elle. Propos gaillards, déclarations en vers et en prose, vocabulaire de la carte du Tendre, elle souffre tout, entend tout avec plaisir : il paraît même qu'elle ne se fait pas trop prier pour abandonner à ses *mourants* ses bras et ses mains. « Je tenais, raconte Ménage, une des mains de Mme de Sévigné dans les miennes : lorsqu'elle l'eut retirée, M. Le Peletier me dit : « Voilà le plus bel ouvrage qui soit sorti de vos mains. » Au reste, elle ne se farde pas, montre le visage que Dieu lui a donné, et rit de celles qui habillent leurs figures.

Ce n'est donc pas une de ces veuves dont parle Bossuet, « qui vraiment veuves et désolées, s'ensevelissent elles-mêmes dans le tombeau de leur époux. » Qu'elle ait donné des larmes au marquis, un des maris les plus inconstants de cette époque, qui de plus mangeait sa fortune grand train, qu'elle aimait sans pouvoir l'estimer, tandis qu'il l'estimait sans l'aimer, rien de plus naturel; mais ces larmes-là se sèchent vite; peut-être même, s'il eût tardé davantage à quitter ce monde, eût-elle pensé de lui ce qu'on a dit d'un autre mari de cette sorte : « Il est parti dans l'autre monde avec l'agrément de sa famille, qui s'est contentée de regretter qu'il ait vécu. »

Il semble que, toute jeune encore, notre héroïne se serve de Ménage pour s'exercer dans l'art de plaire, comme ces orateurs qui, le matin, plastronnent, répètent devant leurs amis le discours qu'ils prononceront l'après-midi. Elle le renvoie toujours mécontent, jamais désespéré. Il est jaloux : malgré sa vanité, il sent bien que la différence de rang et de naissance crée un abîme entre lui et sa charmante élève ; il veut s'en aller, ne plus la revoir, elle le retient par des compliments tendres, et il se remet à la chaîne, tout en grondant. « Adieu, l'ami, de tous les amis le meilleur. » Une fois elle l'invite à monter dans son carrosse, et lui de se piquer de ce qu'elle paraît si peu le craindre. « Mettez-vous, insiste-t-elle, dans mon carrosse, et si vous me fâchez, je vous irai voir chez vous. » Et elle vient lui dire adieu avant de partir pour la campagne ; puis comme elle se plaignait de ce qu'il ne lui avait point écrit : « Je vous ai écrit, répondit Ménage, mais, après avoir relu ma lettre, je la trouvai trop passionnée, et je ne jugeai pas à propos de vous l'envoyer. » Elle lui confie ses affaires les plus secrètes, et c'est après un entretien de ce genre qu'il lui dit un jour : « Je suis actuellement votre confesseur, et j'ai été votre martyr. — Et moi votre vierge, » repart-elle gaiement. Mais, malgré l'estime déférente qu'elle a pour son érudition, elle ne se rend pas toujours à ses oracles de grammaire. « Je suis enrhumé, lui répond-il un jour. — Je la suis aussi, » observe-t-elle. Et Ménage de remarquer avec raison qu'elle devait dire : Je le suis. « Vous direz comme il vous plaira, interrompt-elle vivement, mais moi, si je disais ainsi, je croirais avoir de la barbe au menton. » De la barbe au menton ! Elle qui possédait un teint admirable, et pouvait, sur ses vieux jours, écrire à propos de sa petite-fille : « Ai-je été si jolie qu'elle ? On dit que je l'étais beaucoup. »

Parmi les lettrés qui fréquentent chez la marquise,

il faut citer encore Saint-Pavin, Montreuil, Marigny, Segrais qui, après avoir perdu une discrétion avec elle, lui adresse ce madrigal impromptu :

Vous m'avez fait supercherie,
Faites-moi raison, je vous prie,
D'une si blâmable action.
En jouant avec vous, jeune et belle marquise,
Je n'ai cru hasarder qu'une discrétion,
Et m'y voilà pour ma franchise.
Mais qu'ai-je fait aussi ? Ne savais-je pas bien
Qu'on perd tout avec vous, et qu'on n'y gagne rien ?

On pourrait, observe Albert Babou, former avec tous les vers inutiles de ces poètes une guirlande de Marie, presque aussi brillante que la fameuse guirlande de Julie.

Montreuil le madrigalier, surnommé le fou, *douze fois plus fou qu'un hanneton*, grand voyageur et amoureux devant l'Éternel, rimait aussi en l'honneur de la marquise. Voici quatre vers qu'il improvisa tandis qu'on lui bandait les yeux à une partie de colin-maillard :

De toutes les façons vous avez droit de plaire,
Mais surtout vous savez nous charmer en ce jour :
Voyant vos yeux bandés, on vous prend pour l'Amour ;
Les voyant découverts, on vous prend pour sa mère.

Plus tard c'est une chanson qui se termine ainsi :

Sévigny, vos yeux pleins d'attraits
Éblouissent les nôtres,
Et, quand l'amour n'a plus de traits,
Il emprunte les vôtres.

Grand sceptique en politique, et se bornant à conspirer contre les maris, Montreuil en vient au point de rendre grâces à la guerre civile, à la Fronde, qui laissent le champ libre à ses équipées sentimentales.

.... L'amour ne reconnait ni parents ni patrie;
Je ne suis pas cruel, mais je suis amoureux.
Qu'on pille dans les champs les maisons de ma mère,
Et que tous les fermiers ne lui payent plus rien,
Que m'importe cela ? Philis, laissons-les faire :
Pourvu que vous m'aimiez, je n'ai que trop de bien.

« Ne vous amusez plus, dit-il un jour à une femme, ne vous amusez plus à m'écrire des lettres si belles. Quand elles ne viennent que de votre esprit, elles ne vont point à mon cœur. » Et ailleurs : « A vingt ans, je me contentais d'être le maître d'un cœur; à vingt-cinq, j'ai voulu m'en faire le roi; aujourd'hui, j'en suis devenu le tyran. »

Saint-Pavin, jadis incrédule et épicurien, avait fini par se convertir, la maladie aidant, un peu à la manière de ce personnage qui se vantait, l'âge d'argent, l'âge automnal ayant sonné, d'être devenu bien plus sage. « J'entends, répondit un ami, vos forces ont diminué. » Avait-il abjuré en même temps son talent pour l'épigramme ? On peut en douter, en tout cas il gardait

L'esprit vif dans les reparties,
Et plus piquant que les orties.

De son abbaye de Livry, il avait, paraît-il, fait une sorte d'abbaye de Thélème, où se groupaient des amis de choix, beaux esprits qu'attiraient les agréments réunis de la table et de l'intelligence, de la poésie et de la parole, de la parole surtout; car, à l'abri d'oreilles indiscrètes, on savourait la liberté dès lors si rare d'exprimer sa pensée sans circonlocutions et sans contrainte. Tous les ans le grand Condé venait passer quelques jours en cette vivante compagnie.

Saint-Pavin écrivit d'aimables épîtres à Mme de Sévigné, et, ce qui la touchait bien autrement, de jolis vers pour sa fille adorée. Il y a aussi de lui une excellente épigramme à Boileau, qu'il faut rappeler.

Silvandre, grimpé sur Parnasse,
Avant que personne en sût rien,
Trouva Régnier avec Horace,
Et rechercha leur entretien.
Sans choix et de mauvaise grâce,
Il pilla presque tout leur bien ;
Il s'en servit avec audace
Et s'en para comme du sien.
Jaloux des plus fameux poètes,
Dans ses satires indiscrètes
Il choque leur gloire aujourd'hui.
En vérité je lui pardonne :
S'il n'eût jamais choqué personne,
On n'eût jamais parlé de lui.

Et Boileau, cette fois, resta quinaud et déferré des deux pieds, ou du moins il lui répondit fort platement.

Mais ni les épîtres à la marquise, ni l'épigramme sur Boileau, ne sauraient se comparer au sonnet que Saint-Pavin composa pour une belle dame, une amie de Mme de Sévigné peut-être, qui flottait entre la dévotion et la coquetterie.

N'écoutez qu'une passion :
Deux ensemble, c'est raillerie.
Souffrez moins la galanterie,
Ou quittez la dévotion.

Par tant de contradiction
Votre conduite se décrie ;
Avec moins de bizarrerie
Suivez votre inclination.

Tout le monde se met en peine
De vous voir toujours incertaine,
Sans savoir à quoi vous borner.

Vous finirez comme une sotte ;
Vous ne serez jamais dévote ;
Vous ne pourrez jamais aimer.

Saint-Pavin mourut en 1670 ; Boileau le taxa d'incrédulité, tandis que l'austère Fieubet fit pour lui cette épitaphe :

Sous ce tombeau gît Saint-Pavin;
Donnez des larmes à sa fin.
Tu fus de ses amis peut-être ?
Pleure ton sort avec le sien.
— Tu n'en fus pas? Pleure le tien,
Passant, d'avoir manqué d'en être.

Quant à l'abbé Marigny, le gros Marigny, épicurien délicat, aimable improvisateur de triolets, ballades et vaudevilles, ennemi de la tristesse et des carabins de morale, ce léger représentant de l'esprit tout parisien de la Fronde, qui persiflait le duc d'Elbeuf sur un signe du cardinal de Retz, et le cardinal de Retz sur un mot de Condé, capable d'encourir la rancune des plus grands personnages, et de risquer la bastonnade plutôt que de retenir une saillie, Marigny amusait toujours Mme de Sévigné, et la charmait parfois, lorsqu'il lui apportait cette ballade sentimentale où les *mais* et les *si* alternent fort joliment.

Si l'amour est un doux servage,
Si l'on ne peut trop estimer
Les plaisirs où l'amour engage,
Qu'on est sot de ne pas aimer !

Mais si l'on se sent enflammer
D'un feu dont l'ardeur est extrême,
Et qu'on n'ose pas l'exprimer,
Qu'on est sot alors que l'on aime !

Si dans la fleur de son bel âge,
Une qui pourrait tout charmer,
Vous donne son cœur en partage,
Qu'on est sot de ne point aimer !

Mais s'il faut toujours s'alarmer,
Craindre, rougir, devenir blême,
Aussitôt qu'on s'entend nommer,
Qu'on est sot alors que l'on aime !

Pour complaire au plus beau visage
Qu'amour puisse jamais former,
S'il ne faut rien qu'un doux langage,
Qu'on est sot de ne pas aimer !

Mais quand on se voit consumer,
Si la belle est toujours de même,
Sans que rien la puisse animer,
Qu'on est sot alors que l'on aime !

ENVOI

En amour si rien n'est amer,
Qu'on est sot de ne pas aimer !
Si tout l'est au degré suprême,
Qu'on est sot alors que l'on aime !

Comme tant d'autres, Marigny entra dans les ordres sans grande conviction, et obtint un canonicat. Ce lui fut « un bréviaire mal récité et bien payé, » disait Patru. Il semble un papillon en soutane, un amour en rochet et en camail, selon l'expression d'Hippolyte Babou.

Chanter en vers et en prose Mlle de Sévigné à mesure que celle-ci grandit, est le meilleur moyen de faire sa cour à une mère qui aime éperdument cette personne si belle et si peu sympathique. La Fontaine dédie à la jeune fille sa fable du Lion amoureux.

Sévigné, de qui les attraits
Servent aux Grâces de modèle,
Et qui naquites toute belle
A votre indifférence près....

En 1663, 1664, Mlle de Sévigné danse à la cour plusieurs ballets, où figurent le roi, la reine, et fait sensation avec cette figure, *capable d'incendier le monde* selon Tréville, pas assez au gré de son cousin Bussy-Rabutin qui, tout en la proclamant la plus jolie fille de France, regrette sans vergogne qu'elle n'enflamme point le cœur du roi.

Dans le ballet des *Arts*, déguisée en amazone, elle fait partie de la septième entrée, avec Mlles de Mortemart, de Saint-Simon et de la Vallière, et Benserade met dans sa bouche ces vers qui donnent fort à penser sur la décence du langage de l'époque :

Belle et jeune guerrière, une preuve assez bonne
Qu'on suit d'une Amazone et la règle et les vœux,
C'est qu'on n'a qu'un teton : je crois, Dieu me pardonne,
Que vous en avez déjà deux.

En 1664, Mlle de Sévigné est au nombre des *amours déguisés* en nymphes maritimes, avec Mlle d'Elbeuf, Mme de Montespan et Mme de Vibraye, les beautés professionnelles d'alors ; Benserade lui décerne ce couplet :

Vous travestir ainsi, c'est bien être ingénu,
Amour ! c'est comme si, pour n'être pas connu,
Avec une innocence extrême,
Vous vous déguisiez en vous-même.
Elle a vos traits, vos feux et votre air engageant,
Et de même que vous, sourit en égorgeant.
Enfin, qui fit l'une a fait l'autre,
Et jusques à sa mère, elle est comme la vôtre.

Dans la seconde catégorie des amis de notre marquise, nous rangerons ceux qui l'aimèrent pour le bon motif ou pour l'autre motif, qui prétendirent la dédommager des infidélités de son mari ou des ennuis du veuvage : le prince de Conti, le grand Turenne dont la mort lui inspira des lettres si éloquentes, le marquis de Noirmoutiers, le comte de Vassé, le marquis de Tonquedec, le comte du Lude, Bussy-Rabutin, les deux surintendants Servien et Fouquet.

Bussy-Rabutin (1618-1693) était le plus dangereux peut-être, et par sa qualité de proche parent qui lui conférait le privilège de l'intimité, et par son esprit, sa hardiesse et son excellent style ; colonel à vingt ans, remarqué par Condé pour sa bravoure et son coup d'œil, conseiller d'État à vingt-sept ans, lieutenant général, mestre de camp de la cavalerie légère à trente-cinq, membre de l'Académie française, ayant reçu de la nature une de ces figures dont on a dit qu'elles sont le passeport des dieux, il semblait appelé à de brillantes destinées. On lui aurait pardonné ses duels, sa fatuité en tout genre, sa fureur de jeu, ses débauches, l'enlèvement de Mme de Miramion, le scandale de Roissy [1], s'il n'eût tout gâté par de graves défauts sociaux : sans foi ni loi, frondeur, maladroitement hautain, égoïste, étourdi, médisant, susceptible [2], son penchant à l'épigramme le jette dans les imprudences les plus graves, le pousse à composer cette *Histoire amoureuse des Gaules*, chef-d'œuvre de méchanceté polie, où Condé, la duchesse de Longueville, la duchesse de Châtillon, les plus grands seigneurs, sont criblés de traits fort piquants, souvent, hélas ! fort véridiques, et, par cette raison même, d'autant plus pénibles aux victimes. L'indiscrétion d'une femme aimée, Mme de Montglas, découvrit Bussy-Rabutin, une autre copia perfidement le manuscrit prêté ; et l'auteur, mis à la Bastille pendant dix mois, passa dix-sept ans en exil dans ses terres, sans parvenir à désarmer la rancune de ceux qu'il avait si cruellement offensés, soutenant

1. Une partie de débauche en compagnie de jeunes fous, où l'impiété donnait du ragoût au libertinage. Bussy avait à cette époque quarante et un ans bien sonnés.

2. Il se fâche avec le maréchal de Bellefonds qui s'est servi de cette formule : « Je vous supplie de me conserver vos bonnes grâces. » Il fallait mettre : « l'honneur de vos bonnes grâces. »

avec peu de dignité le rôle fâcheux dont il s'était chargé si mal à propos, criblant de ses amertumes, dès qu'ils ont le dos tourné, ceux qu'il accable de supplications très humbles, bref un vrai mendiant de qualité. C'est dans ce livre qu'il trace le portrait de Mme de Sévigné, dont il avait dit autrefois : « Je la trouve la plus jolie fille du monde pour être la femme d'un autre ; » à laquelle il ne peut pardonner sa résistance. Voulant faire entendre que son corps resta plus chaste que son âme, qu'elle fut coupable, non de fait, mais d'intention peut-être, il laisse tomber de sa plume une phrase assez méchante : « Cette belle n'est amie que jusqu'à la bourse.... Je crois que son mari s'est tiré d'affaire devant les hommes, mais devant Dieu je le tiens pour un sot. » La marquise se sentit atteinte dans sa pudeur de femme ; il s'étonna, étant de ces gens qui oublient volontiers leurs torts ; plus tard, il demanda, obtint son pardon, et ils recommencèrent de s'écrire comme par le passé, car chacun était le fagot de l'esprit de l'autre ; mais j'imagine que Mme de Sévigné restait sur le qui-vive, goûtait plus son talent que son cœur, à l'instar d'une dame de mes amies qui, elle aussi, pardonnait à ses amis ingrats, et leur donnait de temps en temps un dîner appelé *le dîner des pardonnés.* D'ailleurs, le temps est une bonne mère de famille qui arrange bien des choses, et la marquise ne pouvait guère ne pas se montrer sensible à des lettres comme celle-ci, qui, malgré l'hyperbole voulue et obligée du compliment, disent combien on l'admirait de son vivant, confirment d'autres témoignages plus désintéressés.

« Il faut que je vous dise, Madame, que je ne pense pas qu'il y ait au monde une personne si généralement

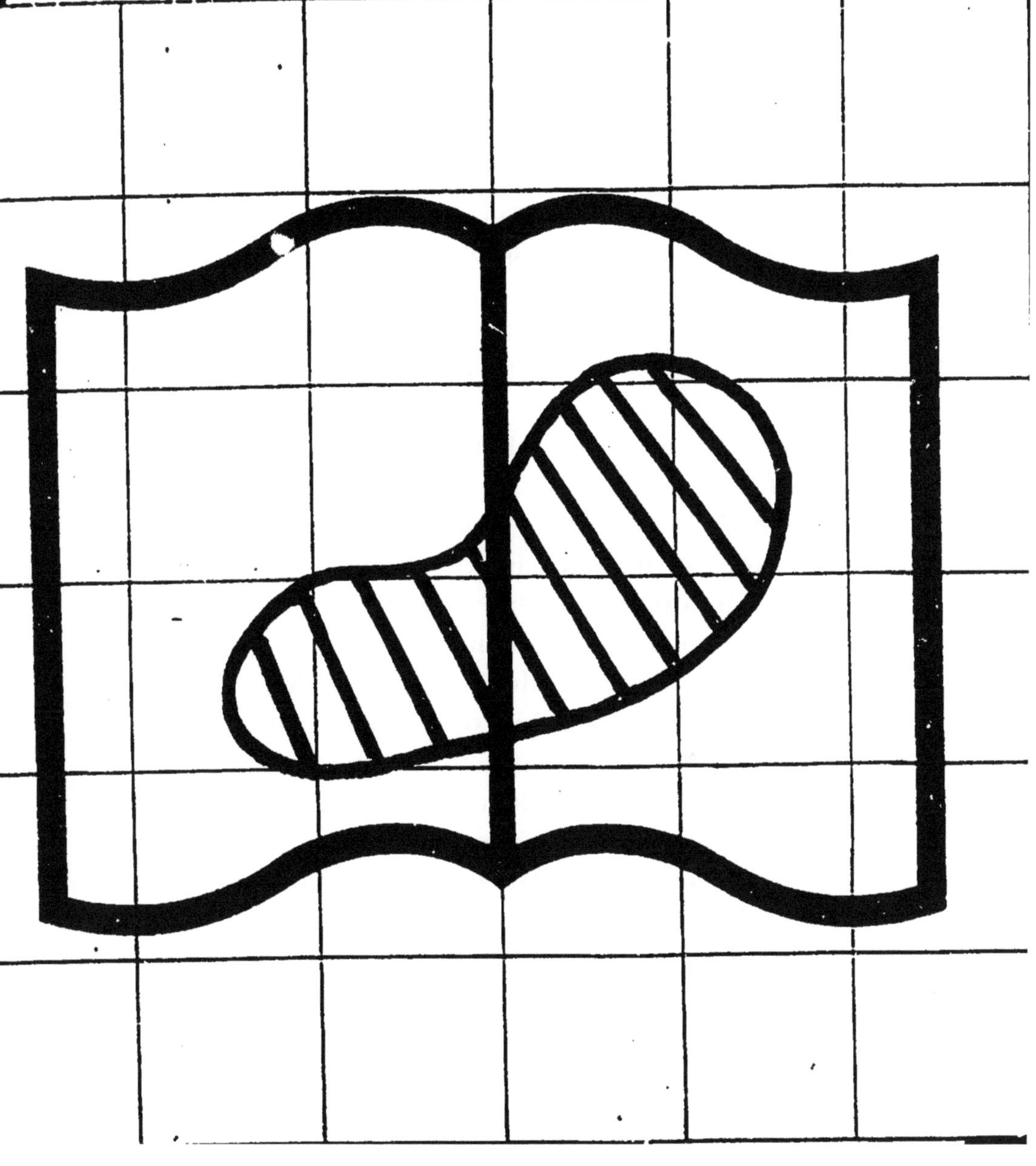

estimée que vous ; vous êtes les délices du genre humain ; l'antiquité vous aurait dressé des autels, et vous auriez assurément été déesse de quelque chose. Dans notre siècle, où l'on n'est pas si prodigue d'encens, et surtout pour le mérite vivant, on se contente de dire qu'il n'y a point de femme à votre âge plus vertueuse ni plus aimable que vous. Je connais des princes du sang, des princes étrangers, de grands seigneurs façons de prince, de grands capitaines, des gentilshommes, des ministres d'État qui fileraient pour vous, si vous les laissiez faire. En pouvez-vous demander davantage ? A moins que d'en vouloir à la liberté des cloîtres, vous ne sauriez aller plus loin [1]. »

Voilà certes un certificat de talent, de bonnes vie et mœurs fort galamment tourné; Bussy-Rabutin acheva de reconquérir les bonnes grâces de sa cousine en prenant sa défense dans un instant difficile, lors du procès Fouquet. Homme du monde et homme de goût, plein d'esprit, de mérite, d'éloquence, procureur général au parlement, surintendant des finances à l'âge de trente ans, protecteur des artistes, des gens de lettres, qui se montrèrent plus fidèles après la disgrâce que les courtisans, célèbre par la splendeur de ses fêtes (on sait avec quelle magnificence il reçut Louis XIV et toute la cour au château de Vaux), ce ministre concussionnaire pouvait mieux que tout autre justifier le vers célèbre :

Jamais surintendant ne trouva de cruelles.

Il aima Mme de Sévigné, lui fit une cour très vive, et

---

1. D'autres contemporains l'appelèrent *la relique vivante* de Mme de Chantal, une relique un peu profane toutefois.

eut le même sort que les autres. Mais elle vit en lui un ami très cher, dont elle espérait bien employer le crédit en faveur de sa famille; il lui plaisait, elle résistait en se résistant peut-être à elle-même; elle lui écrivait et ne le décourageait pas tout à fait. La marquise eut donc une alerte fort vive lorsqu'il fut arrêté en 1661 : ses lettres avaient été conservées dans des cassettes d'argent, à côté de celles des très nombreuses dames de la cour qui demandaient avec impudence de l'argent au ministre en échange de leur honneur. Comme plus tard Walpole, Fouquet avait le tarif de bien des consciences. Quel ennui pour Mme de Sévigné de sentir que la malignité publique va la confondre avec les autres, battre en brèche sa réputation jusqu'alors intacte, partir des insinuations pour aboutir aux calomnies les plus perfides! Aussi confie-t-elle son chagrin à M. de Pomponne :

« Eussiez-vous jamais cru que mes pauvres lettres, pleines du mariage de mon cousin M. de la Trousse, et de toutes les affaires de sa maison, se trouvassent placées si mystérieusement? Je vous assure que, quelque gloire que je puisse tirer, par ceux qui me feront justice, de n'avoir jamais eu avec lui d'autre commerce que celui-là, je ne laisse pas d'être sensiblement touchée de me voir obligée de me justifier, et peut-être fort inutilement, à l'égard de mille personnes qui ne comprendront pas cette vérité. Je vous conjure de dire sur cela ce que vous en savez. Je ne puis avoir assez d'amis en cette occasion.... »

Et elle apprend avec bonheur que son cousin Bussy se porte le champion de sa vertu; mais il ne l'a fait qu'à bon escient. « Avant de m'embarquer, dit-il, à la défense de la marquise, je consultai le Tellier, qui seul avait vu, avec le roi, les lettres qui étaient dans la cassette de Fouquet. Il me dit que celles de la marquise étaient d'une amie qui avait bien de l'esprit ; qu'elles avaient bien plus réjoui le roi que les douceurs des autres ; mais que le surintendant avait mal à propos mêlé l'amour avec l'amitié. »

Une fois rassurée par le témoignage du roi et de ses intimes, Mme de Sévigné se livre à toutes ses impressions pendant le procès du ministre, si bien que la vivacité de son imagination, la sensibilité et la pitié jouent le personnage d'un autre sentiment. « Jamais peut-être un frère bien-aimé, fût-il Maurice ayant pour sœur Eugénie de Guérin, un tendre époux, un père même, n'a excité de tels élans, et tour à tour tant d'abattement, de tristesse, d'impatience fébrile, de tendresse, de désespoir. Ce sont des transports, ce sont des émotions qui semblent subir la loi de gravitation, ou grandir en proportion géométrique ; et l'on ne voit pas, elle ne voit plus elle-même où elle s'arrêtera. » Un des biographes de la marquise, Combes, estime qu'il y a là plus que de l'amitié, une passion toujours contenue par le devoir et l'honneur, mais qui embrase l'âme tout entière. Ce ne serait pas la première fois que la pitié aurait fait éclater en tendresse une simple amitié.

Avec quelle avidité ne recueille-t-elle pas tous les renseignements, toutes les présomptions favorables, les démarches auprès des juges, les dépositions de ceux-ci et du public, l'attitude de la cour, les incidents du palais, les airs superbes de Fouquet, son apostrophe vengeresse au chancelier Pierre Séguier qui l'accuse de crimes d'État et auquel il rappelle les siens, lorsqu'au temps de la Fronde il se rangeait du côté des ennemis de Mazarin et du roi? Comme elle raconte aussi les prétendus remords du chancelier, apportant mille écus à la communauté de Sainte-Marie de Saint-Antoine, afin qu'on priât pour lui et qu'il pût voir le cœur du bienheureux François de Sales; et le mot du grand Arnauld quand il connut ces génuflexions, cette dévotion de pure comédie : « Ah! voilà Pierrot métamorphosé en Tartufe! »

Quelques jours avant la sentence : « On raisonne, on tire des conséquences, on compte sur les doigts les vingt-sept commissaires, on s'attendrit, on craint, on souhaite, on hait, on admire, on est triste, on est accablé. Seul M. Fouquet est résigné et ferme. Moi j'ai la tête en quatre.

« J'ai l'imagination si vive que tout ce qui est incertain me fait mourir. »

Un peu plus loin : « Le gouvernement va racheter les rentes sur un pied qui nous envoie à l'hôpital; qu'importe? La chose qui me touche le plus n'est pas celle qui me fait perdre mon bien. » Or elle était fort économe et positive en affaires.

« Oui, un juge, parce qu'on voulait le récuser, a osé parler non seulement d'échafaud, mais de corde et de gibet. Je saute aux nues quand je pense à cette infamie. Ce n'est pas vivre que la vie que nous passerons jusqu'au jour de l'arrêt.... Je ne comprends pas moi-même ce que je deviendrai si mon ami, mon pauvre ami.... »

Des dames lui proposent d'aller dans une maison en face de l'Arsenal, où l'on juge l'accusé, pour le voir revenir. Elle était masquée, elle l'aperçoit d'assez loin, il paraissait rêveur; d'Artagnan, capitaine des gardes, lui fait remarquer la présence des dames, il les salue, prend sa mine riante et fixe ; elle demeure toute saisie. « Je suis assurée, dit-elle, que vous auriez eu pitié de moi. »

On sait l'arrêt, que Fouquet condamné passa seize ans dans la forteresse de Pignerol, et y mourut en 1680, la même année que M. de la Rochefoucauld. « Quelle année, écrit la marquise à sa fille, quelle année que celle où je perds tant d'amis ! »

Cette sympathie ardente pour Fouquet a pour corollaire naturel une belle haine contre Colbert et le Tellier qui ont âprement poursuivi sa chute. Comme elle dut applaudir cette laconique oraison funèbre de Colbert et de Mme de Seignelai par Bussy-Rabutin : « On lui trouva sept pierres dans le rein, qui ne me surprirent pas tant que de ne lui en point trouver dans le cœur.... — Nous serions au désespoir, nous autres malheureux, si Dieu ne nous régalait de temps en temps de la mort de quelque ministre. »

Elle-même n'y va pas de main morte : « C'est le nord, l'indifférence et la glace.... Ce ministre n'emploie son crédit que pour lui, ou pour ses enfants, et encore !.... » Tant qu'elle peut, elle tourne en ridicule le frère de Colbert, Colbert de Croissy, *Figuriborum*, car elle a entendu parler du cabinet noir, et elle use de chiffres, de sobriquets, par prudence. Sa lettre sur la mort de Louvois atteint au sublime de l'ironie.

Et elle se fait violence pour aller solliciter une pension de Colbert en faveur des Grignan ; mais les Colbert ont bonne mémoire et l'éconduisent poliment : l'art d'arriver ou de solliciter n'est pas toujours un art honnête.

Revenons encore à Bussy-Rabutin, car on a envie de ne le quitter jamais, ce médisant si spirituel. N'est-il pas plaisant de l'entendre, lui, l'ancien libertin de Roissy, le ravisseur de Mme de Miramion, accusé un instant d'inceste, anathématiser les bals, dans un discours à ses enfants ? Écoutons un instant cet étrange prédicateur qui, comme tant d'autres, paraphrase l'axiome commode : Fais comme je te dis, ne fais pas comme j'ai fait ; pratique l'Évangile que je prêche, non celui que j'ai pratiqué.

« J'ai toujours cru les bals dangereux ; ce n'a pas été seulement ma raison qui me l'a fait croire, ç'a encore été mon expérience ; et quoique le témoignage des Pères de l'Église soit bien fort, je tiens que sur ce chapitre celui d'un courtisan doit être de plus grand poids. Je sais bien qu'il y a des gens qui courent moins de hasard en ces lieux-là que d'autres ; cependant les tempéraments les plus froids s'y réchauffent. Ce ne sont d'ordinaire que de jeunes gens qui composent ces sortes d'assemblées, lesquels ont assez de peine à résister aux tentations dans la solitude, à plus forte raison dans ces lieux-là, où les beaux objets, les flambeaux, les violons et l'agitation de la danse échaufferaient des anachorètes. Les vieilles gens qui pourraient aller au bal, sans intéresser leur conscience, seraient ridicules d'y aller, et les jeunes gens, à qui la bienséance le permettrait, ne le pourraient pas sans s'exposer aux plus grands périls. Ainsi, je tiens qu'il ne faut point aller au bal quand on est chrétien, et je crois que les directeurs feraient leur devoir s'ils exigeaient de ceux dont ils gouvernent la conscience, qu'ils n'y allassent jamais.... »

La vie de Mme de Sévigné en Bretagne nous met en rapport avec une troisième sorte d'amis, les amis de

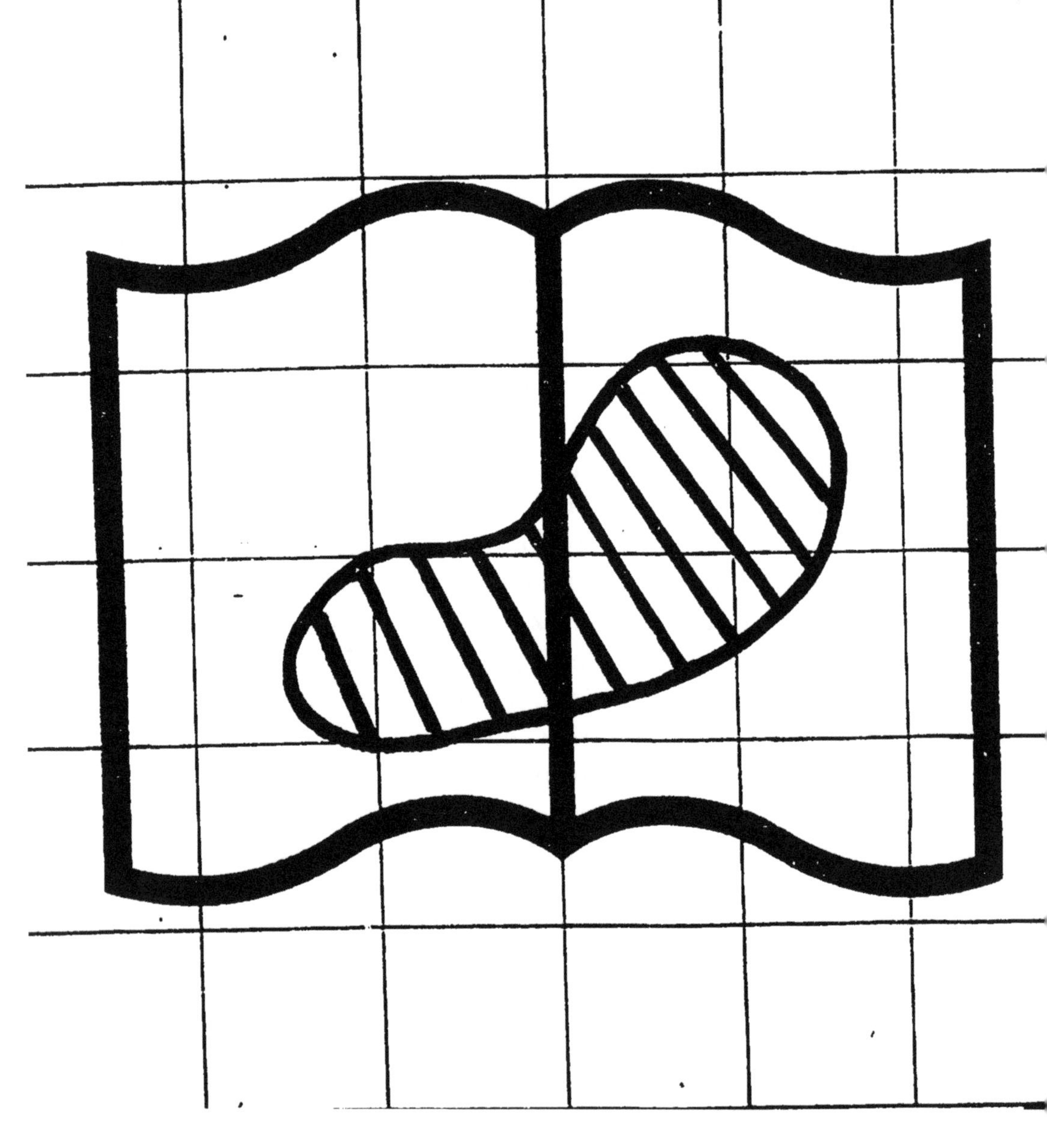

province. Elle va de loin en loin en Bourgogne, où elle possède le château de Bourbilly; en Provence, où son gendre gouverne comme lieutenant général au lieu et place du gouverneur en titre; elle séjourne plus longuement au château des Rochers, situé à quelques kilomètres de Vitré : par exemple, de 1671 à 1690, elle y va quatre fois, et ces quatre voyages représentent six ans environ de résidence. Aujourd'hui on se rend de Paris à Vitré en dix heures; autrefois on mettait huit jours : heureux encore quand les voitures ne se brisaient pas en route, car les chemins, à cette époque, laissaient terriblement à désirer, et les accidents étaient très fréquents. Il faut entendre la marquise se lamenter sur les voyages de sa fille en Provence, sur ce *diable de Rhône*, ce *furieux Rhône*, qui lui inspire tant d'inquiétudes, car elle a le mal des distances, cette tendre mère, et elle aussi eût pensé que les chemins de fer, le télégraphe, le téléphone, sont de grands progrès moraux, des progrès pour le cœur : « Je vois ce carrosse qui avance toujours et qui n'approchera jamais de moi; je suis toujours dans les grands chemins.... Trouvez-vous toujours que le Rhône ne soit que de l'eau? » Elle prend ses précautions lorsqu'elle voyage. « Deux calèches, sept chevaux de carrosse, un cheval de bât qui porte le lit, et trois ou quatre hommes à cheval. Je serai dans ma calèche tirée de mes deux bons chevaux; l'autre aura quatre chevaux avec un postillon.... Mes arcs sont forgés de la propre main de Vulcain; à moins de venir de la fournaise, ils n'auraient pas résisté à un troisième voyage en Bretagne. » Son rang ne lui permet pas, bien entendu, d'aller en diligence : « On ne peut point languir dans une telle voiture. Il vient un cahot qui vous culbute, et l'on ne sait pas où l'on en est. »

La marquise a plusieurs motifs de faire de longs séjours aux Rochers. D'abord elle s'y plaît ; elle a pour compagnon inséparable son cher oncle et ancien tuteur, l'abbé de Coulanges, *le bien bon*, grand gourmet devant l'Éternel, administrateur hors ligne, toujours occupé des beaux yeux de la cassette, qui fait merveille dans ses terres, malgré sa passion pour la truelle *(il mal di pietra)*, et lui laissera tout son bien; ce même oncle auquel une fille de Mme de Grignan souhaitait la fête en vers assez légers :

> Cher abbé, je n'ai qu'une fleur,
> Et la veux garder pour une autre fête.

Puis Mme de Sévigné réalise aux Rochers de grosses économies, et les envoie aux Grignan qui se ruinent le plus noblement du monde dans leur gouvernement de Provence.

Son existence aux Rochers, ses séjours à Rennes [1], nous montrent par le menu le train ordinaire de la vie provinciale au XVIIe siècle : car elle était étroitement liée avec le duc de Chaulnes, gouverneur de Bretagne, et bon nombre de membres des États; et comme elle sait à merveille tout ce qui s'y passe, et se prend à tout, elle devient l'historien épistolaire de ce pays [2], de

1. On lui fait grand accueil à Rennes comme partout : « Dîner, souper chez M. et Mme de Chaulnes; avoir fait mille visites de devoirs; aller, venir, complimenter, s'épuiser, devenir tout aliénée comme une dame d'honneur. L'on m'honore trop. Je suis extrêmement affamée de jeûne et de silence. Je n'ai pas beaucoup d'esprit, mais il me semble que je dépense ici ce que j'en ai en pièces de quatre sous, que je jette et que je dissipe à tort et à travers ; et cela ne laisse pas de me ruiner. »

2. Il semble que Mme de Sévigné et sa fille prennent aisément leur

même qu'elle est l'historien épistolaire de la cour. Elle raconte tout à sa fille, et c'est au point qu'elle entre avec elle dans des détails fort scabreux, quand elle traite le chapitre des fredaines de son fils, un fils très charmant en somme, plein d'esprit, de gaieté, de sensibilité, adorant Virgile et Homère, cent fois plus aimable que Mme de Grignan, mais la marquise ne peut s'empêcher de préférer sa fille à celui qu'elle surnomme : le roi des bagatelles. Ainsi va le cœur humain. Ninon de Lenclos appelait le chevalier de Sévigné : « une âme de bouillie, un corps de papier mouillé, une vraie citrouille fricassée dans la neige. » D'autres en jugeaient tout autrement, paraît-il, par exemple la Champmeslé qui cependant le sacrifia à un évêque ; le chevalier observe plaisamment à ce propos : « Elle n'a pu s'accommoder de ce que je ne parlais pas en public, et que je ne donnais pas la bénédiction au peuple. Je suis trop bon catholique pour vouloir rien disputer à l'Église. C'est depuis longtemps qu'il est réglé que le clergé a le pas sur la noblesse. »

Le comte de Chapelles, l'abbé de la Mousse, MM. de Chézières et de Saint-Aubin, oncles de la marquise, sont encore au nombre des familiers, des commensaux de la châtelaine des Rochers. L'abbé de la Mousse fait des catéchismes le dimanche, mais quels catéchismes ! « L'autre jour il interrogeait des petits enfants ; et, après plusieurs questions, ils confondirent le tout ensemble, de sorte que, venant à leur demander qui était la Vierge, ils répondirent tous l'un après l'autre

---

parti des exécutions de Bretagne : « Vous me parlez fort plaisamment de nos misères ; nous ne sommes plus si roués.... ; la penderie me paraît maintenant un vrai rafraîchissement. »

que c'était le Créateur du ciel et de la terre. Il ne fut point ébranlé par les petits enfants, mais voyant que des hommes, des femmes et même des vieillards disaient la même chose, il en fut persuadé, et se rendit à l'opinion commune ; enfin il ne savait plus où il en était, et, si je ne fusse arrivée là-dessus, il ne s'en fût jamais tiré. »

A côté des familiers, les intimes, les voisins, les visiteurs, la princesse de Tarente, le duc et la duchesse de Chaulnes, le marquis de Pomenars, les Hay du Chatelet, le comte de Revel-Broglie, le marquis de Lavardin, lieutenant général de la province, la marquise de Marbeuf, les de Marcille, M. de Guébriac, la famille Descartes, etc.

La princesse de Tarente, fille du landgrave de Hesse, tante par alliance de Monsieur, frère de Louis XIV, veuve du duc de la Trémouille, visite sans cesse Mme de Sévigné qu'elle aime tendrement, tient une large place dans sa vie provinciale : un peu moquable par ses prétentions de guérir tout le monde au moyen d'orviétans et de thériaques célestes, surtout par ses visions de jeunesse, au grand mépris de son miroir qui lui dit tous les jours « qu'avec un tel visage il faut perdre même le souvenir. Fidèle est un nom que les amants de la princesse n'ont jamais mérité de porter, observe son amie. » Au demeurant bonne femme, assez spirituelle, connaissant et racontant les cancans de toute l'Europe princière, car « il faudrait que celle-ci se portât bien pour qu'elle ne fût pas sujette à perdre de ses parents, » par cela même très précieuse pour Mme de Sévigné dont les lettres sont avant tout des conversations, des chroniques qui, avec la différence des temps, rappellent celles de Mme de

Girardin [1]. Malheureusement la princesse n'est pas trop bien en cour, d'abord parce qu'elle a pour ennemie Mme de Monaco, favorite de Madame, puis parce qu'elle reste attachée à la religion réformée ; elle est même le centre du petit troupeau protestant de Vitré, et ne manque pas le prêche. Autre souci : sa fille n'a pas épousé le prince héritier de Danemark, comme elle l'espérait; elle a dû se contenter d'un grand seigneur, le comte d'Oldenbourg, très riche et fort honnête homme au surplus, et qu'elle

1. M. Jules Lemaître (t. VI des *Contemporains*) portraiture avec une verve pénétrante cette déesse de la chronique : « Du jour où elle commença à écrire, elle sut qu'on se montrait ses lettres, qu'on les copiait, qu'on les collectionnait, bref qu'elle avait un public. Public composé, non point de cent mille lecteurs quotidiens, mais de cinquante ou de cent personnes riches, nobles, distinguées, cultivées, oisives. Qu'importe ? Plus ou moins sciemment, elle écrivit pour ce public de choix : d'où peu à peu, un rien de marque professionnelle. Elle devenait une « épistolière, » c'est-à-dire une chroniqueuse. Elle faisait la chronique de la cour, la chronique de la ville, la chronique de la littérature et du théâtre, la chronique de la province, la chronique de la campagne, la chronique des villes d'eaux, la chronique de la guerre, la chronique des crimes célèbres, la chronique de la mode, la chronique familière et de confidences personnelles, — toutes les chroniques qu'on fait encore.... Elle était « naturelle, » c'est entendu. Autrement dit, elle avait naturellement le style échauffé, fringant, excessif, de trop de mouvement, de trop de gestes, de trop de bruit, par lequel se définit justement « le brillant chroniqueur.... » Son jugement n'est jamais indépendant ni inventif. Il va sans dire qu'elle glorifie la Révocation de l'édit de Nantes. Elle n'a sur les « penderies » de Bretagne qu'un mot de pitié rapide, et quelques réflexions prudentes. C'est bien d'avoir été fidèle à Fouquet; mais pas un moment cette chrétienne ne paraît se figurer dans sa réalité le cas moral de cet homme de finances.... Elle ne juge jamais le roi, même un peu.... Mais elle exprime des idées et des sentiments communs avec une vivacité et une fougue tout à fait surprenantes. Autant que la Fontaine, elle aime la nature et sait en jouir; mieux que lui peut-être, et par de plus neufs assemblages de mots (« la feuille qui chante »), elle en rend l'impression directe, celle qui suit immédiatement la sensation elle-

adore. Et de se lamenter. Mais Mme de Sévigné se moque de cette lubie, et la force d'avouer que sa fille a très bien fait. « Elle est si étonnée de trouver quelqu'un qui ose lui contester quelque chose que cette nouveauté la réjouit. » Son fils, le duc de la Trémouille, *a une terrible mine* avec sa belle taille et son cordon bleu; il est le filleul du roi de Suède, des États Généraux des Pays-Bas; sans autre esprit que l'usage du monde, mais plein d'honneur, de politesse et de dignité. Ce qui n'empêche

---

même. (Un jour, après avoir longuement parcouru ses jardins, regardé, observé les arbres, les fleurs, elle dit avec une confiance assez plaisante : « Il me semble qu'en cas de besoin, je saurais bien faire un printemps. ») Et après avoir rappelé le culte passionné de Mme de Sévigné pour cette fille qui la payait si mal de retour, M. Jules Lemaître ajoute cette réflexion savoureuse : « Et je vous prie, en finissant, d'être persuadés que j'ai la plus vive affection pour cette grosse mère-la-joie, qui fut à certaines minutes, je le crois, une mère de douleur. »

Il faut constater que, tout en lisant Tacite avec sa fille dans le texte, tout en l'initiant à la théologie et à la métaphysique, elle l'éleva fort mal, l'habituant à s'adorer elle-même, l'entretenant dans de vaines idées de grandeur. Arnauld d'Andilly lui disait là-dessus qu'elle n'était « qu'une jolie païenne, qui faisait de sa fille une idole dans son cœur. » Comment Mme de Grignan n'eût-elle pas été un peu grisée par des lettres comme celle-ci : « Il est vrai que la dignité de beauté où vous avez été élevée n'est pas une petite fatigue. Si vous n'étiez point belle, vous vous reposeriez ; il faut choisir. Votre paresse me fait peur : ne la croyez pas sur ce choix; il n'y a rien de si aimable que d'être belle ; c'est un présent de Dieu qu'il faut conserver.... Je vous recommande votre beauté pour l'amour de moi. Il me semble qu'on va me trouver bien habile en Provence d'avoir fait un si joli visage, si doux et si régulier. Vous êtes fâchée que votre nez ne soit pas de travers, et moi, qui suis rangée, j'en suis ravie. » Paul Janet, qui a bien étudié Mme de Grignan, estime qu'elle fut une personne *vraie*, tenant de la marquise le sérieux et la force de l'esprit, peu sensible sans doute, et peu tendre, accablée en quelque sorte par l'idolâtrie maternelle, assez misanthrope et tournée vers un certain pessimisme, — mais une âme forte et fière.

point une jolie femme de Rennes de lui administrer une cruelle épigramme. Le duc lui tournait le dos, tandis qu'il en courtisait une autre. Et la dédaignée de se venger en observant : « C'est à moi qu'il veut plaire assurément. »

Rivaux de gloire, d'ancienneté de services, et supérieurs aux autres familles de qualité, les Rohan, les la Trémouille ont tour à tour la présidence des États de Bretagne. C'est un la Trémouille qui, ayant eu l'honneur de faire prisonnier le duc d'Orléans, et s'en excusant lorsque celui-ci succéda à Charles VIII sous le nom de Louis XII, en reçut cette belle réponse que les historiens ont si souvent défigurée : « Le roi n'est pas mémoratif des jeunesses du duc d'Orléans. » Ce la Trémouille, vainqueur à Saint-Aubin-du-Cormier [1], fut surnommé : le chevalier sans reproche, l'honneur de son temps et la gloire de sa maison.

Le comte de Broglie-Revel, lieutenant général de la province après M. de Lavardin, raconte ses aventures amoureuses à M. de Sévigné, lui parle d'une certaine dame très bizarre qui, jouant un jour à la bassette, dit à son voisin : « Si je perds, je dirai de moi la plus grande infamie. » Elle perdit, et, pour tenir sa parole, elle apprit à la compagnie qu'elle avait pris, ce matin même,

1. C'est un la Trémouille qui, sous le nom de prince de Talmont, commande quelque temps une des armées catholiques et royales pendant la Révolution, l'armée brigande comme on disait, et qui, prisonnier des Bleus, lance à ses juges cette hautaine apostrophe : « Faites votre métier, j'ai fait mon devoir. » Condamné à mort en 1794, sa tête fut exposée à la porte du château de Laval, et, devant ce sanglant trophée, la populace se mit à danser en chantant : Monsieur de la Trémouille mouille, mouille ! Monsieur de la Trémouille mouillera !

par avarice, un lavement qu'on lui avait apporté la veille, ne voulant point avoir à faire une dépense inutile.

L'amuseur en titre, le boute-en-train des Rochers, c'est le marquis de Pomenars, le divin Pomenars, le plus plaisant étourdi de la terre, un singulier criminel, poursuivi pour crime un peu hypothétique de fausse monnaie, pour enlèvement plus réel, mais déjà fort ancien, de Mlle de Bouillé, fille du comte de Créance. Absous du premier chef, il paie les épices de son arrêt en fausses espèces. Quelqu'un lui demande pourquoi il ne fait pas raser sa grande barbe : « Mais, dit-il, je serais bien fou de prendre de la peine après ma tête, sans savoir à qui elle doit être. Le roi me la dispute ; quand on saura à qui elle doit demeurer, si c'est à moi, j'en aurai soin. » Un jour, il tombe dans une assemblée populaire, interroge ses voisins : « C'est que l'on pend en effigie un gentilhomme qui a enlevé la fille du comte de Créance. » Il approuve, trouve que le peintre l'a mal habillé, s'en plaint, va souper et coucher chez le juge qui l'a condamné. « Il est si hardi qu'il se rend aux États de la province, et journellement il fait quitter la place au premier président, dont il est l'ennemi, aussi bien qu'au procureur général. »

Sa gaieté ne le quitte jamais. Quelques années plus tard, il supporte de fort bonne grâce l'opération de la pierre. Mme de Sévigné écrit à sa fille : « Mme de Chaulnes m'a donné l'exemple de l'aller voir. Sa pierre est grosse comme un petit œuf; il caquette comme une accouchée; il a plus de joie qu'il n'a eu de douleur, et pour accomplir la prophétie de M. de Maillé, qui dit à Pomenars qu'il ne mourrait jamais sans confession, il a été, avant l'opération, à confesse au grand Bourdaloue. Ah ! c'était une belle confession que celle-là! Il y fut quatre heures. Je lui ai demandé s'il avait tout dit; il m'a juré que oui, et qu'il ne pesait *pas un grain*. Il n'a point langui du tout après l'absolution, et la chose s'est fort bien passée. Il y avait huit ou dix ans qu'il ne s'était confessé, et c'était le mieux. Il me parla de vous, et ne pouvait se taire, tant il est gaillard. »

Revient-elle à Paris, Mme de Sévigné trouve ses amis ordinaires, ravis de la revoir après ses longues villégiatures : les Lesdiguières, la princesse Palatine, le comte du Lude, la Grande Mademoiselle, la société des du Plessis-Guénégaud, Mme de la Fayette [1], la Rochefoucauld, d'Hacqueville, Corbinelli, les Coulanges, le cardinal de Retz, les Renaud de Sévigné, la marquise du Blé d'Huxelles, la marquise du Plessis-Bellièvre, la marquise de Vins, surnommée à la fois « le fagot d'épines révolté » et « le fagot de plumes. »

---

1. Mme de la Fayette la célébrait en 1659 dans une de ces lettres-portraits qui étaient fort à la mode au XVIIe siècle : « Sachez, Madame, si par hasard vous ne le savez pas, que votre esprit pare et embellit si fort votre personne, qu'il n'y en a point sur la terre d'aussi charmante, lorsque vous êtes animée dans une conversation dont la contrainte est bannie.... Votre âme est grande, noble, propre à dispenser (répandre) des trésors, et incapable de s'abaisser aux soins d'en amasser. *Vous êtes sensible à la gloire et à l'ambition*, et vous ne l'êtes pas moins aux plaisirs; vous paraissez née pour eux, et il semble qu'ils soient faits pour vous; votre présence augmente les divertissements, et les divertissements augmentent votre beauté, lorsqu'ils vous environnent. Enfin la joie est l'état véritable de votre âme, et le chagrin vous est plus contraire qu'à qui que ce soit.... Vous êtes la plus civile et la plus obligeante personne qui ait jamais été, et, par un air libre et doux, qui est dans toutes vos actions, les plus simples compliments de bienséance paraissent en votre bouche des protestations d'amitié.... »

Les du Plessis-Guénégaud donnent des fêtes brillantes à l'hôtel de Nevers, dans leur château de Fresnes, où la marquise passait une partie de l'été avec sa fille. Les hôtes habituels de Fresnes s'appellent les *Quiquoix*, et ont emprunté à l'hôtel de Rambouillet la coutume de se désigner par des noms de fantaisie. Mme de Guénégaud est Amalthée, M. de Pomponne Clidamant, M. du Plessis-Guénégaud Alexandre, la Rochefoucauld Timanes; hommes et femmes se considèrent aussi comme les *Nymphes* et les *Tritons* de la Beuvronne. Lorsque, en 1665, Mlle de Guénégaud épouse le duc de Caderousse, ses amis exécutent un ballet-mascarade intitulé les *Muets du grand seigneur*, où des démons fort galamment travestis font irruption dans le palais d'Amalthée et lui adressent mille compliments.

Sous mille formes différentes,
Nos ombres, vos humbles servantes,
D'un vol prompt quittant les enfers,
Vont droit à l'hôtel de Nevers.

On joue la comédie à Fresnes, et Mme de Sévigné, qui était bonne actrice, prend sans doute une part active à ce qu'elle appelle les *magies d'Amalthée.* Dans une lettre à M. de Pomponne, nommé ministre du roi à Stockholm, elle trace un tableau animé de l'aimable compagnie rassemblée dans le grand salon du château : « N'en déplaise au service du roi, je crois, Monsieur l'ambassadeur, que vous seriez tout aussi aise d'être ici avec nous que d'être à Stockholm, à ne regarder le soleil que du coin de l'œil. Il faut que je vous dise comme je suis présentement. J'ai M. d'Andilly (père de Pomponne) à ma gauche, c'est-à-dire du côté de mon cœur; j'ai Mme de la Fayette à ma droite ; Mme du Plessis devant moi qui s'amuse à barbouiller de petites images; Mme de Motteville un peu plus loin, qui rêve profondément; notre oncle de Cessac, que je crains, parce que je ne le connais guère; Mme de Caderousse, mademoiselle sa sœur, qui est un fruit nouveau que vous ne connaissez pas; et Mlle de Sévigné, allant et venant par le petit cabinet, comme de petits frelons. Je suis assurée, Monsieur, que cette compagnie vous plairait fort. »

C'est Bussy-Rabutin lui-même, qui, dans l'*Histoire amoureuse des Gaules*, nous peint un de ses rivaux, le comte du Lude, et voici quelques lignes du portrait; je supprime les passages trop salés.

« Il a le visage petit et laid, beaucoup de cheveux, la taille belle; il était né pour être fort gras; mais la crainte d'être incommodé et désagréable lui a fait prendre tant de soins si extraordinaires pour s'amaigrir, qu'enfin il en est venu à bout. Véritablement sa belle taille lui a coûté quelque chose de sa santé; il s'est gâté l'estomac par les diètes qu'il a faites et le vinaigre dont il a usé. Il est adroit à cheval, il danse bien, il fait bien des armes, il est brave...., mais il est paresseux et aime ses plaisirs, il a du courage et n'a point d'ambition; il a l'esprit doux, il est agréable avec les femmes; il en a toujours été bien traité, et il ne les aime pas longtemps.... Ce qui le fait réussir partout sûrement, c'est qu'il pleure quand il veut, et que rien ne persuade tant les femmes qu'on aime que les larmes.... Mme de Sévigné est une de celles pour qui il a eu de l'amour; mais sa passion finissait lorsque cette belle commençait d'y répondre; ces contre-temps l'ont sauvée, et ils ne se sont pas rencontrés; et comme il l'a toujours vue depuis, quoique sans attachement, on n'a pas laissé de dire qu'elle l'avait aimé, et, bien que cela ne soit pas vrai, c'était toujours le plus vraisemblable à dire.... »

La comtesse du Lude préside un des grands salons aristocratiques de Paris vers 1670 : c'est ce qu'on appelle plus spécialement la société de l'Arsenal, composée surtout des personnages qui habitent ce quartier. Quant à *la société du Faubourg*, elle se réunit en particulier chez le duc de la Rochefoucauld [1] et Mme de la Fayette. Une autre coterie moins nombreuse se groupe autour de la marquise d'Huxelles, épistolière infatigable, tenant une sorte de bureau de nouvelles, fort liée avec Mme de Longueville, Messieurs de Port-Royal et les Carmélites. Mme de Sévigné dîne très souvent chez Mme d'Huxelles : elle y trouve Mme de Pomponne, les Coulanges, la marquise de Villars, Bezons, l'abbé de Pontcarré, l'abbé de la Victoire, Mme de Lavardin, la marquise de Moucy, Mlle de la Rochefoucauld, Mme de Lillebonne. Mme d'Huxelles est encore l'âme d'une autre coterie, celle des sages veuves, qui méritent plus ou moins l'épithète. Pendant fort longtemps les deux marquises se voient sans cesse, faisant des visites ensemble, allant ensemble à la messe du grand monde, celle des

---

1. « Il y a là, dans ce salon du duc de la Rochefoucauld, où le cardinal de Retz, rendu sage par l'âge et l'expérience, raconte à demi-voix les *Mémoires* qu'il écrit; où M. de la Rochefoucauld, cet homme aux écrits si amers et à l'âme si douce, cause discrètement de morale et de lettres; où Mme de la Fayette, toujours souffrante et toujours résignée, rêve et sourit en écoutant; où Mme de Sévigné apporte la gaieté toujours prête, la verve intarissable de ses saillies sans fiel et de son enjouement de bonne compagnie, un coin charmant du grand siècle, une retraite entr'ouverte où pénètrent les bruits du monde, sans l'envahir ni la troubler; où l'intimité de nobles âmes fait une atmosphère tiède, un air pur, délicat et reposant » (E. Faguet : *Grands maîtres du XVIIe siècle*, p. 199).

Minimes de la place Royale, au sermon, aux fêtes, à la comédie; ensemble elles s'amusent de Mme d'Aiguillon, sœur du duc de Richelieu, qui prétendait laisser cent mille écus au Saint Sacrement, et qui, lorsque le notaire lui représenta qu'elle avait plus de dettes que de bien, répondit que le Saint Sacrement était un assez grand seigneur pour se faire payer. Il semble que, vers la fin, cette liaison si intime se soit refroidie.

Avec Corbinelli et les Coulanges, nous rentrons dans l'ordre des familiers, des parents de l'esprit et du cœur. Le savant Corbinelli fait de longs séjours chez la marquise, devient même pendant quelque temps son secrétaire, son lecteur, le médecin de son âme; il l'aime comme elle aime qu'on l'aime; il se dévoue, il est modeste, charmant, *bon à quelque sauce qu'on le mette*, ses hôtes le considèrent comme tellement indispensable à leur bonheur, que ceux-là mêmes qui ont du crédit ne se donnent guère la peine de solliciter les faveurs auxquelles son mérite a droit, dont il aurait besoin : lui-même ne s'en soucie pas beaucoup, prend le temps comme il vient, se contente de plaire par ses lettres, sa conversation, son délicieux caractère. Personne ne s'étonnera de l'entendre déclarer qu'il ne ferait pas une demi-lieue à cheval pour chercher une couronne. Il comparait les lettres de Mme de Sévigné à celles de Cicéron, mais regrettait qu'elle aimât sa fille avec tant d'emportement. « Il voudrait bien m'apprendre à gouverner mon cœur : j'aurais beaucoup gagné à mon voyage si j'en avais rapporté cette science. En lui, ajoute-t-elle, je défends celui qui ne cesse de célébrer les perfections et l'existence de Dieu; qui ne juge jamais son prochain, qui l'excuse toujours; qui est insensible aux plaisirs et aux délices de la vie, et entièrement soumis à la volonté de Dieu; enfin je soutiens le fidèle admirateur de sainte Thérèse et de ma grand'mère. » Aussi jette-t-elle feu et flamme à propos d'une plaisanterie de Mme de Grignan, qui se permit de l'appeler le *mystique du diable*. Ce philosophe chrétien est le courtisan du malheur, l'ami des jours de tristesse; vide de lui-même et plein des autres, son amour-propre devient l'intime ami de leur orgueil; ne pouvant jamais se résoudre à publier ses écrits, il les brûle au fur et à mesure. Il vécut ainsi cent ans, faisant les délices des sociétés qu'il fréquentait; quelqu'un lui trouvait un jour mauvaise mine: « Il est bien question de mauvais visage à mon âge; c'est déjà beaucoup d'en avoir un. » Corbinelli semble le représentant ou l'aïeul de cette race d'hommes exquis que la nature a créés tout exprès pour le rôle de confidents, de conseillers, de causeurs; nullement ambitieux, portés à une certaine nonchalance en face de la vie, détestant pour eux-mêmes les âpres luttes de la politique; tels : l'abbé Barthélemy chez les Choiseul, qui regrettait qu'on ne pût léguer le bonheur, et voulait qu'on haït ses ennemis comme si on devait les aimer un jour; Doudan chez les Broglie, Ampère chez Mme Cheuvreux: âmes d'élite, esprits supérieurs, qui répandent autour d'eux un parfum de bonne grâce, d'atticisme et d'élégance morale. L'ami qui les reçoit, et auquel ils apportent le charme de leurs qualités, fait une assez bonne affaire; c'est lui, à mon sens, qui doit se montrer le plus reconnaissant.

C'est par Corbinelli sans doute que la marquise apprend une conversation chez M. de Lamoignon, qu'elle raconte à sa fille avec une verve un peu malicieuse (15 janvier 1690) : « On dînait chez M. de Lamoignon. M. de Troyes, M. de Toulon, le P. Bourdaloue et le jésuite qui l'accompagnait, Boileau et Corbinelli, etc., étaient de la partie. On parla des ouvrages des anciens et des modernes, la grande querelle du temps. Boileau soutint les anciens, à la réserve d'un seul moderne qui, selon lui, surpassait les vieux et les nouveaux. Et voilà comment des anciens on en vint aux jésuites. Le compagnon de Bourdaloue, qui faisait l'entendu, et qui s'était attaché à Boileau, lui demanda quel était donc ce livre si distingué dans son esprit. Boileau ne voulut pas le nommer. « Mon Père, ne me pressez pas.... vous l'avez peut-être lu, et plus d'une fois, j'en suis sûr. » Le Père insiste. Enfin, Boileau le prend par le bras, et, le serrant bien fort, lui dit : « Mon Père, vous le voulez ; eh bien, morbleu ! c'est Pascal. — Pascal, dit le Père tout rouge, tout étonné ; Pascal est beau, autant que le faux peut l'être. — Le faux ! reprit Boileau, le faux ! Sachez qu'il est aussi vrai qu'il est inimitable. On vient de le traduire en trois langues. » Le Père répond : « Il n'en est pas plus vrai. » Boileau s'échauffe, et criant comme un fou : « Quoi, mon Père ! direz-vous qu'un des vôtres n'ait pas fait imprimer dans un de ses livres, *qu'un chrétien n'est pas obligé d'aimer Dieu ?* Osez-vous dire que cela est faux ? — Monsieur, dit le Père en fureur, il faut distinguer ! — Distinguer si nous sommes obligés d'aimer Dieu ? » Et prenant par le bras son ami Corbinelli, il s'enfuit au bout de la chambre ; puis revenant, et courant comme un forcené, il ne voulut jamais se rapprocher du Père, s'en alla rejoindre la compagnie qui était demeurée dans la salle où l'on mange, et là finit l'histoire, et le rideau tomba. »

Tout verve, tout agrément, tout esprit, tout charme, les deux Coulanges, mari et femme, sont aussi dans leur genre des prodiges de société, des diamants mondains. Nièce de le Tellier, cousine germaine de Louvois, invitée aux fêtes, aux voyages de la cour, recherchée pour son esprit brillant, un peu caustique, la marquise de Coulanges traîne dans son sillage une légion d'adorateurs : l'abbé Testu, le distrait Brancas, Villeroy, la Fare, le marquis de la Trousse, qui n'effarouchent guère son mari. Oyez plutôt ces vers :

> Testu est vainqueur de Brancas,
> La Trousse n'y résiste pas,
> De lui seul Coulange est contente,
> Son mari chante :
> Testu est vainqueur de Brancas,
> La Trousse n'y résiste pas.

On ne saurait se moquer plus drôlement des mourants de sa femme, ou plus gaiement faire les honneurs de sa personne.

Mme de Sévigné, qui adore sa cousine, lui donne ces surnoms significatifs : la *feuille*, la *sylphide*, la *mouche*, et l'abbé Gobelin, son confesseur, s'écria un jour : « Chaque péché de cette dame est une épigramme. » Peut-être se confessait-elle sur le dos du prochain. Ce qui est certain, c'est qu'elle éclairait une chambre en y entrant, que son esprit éblouissait les yeux, et il est non moins certain que, malgré tant d'avantages, elle ne put jamais obtenir une intendance pour son mari. Un peu, avouons-le, par la faute de celui-ci, car s'il a le génie du monde, sûreté du commerce, douceur de l'âme, talent de chansonnier, de lecteur, d'épistolier, belle humeur inaltérable, l'entente des affaires lui fait absolument défaut.

Conseiller au parlement de Metz, il avait à rapporter un procès entre deux paysans qui se disputaient une mare d'eau, et dont l'un s'appelait Grappin. Et il s'embrouilla si bien dans ses conclusions qu'il resta court. « Pardon, Messieurs, dit-il plaisamment, je me noie dans la mare à Grappin ; je suis votre serviteur. » Et depuis il ne rapporta ni au parlement ni au conseil d'État, car il se défit de ses deux charges de conseiller et de maître des requêtes, et oublia bien vite ses mécomptes avec le Tellier et Louvois. « Toujours aimé, écrit Mme de Sévigné, toujours estimé, toujours portant la joie et le plaisir avec vous, toujours favori et entêté de quelque ami d'importance, un duc, un prince, un pape ; car j'y veux ajouter le saint-père pour la rareté ; toujours en santé, jamais à charge à personne, point d'affaires, point d'ambition ; mais surtout quel avantage de ne point vieillir ! Le voilà, le comble du bonheur ! Vous vous doutez bien à peu près de certaines supputations de temps et d'années, mais ce n'est que de loin ; cela ne s'approche point de vous avec horreur, comme de certaines personnes que je connais, c'est pour votre voisin que tout cela se fait, et vous n'avez pas même la frayeur qu'on a ordinairement quand on voit le feu dans son voisinage. Enfin, après y avoir bien pensé, je trouve que vous êtes le plus heureux du monde. »

Coulanges va avec son ami le duc de Chaulnes en Bretagne ; celui-ci, usant et abusant de sa vice-royauté, exige des États qu'ils fassent un présent en argent au joyeux poète. Tout aimable et tout aimé qu'il fût, ce surcroît d'impôt déplut à quelques-uns, comme le prouve cette épigramme :

Vous emportez,
 Coulange,
De nos États bretons,
Pistoles et louange,
 Et nous laissez
(Que maudit soit l'échange !)
De mauvaises chansons.

Mais, baste ! Coulanges ne s'en porte pas plus mal, et se moque à son tour des États, très coulants au fond, accordant d'innombrables dotations qui font gémir la marquise de Sévigné. Épicurien raffiné, il fait au duc de Chaulnes l'aveu de sa gourmandise :

COUPLET FAIT EN CARÊME

Sept jours de la semaine
Je viens dîner chez vous.
L'appétit qui m'amène
Me chasse de chez nous.
 Carpette,
 Perchette,
 Solette,
Je fuis ces avortons
Qu'introduit la disette
Dans nos pauvres maisons :
Je cours aux gros poissons.

Le marquis de Coulanges accompagne le cardinal de Bouillon dans ses abbayes, Mme de Louvois dans ses châteaux : « Voici un mois que je me promène dans les États de Mme de Louvois, écrit-il en 1691 ; en vérité ce sont des États au pied de la lettre ; et c'en sont de plaisants en comparaison de ceux de Mantoue, de Parme et de Modène. Dès qu'il fait beau, nous sommes à Ancy-le-Franc ; dès qu'il fait vilain, nous revenons à Tonnerre ; nous tenons partout cour plénière, et partout, Dieu merci, nous sommes adorés. Nous allons, quand le beau temps nous y invite, faire des voyages au long cours

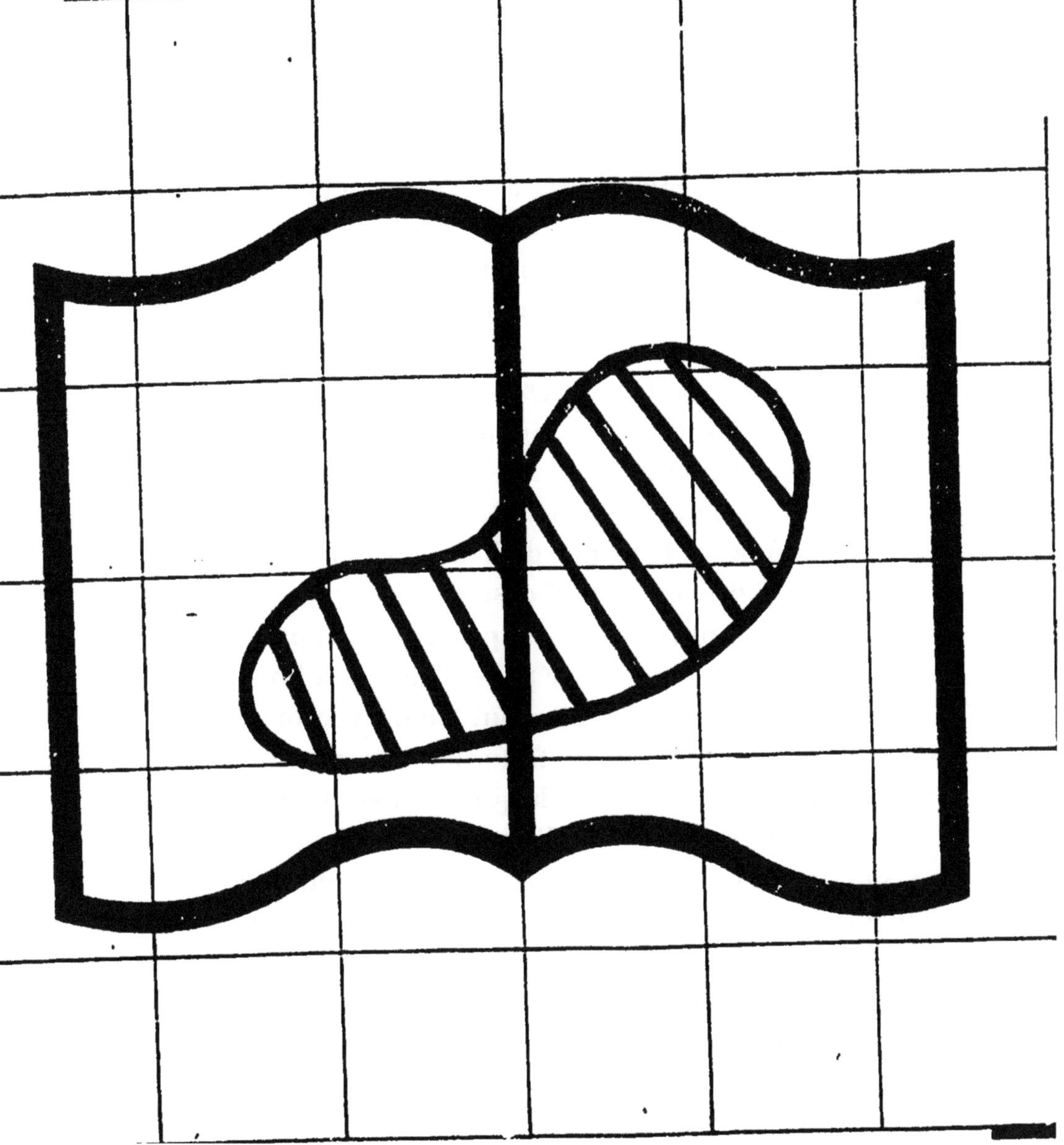

pour connaître la grandeur de nos États, et quand la curiosité nous porte à demander le nom du premier village, à qui est-il? on nous répond : c'est à *Madame;* à qui celui-ci qui est plus éloigné? C'est à *Madame;* mais là-bas, là-bas, un autre que je vois? C'est à *Madame;* et ces forêts? elles sont à *Madame.* Voilà une plaine d'une grande longueur; elle est à *Madame;* mais j'aperçois un beau château : c'est Nicey, qui est à *Madame.* Quel est cet autre château sur un haut? c'est Pacy, qui est à *Madame.* En un mot, tout le pays est à Madame.... Je fais dans sa cour le principal personnage.... »

Il suit le duc de Chaulnes à Rome (1689), et tout en griffonnant un récit agréablement sceptique des conclaves d'Alexandre VIII et d'Innocent VI, il ne néglige pas une occasion de se distraire, tantôt chez l'abbé de Polignac, tantôt avec le prince de Turenne et le duc d'Albret, puis chez le duc et la duchesse de Nevers, dont il réussit à forcer la porte et qu'il apprivoise comme il fait les autres, au point de passer près d'eux une bonne partie de ses journées, de souper tout seul avec la duchesse. Une maison de gourmets, faite pour un gourmet comme Coulanges ; un amphitryon qui, non content d'avoir la cave la mieux montée de Rome, allait lui-même s'approvisionner à la halle, faisait son garde-manger de sa chambre, employait quatre cuisiniers, chacun spécialement affecté à un service, rôti, ragoûts, entremets! Quel rêve! Et puis notre marquis coudoie de bons originaux, dignes de cet abbé du XVIIIe siècle qui, interrogé par le pape, répondit avec candeur qu'il avait tout vu à Rome, sauf un conclave qu'il aurait bien voulu voir. Lorsque Coulanges revint à Paris, après deux ans d'absence, Louvois venait de mourir, la marquise, qui n'était plus jeune, commençait même à se convertir, et allait consoler Mme de Louvois, bien qu'elle eût fort peu à se louer du mari. « Il faut pleurer avec les malheureux, écrivait-elle, sans avoir ri avec eux pendant leur bonheur. » Malgré sa légèreté, elle est, elle aussi, l'amie des mauvais jours.

M. et Mme de Coulanges moururent à l'âge de quatre-vingt-cinq ans ; leurs amis ne s'aperçurent point qu'ils eussent vieilli, ou ne s'aperçurent de leur âge qu'aux rides de leurs contemporains : quant à eux, ils s'en doutèrent à peine. Gœthe dit quelque part qu'on ne meurt que par distraction ; de même reste-t-on jeune quand on y prend garde, mais alors il faut avoir l'art de sa volonté, et c'est pour cela que les Parisiennes meurent quelquefois, mais ne vieillissent presque jamais.

HUITIÈME CONFÉRENCE

MODES ET COSTUMES

MESDAMES, MESSIEURS,

Qu'est-ce que la mode? C'est, en certain sens, le sobriquet de la fortune, un sourire du destin, une vérité d'opinion, un charme de la beauté, du costume, de l'esprit, de la puissance [1]. C'est Protée, c'est l'imprévu, c'est

1. J. Quicherat : *Histoire du costume en France, depuis les temps les plus reculés jusqu'à la fin du XVIIIe siècle*, 1 vol., 1875. — Paul Lacroix : *XVIIe siècle; Institutions, usages et costumes*, 1 vol., Firmin-Didot. — Challemel : *Histoire de la mode en France*, 1 vol., Hennuyer. — A. Coffignon : *Les Coulisses de la mode*, 1 vol. — Octave Uzanne : *La Française du siècle, la femme et la mode*, 1 vol., Quantin. — Ary Renan : *Le costume en France*, 1 vol., Quantin. — J.-B. Pujaulx : *Paris à la fin du XVIIIe siècle*, 1 vol., 1801. — *Les lois de la galanterie française*, 1644. — *Tableau général du goût*, an VII. — De Maulde : *Les femmes de la Renaissance*, p. 272, 288, 296, 299, 300, 301, 348, 502, 503, 1 vol., Perrin. — Charles Louandre : *Le costume et le luxe dans l'ancienne France*, dans *Revue des Deux Mondes* du 15 mai 1876. — Louis Bourdeau : *Fards, cosmétiques et teintures*, dans *Revue de Paris*, 15 décembre 1895. — De Lagrèze : *Henri IV*, 1 vol., Firmin-Didot. — *Historiettes* de Tallemant des Réaux. — *Mémoires* de Mme d'Oberkirch, de Mme de Chastenay. — *Caractères* de la Bruyère, chapitre de la *Mode*. — *Lettres du maréchal de Tessé*, publiées par le comte de Rambuteau. — Jusserand : *Les sports dans l'ancienne France*, dans *Revue de Paris*, 1899-1900. —

un phare à feux changeants, ce qui plaît aujourd'hui, ce qui déplaira demain, le caprice magicien qui fait et défait les réputations, sphinx éternel qui sans cesse livre son secret et sans cesse le reprend, un dieu qui ne compte guère d'athées parmi les femmes, fleur de l'imagination,

---

Discours sur la mode, 1613. — Véron : *Mémoires d'un bourgeois de Paris*. — A. Karr : *Les Guêpes*. T. VI, p. 204, 205. — *La mode*, comédie de Mme de Staal-Delaunay. — Journal des Goncourt, t. VI, VII et IX. — Eugène Rimmel : *Le livre des parfums*. — Blondel : *Histoire des éventails*, 1 vol. in-8, Renouard. — Charles Blanc : *L'art dans la parure et dans le vêtement*, 1 vol. in-8, Renouard. — Delaborde : *Le département des Estampes*, Plon, 1874. — Henri Bouchot : *Le luxe français, l'Empire*, in-4. — Mme Carette : *Souvenirs intimes sur la cour des Tuileries*, t. I, p. 166. — La Bédollière : *Histoire de la mode en France*, 1 vol., 1858. — Montaillé : *Le costume féminin depuis l'époque gauloise jusqu'à nos jours*, Paris, 1894. — Emile Lamé : *Le costume au théâtre*, Paris, 1886. — A. Racinet : *Le costume historique*, 1 vol. in-4, Paris. — G. Demay : *Le costume au moyen âge d'après les sceaux*. — Jacob von Falke : *Histoire du costume des peuples civilisés*, Stuttgart, in-4. — J.-H. von Hefner-Alteneck : *Costumes, œuvres d'art et ustensiles du haut moyen âge à la fin du XVIIIe siècle, d'après des documents contemporains*, 2e édition, Francfort-sur-le-Mein. — Frédéric Hottenroth : *Le costume, les armes, ustensiles, outils des peuples anciens et modernes*, Paris, 1885. — Albert Kretschmer, Carl Rohrbach : *Les costumes des peuples depuis les origines de l'histoire jusqu'au XIXe siècle*, 2e édition, Leipzig, 1882. — Hermann Weiss : *Histoire du costume et du mobilier*, Stuttgart. — Hill Georgiana : *A history of english dress, from the saxon period to the present day*, London, 1893, 2 vol. in-8. — Wingfield Lewis : *Notes on civil costume in England*, London, 1884, in-4. — August von Heyden : *Le costume des peuples civilisés depuis l'époque d'Homère jusqu'au commencement du XIXe siècle*, Leipzig, 1889, in-8. — Félix Regnault : *L'évolution du costume*, dans *Revue scientifique*, 26 janvier 1901. — Charles Blanc : Préface aux *Costumes historiques du XIIe au XVIe siècle*, par Mercuri. — Viollet-le-Duc : *Dictionnaire raisonné du mobilier français de l'époque carlovingienne à la Renaissance*. — Albert Gayet : *Le costume en Égypte du IIIe au XIIIe siècle*, Leroux, 1900. — Glasson : *Les origines du costume de la magistrature*, 1884, in-8. — Rapports de M. Auguste Mortier sur la ganterie, la chaussure, la chapellerie et la bonneterie, à l'Exposition universelle de 1900.

enfant du goût et parfois du faux goût. Comme notre âme se pose sur les choses du monde, comme l'hirondelle s'arrête un instant au bord du toit, la mode est toujours prête à s'envoler vers de nouveaux pays. Tourne-t-elle dans un cercle, se développe-t-elle dans une spirale infinie? *Chi lo sa?* Ses filles, les modes, ses fils, les engouements, sont-ils des créations ou des résurrections? Ils sont tantôt les unes et tantôt les autres, tantôt des princes détrônés, tantôt des prétendants heureux. Elle donne la popularité, elle la retire, elle la confirme, elle a ses mystères, sa logique, sa philosophie, ses raisons que la raison ne connaît pas toujours. C'est parfois une foule qui fait la mode, c'est aussi une seule personne, un général, un couturier, une femme du grand monde, une actrice. Mlle de Fontanges, suivant la chasse du roi, et brusquement décoiffée par le vent, s'avise de nouer avec un ruban ses beaux cheveux, et les bouts de ruban lui retombaient sur le front. Louis XIV trouva si jolie cette improvisation, qu'on en fit une coiffure, la coiffure à la Fontanges, qui ne tarda pas à s'agrémenter de beaucoup d'accessoires.

La mode prend l'air du temps, la couleur des époques qu'elle traverse. Que de modes écloses aux jours tragiques de notre histoire, pendant les guerres civiles du XVIe siècle, pendant la Fronde, la Révolution! Et quel éclectisme de la part de la mode! Elle n'a pas plus de sens moral que la Bourse, elle n'a pas moins d'indifférence pour les principes; elle a des passionnettes, des flirts, des caprices, peu d'amours durables; les siens sont en général feux de paille. Du qu'en-dira-t-on des puritains, elle se soucie aussi peu qu'un laboureur se soucie de la stèle du roi Mésa. Certaines modes sont des aveux, des états d'âme, des actes de servilité; d'autres sont des protestations, comme ces *toilettes à la victime* que portaient les muscadins royalistes de 1796.

On raconte qu'un peintre italien, cherchant à représenter chaque nation dans son costume typique, s'avisa de peindre le Français avec une pièce d'étoffes sous le bras et une paire de ciseaux à la main. Quel symbole d'un peuple qui change si souvent de modes, politiques, morales, littéraires et autres! Car tout a été à la mode en France, les croisades, les guerres de religion, le despotisme, la liberté, le régime parlementaire, le socialisme même, les classiques, les romantiques, les jeux, les remèdes, la foi, le scepticisme. Faites-nous du *Saint-Evremond,* disaient les libraires aux auteurs vers 1660. Faites-nous des *Lettres persanes*, leur demandaient-ils vers 1730. Si bien qu'on pourrait presque écrire une histoire universelle en faisant l'histoire de la mode. Dis-moi comment tu t'habilles, comment tu bâtis tes temples et tes habitations, et je te dirai quel peuple tu es, ce que tu crois, ce que tu penses, ce que tu fais, comment tu évolues à travers les siècles.

Poètes et moralistes ont disserté à l'infini sur la mode. Voici quelques définitions, critiques et éloges.

> Les modes sont certains usages
> Suivis des fous et quelquefois des sages,
> Que le caprice invente et qu'approuve l'amour.
>
> Le sage n'est jamais le premier à les suivre
> Ni le dernier à les quitter.

Ou bien encore :

> Il est une déesse inconstante, incommode,
> Bizarre dans ses goûts, folle en ses ornements,
> Qui paraît, fuit, revient, renaît en tous les temps :
> Protée était son père et son nom est la mode.
>
> VOLTAIRE.

« La mode, c'est l'art de faire porter à toutes les autres ce qui sied à quelques-unes.... C'est le refuge de celles qui n'ont pas de goût. » *(Livre d'or de la comtesse Diane.)*

Boruchio. « Ne sais-tu donc pas que la mode est une coquine fieffée ? Elle tourne la tête à tous les hommes depuis l'âge de quatorze ans jusqu'à trente-cinq, les accoutrant parfois comme les soldats de Pharaon dans un tableau enfumé ; parfois comme les prêtres du dieu Baal sur les vitraux d'une antique cathédrale ; parfois comme l'Hercule rasé sur une tapisserie rongée des vers, où l'on a fait la draperie de son vêtement aussi massive que sa massue.

Conrad. « Je sais tout cela, et je sais aussi que la mode use plus de vêtements que l'homme. » (Shakespeare, *Beaucoup de bruit pour rien.*)

« La mode, dit Coffignon, naît d'un double besoin : le désir de se singulariser pour les uns, — et pour les autres tout au contraire, l'instinct d'imiter, la nécessité de faire comme tout le monde. »

« Ce sont les fous qui font la mode et les sages qui la suivent. »

« Il en est des mots comme des modes. Les sages, qui savent qu'il faut parler et s'habiller comme tout le monde, suivent non pas ce que la témérité a inventé, mais ce que l'usage a reçu ; et la bizarrerie est égale de vouloir faire des mots ou des modes, ou de ne les vouloir pas recevoir après l'approbation publique. » (Vaugelas.)

« Tout, dans le genre de vie actuelle, dépend de la mode : le suprême genre a été un moment de demander dans les premiers hôtels de Paris une soupe aux choux et un haricot de mouton. Cela se demandait très haut, avec un regard de côté pour jouir de l'effet qu'on produisait. » (A. Karr.)

« Une femme s'est mis dans la tête qu'elle devait paraître à une assemblée avec une certaine parure; il faut que dès ce moment cinquante artisans ne dorment plus, et n'aient plus le loisir de boire et de manger. Elle commande, et elle est obéie plus promptement que ne le serait le roi de Perse, parce que l'intérêt est le plus grand monarque de la terre. » (Montesquieu, *Lettres persanes.*)

« L'inconstance effrénée de la mode est une preuve évidente du besoin que le goût des masses éprouve de se former et de s'éclairer avant de se fixer. » (G. Sand, *Nouvelles lettres d'un voyageur.*)

« L'habit noir est un symbole terrible. Il a fallu que les armures tombent pièce à pièce, et les broderies fleur à fleur. C'est la raison humaine dépouillée de toutes ses illusions, et qui en porte elle-même le deuil afin qu'on la console. » (Alfred de Musset, *Confession d'un enfant du siècle.*)

« La Mode a ce double et précis caractère, d'être *impérative* et d'être *éphémère*, — de s'imposer à tous, — et de ne s'imposer que pour peu de temps; tandis que le Beau est *facultatif* et *éternel :* il ne s'impose qu'à quelques-uns d'abord, — et continue à s'imposer toujours. » (Robert de la Sizeranne.)

« N'est-ce pas naïveté de s'étonner des révolutions de la mode dans le costume, lorsque la mode change sans cesse, au long des siècles, dans le parler et dans le style, dans le gouvernement et dans la cuisine, dans les parfums et dans les dévotions, dans l'ameublement et dans les idées, dans les divertissements et dans les études, dans les relations des sexes et dans les rapports de famille, dans les arts et dans la façon de vivre, dans la morale même et par exemple dans ce qu'on appelle « l'honneur, » enfin dans tout ce qui nous intéresse, dans tout ou presque tout ce que nous disons, pensons, aimons, louons ou méprisons ? » (Vicomte d'Avenel.)

J.-B. Say affirme que la rapide succession des modes appauvrit un État, parce que la mode a le privilège d'user les choses avant qu'elles aient perdu leur fraîcheur. Henri Fouquier prétend au contraire que les dépenses les plus futiles en apparence sont les plus utiles socialement, car « elles convertissent l'épargne en argent flottant qui passe de mains en mains, » et chacun en garde un peu au bout des doigts.

Doudan, à son tour, a émis quelques fines réflexions sur la mode et l'usage : « ....La mode, dit-il, est un animal étrange, mais on peut discerner dans ses mouvements l'effet de quelques lois providentielles. Si l'instinct d'imitation n'était pas si général parmi les hommes, les liens de la société seraient fort relâchés. Cette contagion, qu'on nomme la mode, l'usage, etc...., tient la foule dans une certaine discipline qui contribue à maintenir le tout en ordre. On se mangerait probablement si on ne s'imitait pas les uns les autres, et la douceur des relations tient sans doute plus qu'on ne croit à ce penchant des gens médiocres à faire comme tout le monde, à penser, à parler, à marcher, à s'habiller comme son voisin et sa voisine ; à aimer, sans savoir pourquoi, la pièce qu'un autre trouve intéressante ; à s'irriter, se scandaliser, s'édifier auprès du prochain. Mais il est bon que quelques personnes d'élite protestent contre la tyrannie de l'usage : elles préparent, par là, d'autres modes et d'autres usages, et c'est ainsi que le monde ne se pétrifie pas trop, et que se modifient les crinolines, les mœurs, les lois et les gouvernements. »

Et que de causes la mode n'a-t-elle pas! Besoin du changement, influence des milieux, intérêt de l'industrie, désir légitime de collaborer avec la nature, de multiplier les moyens de séduction, en créant de la beauté sociale, à côté ou à défaut de la beauté naturelle.

De la beauté sociale, me direz-vous? Qu'est-ce que cela? Mais justement c'est le miracle de la mode, sa fontaine de Jouvence, son élixir merveilleux à 28,000 fr. le flacon. Pour m'expliquer là-dessus, j'emprunte deux observations, l'une à Brantôme, le cynique conteur du XVIe siècle, l'autre à Baudelaire, le poète des *Fleurs du mal*.

Brantôme, pour réaliser son idéal de perfection féminine, demandait aux dames:

Trois choses blanches : la peau, les dents et les mains ;
Trois noires : les yeux, les sourcils et les paupières;
Trois rouges : les lèvres, les joues et les ongles ;
Trois courtes: les dents, les oreilles et les pieds;
Trois larges : la poitrine, le front et l'entre-sourcil ;
Trois étroites : la bouche, la ceinture et l'entrée du pied;
Trois déliées: les doigts, les cheveux et les lèvres ;
Trois petites : les chevilles, le nez et la tête.

Baudelaire, au contraire, arrête un ami pour lui dire : « Je viens de voir une femme adorable : elle a les plus beaux sourcils du monde, — qu'elle dessine à l'allumette ; — les yeux les plus provocants, — dont l'éclat n'existerait pas sans le kohl de la paupière ; — une bouche voluptueuse, — faite de carmin; — et, avec cela, pas un cheveu qui lui appartienne. — Mais c'est un monstre ! — Non, c'est une grande artiste. Brantôme et Baudelaire se placent aux deux pôles de l'esthétique ; mais le dernier, si l'on atténue l'outrance de la proposition, nous révèle quelques secrets de la beauté sociale.

Cette femme aime la mode, le luxe, seulement elle les aimera avec art, leur demandant d'être ses auxiliaires, les recherchant comme serviteurs et non comme tyrans ; si intelligente, qu'elle sera simple avec simplicité, se souvenant des jolis axiomes de Mme de Girardin : « Il n'y a qu'un moyen de porter une belle robe, c'est d'oublier qu'on la porte ; il vaut mieux appartenir à l'école mystérieuse qu'à l'école tapageuse dans l'empire de la mode. » Elle sait aussi que le véritable problème pour elle, c'est de montrer ce qu'elle a de mieux, et de faire bien préjuger du reste, tout en respectant les bienséances, et avec le ragoût piquant de la pudeur. Ajoutez-y de beaux équipages, des diamants, des dentelles, des fêtes originales, de l'esprit ou du frottement d'esprit, un salon élégant adossé à une bonne cuisine : vous aurez la beauté sociale, vous l'aurez même à meilleur marché.

I.

Raconter l'histoire des variations de la mode sous l'ancien régime serait une entreprise de longue haleine; on la trouvera, d'ailleurs, dans les ouvrages cités plus haut, dans les monographies très nombreuses qui ont été composées sur la plupart des objets de la toilette, dans les musées et chez les collectionneurs, car les tableaux, gravures, estampes, statues, sont ici les meilleurs historiens [1]. Mais en dépouillant cette littérature somptuaire, on rencontre force traits curieux qui révèlent ou confirment certains aspects de l'ancienne société française, car le costume, lui aussi, est une résultante et une démonstration de l'état social, comme son architecture, sa littérature, sa croyance.

Une observation qui frappe au début d'une étude de ce genre, c'est l'impuissance des lois religieuses et civiles contre la mode, contre le luxe toujours croissant. De bonne heure les conciles s'évertuent, fulminent des sentences, des papes défendent aux femmes de se décolleter, un concile de Montpellier interdit, sous peine d'excommunication, les robes terminées en queue de serpent, car, dit-on, cette queue donnait aux femmes l'air de serpents. Les rois ne tardent pas à imiter papes et conciles, à édicter une foule de défenses, et même Charlemagne [2] avait donné l'exemple ; on obéit quelques

1. Voir encore : J. Ferrario : *Le costume ancien et moderne.* — Étienne Martin Saint-Léon : *Histoire des corporations de métiers.* — Germain Martin : *Les associations ouvrières au XVIIIe siècle.* — Henri Bouchot : *Inventaire des dessins exécutés pour Roger de Gaignières*, .. vol. in-8. — Abraham Bosse : *Costumes divers.* — Horace de Vielcastel : *Costumes, meubles et armes.* — A. de Marbot : *Costumes militaires de France.* — Vicomte d'Avenel : *Paysans et ouvriers depuis sept cents ans*, Colin, 1899; *La noblesse française sous Richelieu*, p. 204 et s.; *L'habillement*, dans *Revue des Deux Mondes*, 15 août 1899, 1er février, 15 août 1900. — *Cabinet des modes*, 1786-1790. — *Journal des Dames et des Modes*, 1797-1835. — On trouvera une liste détaillée des ouvrages sur les costumes français et étrangers dans l'excellent travail de M. Henri Bouchot : *Le cabinet des estampes de la Bibliothèque nationale.*

2. Charlemagne qui, en général, affichait une grande simplicité dans sa toilette, admoneste sévèrement ses leudes et courtisans qui se paraient d'étoffes somptueuses : « O toi, homme tout d'or ! O toi, homme tout d'argent ! O toi, homme tout d'écarlate ! Pauvre imbécile ! Ne te suffit-il pas de périr seul par le sort des batailles ? Ces

mois, un an, deux ans, puis le torrent de la mode rentre dans ses anciens domaines, en envahit de nouveaux : il en est des édits somptuaires comme des ordonnances sur le duel.

En 1188, Philippe Auguste interdit aux chevaliers de porter des fourrures de vair, de petit-gris, de martre zibeline et des étoffes écarlates. On ne l'écoute guère, le paysan lui-même se couvrit d'écarlate, et, observe un contemporain, « l'habit change tellement son cœur, qu'il pense que l'homme même change avec son costume. »

« Nul bourgeois ni bourgeoise, déclare Philippe le Bel en 1296, ne portera vair, ni gris, ni hermines,.... et ils ne pourront porter or, ni pierres précieuses, ni ceintures, ni perles.... Les ducs, les comtes, les barons de six mille livres de rente, ou de plus, pourront faire quatre paires de robes par an, et non plus, et à leurs femmes autant.... Nulle demoiselle, si elle n'est châtelaine ou dame de deux mille livres de rente au moins, n'aura qu'une paire de robes par an, et si elle l'est, en aura deux paires et non plus.... Défense aux femmes des barons d'avoir des robes de plus de vingt-cinq sous tournois l'aune de Paris, aux bourgeoises d'en avoir de plus de seize sous neuf deniers l'aune au plus. » On dit que Philippe le Bel fut poussé à édicter des lois somptuaires

---

richesses, dont il eût mieux valu racheter ton âme, veux-tu les livrer aux ennemis pour qu'ils en parent leurs idoles ? » Il proscrivit les manteaux courts qui, disait-il, ne garantissent ni du vent ni de la pluie, et ne couvrent pas au lit. — A propos de ceux-ci, mentionnons un usage assez étrange : pour rappeler à l'ordre les perturbateurs des assemblées chez les Gaulois, les huissiers d'alors coupaient un morceau de leur saie (petit manteau bariolé), assez large pour qu'elle fût dorénavant hors d'usage. Aujourd'hui on punit le député tumultueux par l'inscription au procès-verbal et la retenue de traitement pendant quelque temps.

par sa femme qui, faisant son entrée solennelle à Bruges en 1301, avait vu une foule de bourgeoises si richement vêtues qu'elle s'écria avec dépit : « Je croyais être la reine, et j'en vois des centaines ! »

Presque tous nos rois livrent bataille à la mode. En 1563, Charles IX proscrit les vertugadins de plus d'une aune et demie, les chaînes d'or, les pièces d'orfèvrerie avec ou sans émail; en 1567, il règle les habillements de chaque classe, ne permet la soie qu'aux princesses et duchesses, prohibe le velours, n'accorde aux bourgeoises le droit de porter des perles et dorures qu'en patenôtres et en bracelets. Remarquons d'ailleurs que beaucoup de ces lois ont un but pratique : contenir l'importation étrangère qui drainait notre or, encourager l'industrie nationale, retenir l'argent que le luxe faisait passer à l'étranger; il ne s'agit donc pas seulement de distinguer les classes par le costume.

Isabeau de Bavière, femme de Charles VI, ayant trouvé seyant le hennin, sorte de bonnet à deux cornes très élevées, ce fut à qui aurait les bonnets les plus riches, « aigus comme des clochers », avec des pointes si hautes que dames et demoiselles ne pouvaient plus passer par les portes sans se baisser. Et voilà que certains confesseurs traitent ces hennins de diabolique invention : Thomas Connecte, moine breton, prêchant en 1428 dans le nord de la France, fulminait contre les joueurs, appelait les enfants à la rescousse dans sa croisade contre les hennins, si bien que plus d'une dame fut couverte de boue, traînée dans le ruisseau. Mais le repentir ne durait pas plus que le séjour de Connecte. « Les dames faisaient comme les limaçons, dit un vieil historien, lesquels retirent et resserrent leurs cornes mais, le bruit passé, soudain les relèvent plus que devant. » Et le hennin ne disparut que lorsque le dégoût ou l'indifférence eurent succédé à l'engouement.

Il est un endroit où bulles, édits, ordonnances n'ont guère plus de force qu'un chiffon de papier, où la mode trouve un asile inviolable, et c'est justement le lieu où l'on aurait dû les observer : la cour. Sous les yeux du prince, avec sa tolérance, sa complicité même, la mode se joue de la loi, et recommence bientôt à s'étendre de tous les côtés. Les femmes désobéissaient, le sourire aux lèvres, mettaient une révolte dans une larme, une révolution dans une nouvelle parure, et faisaient confirmer le coup d'État par leurs maîtres ravis.

Henri II, Charles IX défendent aux gentilshommes d'habiller leurs domestiques d'étoffes précieuses; Bussy d'Amboise affecte de se présenter au Louvre, escorté de six pages couverts de drap d'or de la tête aux pieds ; et il accompagne cette bravade de mille impertinences.

Ces costumes des XIVe et XVe siècles inspirent à Michelet des pages où l'imagination poétique du voyant se joint au coloris brillant de l'historien :

« D'abord des hommes-femmes, gracieusement attifés, et traînant mollement des robes de douze aunes ; d'autres se dessinant dans leurs jaquettes de Bohême avec des chausses collantes, mais leurs manches flottaient jusqu'à terre. Ici des hommes-bêtes, brodés de toutes sortes d'animaux ; là des hommes-musique, historiés de notes qu'on chantait devant ou derrière, tandis que d'autres s'affichaient d'un grimoire de lettres et de caractères, qui sans doute ne disaient rien de bon. Sur les manches d'une robe de Charles, duc d'Orléans, on a tracé en broderie et en perles la chanson : *Madame, je suis plus joyeulx*.... Cinq cent soixante-huit perles ont servi à former les notes de ladite chanson.... C'est une Babel des costumes, des blasons, des idées....

« Les femmes portaient des cornes à la tête, les hommes aux pieds ; leurs becs de souliers se tordaient en cornes, en griffes, en queues de scorpion. Elles surtout, elles faisaient trembler ; le sein nu, la tête haute, elles promenaient par-dessus la tête des hommes leur gigantesque hennin, échafaudé de cornes ; il leur fallait se tourner et se baisser aux portes. A les voir ainsi belles, souriantes, grasses, dans la sécurité du péché, on doutait si c'étaient des femmes ; on croyait reconnaître dans sa beauté terrible, la Bête décrite et prédite ; on se souvenait que le diable était peint fréquemment comme une belle femme cornue. Costumes échangés entre hommes et femmes, livrée du diable portée par des chrétiens, parements d'autels sur l'épaule des ribauds, tout cela faisait une splendide et royale figure de sabbat.... »

Ainsi, jusqu'à la fin du XVe siècle, il existe peu de différences de costume entre les deux sexes. Et dès le moyen âge, les prix sont très élevés, plus élevés même que ceux des époques postérieures. En 1328, une robe de velours cendré coûte 4,000 francs (en monnaie de nos jours); une robe de velours violet, doublée de menu vair, 9,000 francs. En 1375, la duchesse de Bourgogne paie 12,500 francs une robe de drap d'or de Chypre, semée de paons.

On ne songeait guère à cette parure allégorique et morale que conseille Olivier de la Marche dans son poème intitulé : *Le Triomphe des dames* (1464) :

pantoufles d'humilité,

souliers de bonne diligence,
chaussettes de persévérance,
jarretières de ferme propos,
cotte de chasteté,
demi-ceint de magnanimité,
épinglier de patience,
bourse de libéralité,
couteau de justice,
bague de foi,
peigne de remords de conscience,
chaperon de bonne espérance, etc.

Rabelais décrit avec un soin minutieux les modes de son temps : « Les dames portaient chausses (bas) d'écarlate ou de migraine (vermeil) ; et lesdites chausses montaient au-dessus du genou juste de la hauteur de trois doigts, et la lisière était de quelque belle broderie ou découpure. Les jarretières étaient de la couleur de leurs bracelets, et serraient le genou par-dessus et par-dessous. Les souliers, escarpins ou pantoufles, de velours cramoisi, rouge ou violet, étaient déchiquetés à barbe d'écrevisse. Par-dessus la chemise elles vêtaient la belle vasquine (corset) de quelque beau camelot de soie ; sur la vasquine elles plaçaient la vertugade (vertugadin) de taffetas blanc, rouge, tanné, gris, etc. Au-dessus, la cotte de taffetas d'argent, faite à broderie de fin or entortillé à l'aiguille, produisait un effet délicieux. Ou bien elles avaient, selon que bon leur semblait, et conformément à la disposition de l'air, des cottes de satin, damas, velours orangé, tanné, vert, cendré, bleu, jaune clair, rouge cramoisi, blanc ; de drap d'or, de toile d'argent, de cannetille, de broderie, selon les fêtes. Les robes, selon la saison, étaient de toile d'or à frisure d'argent, de satin rouge couvert de cannetille d'or, de taffetas blanc, bleu, noir, tanné, de serge de soie, camelot de soie, velours, drap d'argent, or tiré, velours ou satin faufilé d'or en diverses portraitures. En été, quelquefois, au lieu de robes, les femmes portaient de gracieuses marlottes (pardessus) des étoffes susdites, ou des bernes (marlottes sans manches) à la mauresque, de velours à frisures d'or, garni aux rencontres de petites perles indiennes. Et toujours elles faisaient flotter le beau panache (bouquet de plumes) selon les couleurs des manchons, bien garni de papillettes (paillettes d'or).... » Rabelais n'oublie pas non plus les toilettes d'hiver : fourrures, chapelets de prières ou pendants de ceintures en orfèvrerie, chaînes d'or ou jaserans, carcans ou colliers de fines pierreries, rubis, diamants, perles, l'éventail (l'éventoir de plumes).

Quant à Henri III, il consacre la mode reine de la Cour. Et quelle mode! Quels costumes étranges, jolis d'ailleurs, que ceux de ses mignons, frisés, parfumés, fardés, avec leurs pourpoints échancrés, leurs fraises d'un demi-pied, de telle sorte qu'à voir leurs têtes émerger par-dessus, « il semblait que ce fût le chef de saint Jean sur un plat ». Ces hardis cavaliers (car Henri III les choisit parmi les plus fines lames du royaume) empruntent aux dames colliers de perles, boucles d'oreilles, bagues, bonnets de velours, éventails; pour avoir la main, le teint plus blancs, ils mettent la nuit des masques, des gants imprégnés de parfums. Aussi un pamphlet de l'époque raconte-t-il que, l'un d'eux venant à l'église avec sa fiancée, le prêtre facétieux demanda : « Quel est l'époux de vous deux ? » Et d'Aubigné, dans ses *Tragi-*

ques, se déchaîne vivement contre les excentricités de toilette de Henri III :

Si bien qu'au jour des Rois, ce doubteux animal,
Sans cervelle en son front, parut tel en son bal ;
De cordons emperlés sa chevelure pleine,
Soubz un bonnet sans bords fait à l'italienne,
Faisait deux arcs voûtés ; son menton pinceté,
Son visage de blanc et de rouge empâté,
Son chef tout empoudré nous firent voir l'idée,
En la place d'un roy, d'une femme fardée...
Pensez quel beau spectacle, et comme il fit bon voir
Ce prince avec un busc, un corps de satin noir
Coupé à l'espagnole, où des déchiquetures
Sortaient des passements et des blanches tirures ;
Et, afin que l'habit s'entresuivist de rang,
Il montrait des manchons gaufrés de satin blanc,
D'autres manches encor qui s'estendaient fendues,
Et puis jusques aux pieds d'autres manches perdues.
Pour nouveau parement, il porta tout le jour
Cet habit monstrueux, pareil à son amour,
Si, qu'au premier abord, chacun estait en peine
S'il voyait un roy femme ou bien un homme reine.

Une satire du temps appelle la cour de Henri III l'*Ile des Hermaphrodites*. Ses propres pages contrefont ses processions monastiques ; des écoliers parcourent la foire Saint-Germain, accoutrés d'énormes fraises de papier, criant, presque aux oreilles du roi : A la fraise on connaît le veau ! « Le dimanche 29 octobre, dit Lestoile, le roi arriva à Olinville en poste, avec la troupe de ses jeunes mignons fraisés et frisés, avecq les crestes levées, les rattepenades en leurs testes, un maintien fardé avecq l'ostentation de même ; pignés, diaprés et pulvérisés de pouldres violettes, de senteurs odoriférantes, qui aromatisaient les rues, places et maisons où ils fréquentaient. » Le pourpoint favori de ce prince est muni sur le devant d'une espèce de bosse allongée et inclinée la pointe en bas, dans le genre de celle de Polichinelle, et qui s'appelle *panse* ou *panseron*.

Malgré tout, Henri III autorisa l'incarcération au Fort-l'Évêque de trente dames, nobles ou bourgeoises, qui avaient contrevenu à l'édit de 1583.

Mode, luxe, triomphent pleinement sous Henri IV, grand ami des bals et des fêtes, bien qu'il s'endorme quelquefois à la comédie : très simple d'ailleurs pour lui-même, et disant aux députés du clergé en 1598 : « Mes prédécesseurs vous ont donné des paroles, mais moi, avec ma jaquette grise, je vous donnerai des effets. Je suis tout gris au dehors, mais je suis tout d'or en dedans. »

Il imposa à sa cour des réformes de costume ; d'après lui, les bijoux ne convenaient qu'aux femmes et aux comédiens. D'ailleurs il ne dédaignait pas l'élégance, la richesse des vêtements, surtout quand il était amoureux, et Dieu sait s'il l'était souvent. Sa première femme, Marguerite de Navarre, fille de Catherine de Médicis, fut longtemps la reine de la mode, et la mode contribuait sans doute à la clarté de cette beauté qui, selon Brantôme, brûlait tellement les ailes de toutes les beautés du monde, « qu'elles n'osent ni ne peuvent voler, ni comparaître à l'entour de la sienne. » Certain jour, coiffée de diamants et de plumes, ses colliers de perles au cou, vêtue d'une robe de drap d'or frisé, cadeau magnifique du Grand Turc, elle semble une déesse sur un nuage. Une autre fois, à Cognac, elle fait son entrée « vêtue fort superbement d'une robe de toile d'argent et colombin à la boulonnaise, manches pendantes, coiffée très richement, et avec un voile blanc ni trop grand ni trop petit ; et accompagnée avec cela d'une majesté si belle et de si bonne grâce qu'on l'eût plutôt dite déesse du ciel que reine de la terre. » Et comme elle répondait modestement aux compliments de sa mère : « Pourquoi dites-vous cela ? ma fille, repartit Catherine de Médicis ; c'est vous qui inventez et produisez les belles façons de s'habiller ; et, en quelque façon que vous alliez, la Cour les prendra de vous, et non vous de la Cour. »

Dans une entrée à Paris, en 1594, Gabrielle d'Estrées porte une « cotte de drap d'or de Turquie figuré à fleurs, incarnat, blanc et vert, et une robe de velours vert découpé en branchages, doublée de toile d'argent, et icelle chamarrée de passements d'or et d'argent, avec des passepoils de satin incarnadin ; elle était chargée de tant de perles et de pierreries si reluisantes, qu'elle offusquait la lueur des flambeaux. » En général, la belle Gabrielle porte la coiffure en cœur avec des cheveux relevés et crêpés. On citait sa robe de satin noir toute houppée de blanc, et les chroniqueurs d'alors affirment qu'elle paya dix-neuf cents écus un mouchoir brodé.

Au baptême des enfants du roi (1606), la robe de la reine est constellée de trente-deux mille perles et de trois mille diamants. Il devenait presque impossible de remuer avec de tels costumes [1]. La cour, à cette occasion, se surpassa en folles dépenses de toilette. « .... Dedans les gardes seules d'une épée que fit monter le duc d'Épernon, entrèrent dix-huit cents diamants, dont le plus riche était de vingt écus et le moindre de quatre

1. La riche vaisselle de table est souvent munie d'un couvercle fermant à clé, que les convives ouvrent en se mettant à table, car les empoisonnements sont fréquents, et chacun craint d'en être victime.

à cinq, et revenaient ces gardes, au dire de l'orfèvre qui les étoffa, à trente mille écus. Jamais ne fut rien de plus admirable à la vue, ni de plus incroyable à l'ouïe, que la beauté, l'ornement et le lustre des princesses et dames de la cour : les yeux humains ne pouvaient soutenir la splendeur de l'or, ni la candeur de l'argent, ni le brillant des perles et des pierreries qui couvraient leurs habillements, — et tout ce qui peut se recouvrer de précieux et de rare en étoffes revêtait les princes et seigneurs. » (Jean de Serres, *Inventaire de l'histoire de France.*)

Fraise très raide montée sur un carton, écharpe blanche en sautoir sur un pourpoint *tailladé*, cape ou manteau court à l'*espagnole*, haut-de-chausses à *crevés*, bas-de-chausses collants en taffetas de Chine rouge et blanc, chapeau de feutre à bords retroussés avec un bouquet de plumes, voilà le costume du *fringant* sous Henri IV. Il doit encore, selon Régnier :

Dire cent et cent fois : « Il en faudrait mourir ! »
Sa barbe pinçoter, cageoler la science,
Relever ses cheveux, et dire : « En conscience ! »
Faire la belle main, mordre au bout de ses gants,
Rire hors de propos, montrer ses belles dents,
Se carrer sur un pied, faire arser son épée,
Et s'adoucir les yeux ainsi qu'une poupée.

Et voici le *merveilleux* et la *merveilleuse* de 1640, tels que les décrit Scarron dans son *Épître burlesque* à Mme de Hautefort :

Parlerai-je des jouvenceaux,
Tous argentés par leurs manteaux,
Tous enrichissant sur la mode,
Commode soit ou non commode ;
Ayant tous canon trop plissé,
Rond de bottes trop compassé,

Souliers trop longs, grègue trop large,
Chapeau à trop petite marge,
Trop de galons dessus les reins,
A la tête de trop longs crins?
Parlerai-je de ces fantasques
Qui portent dentelle à leurs masques,
En chamarrant les trous des yeux,
Croyant que le masque est au mieux?
Dirai-je qu'en la canicule,
Qu'à la cave même l'on brûle,
Elles portent panne et velours?
Mais ce n'est pas de tous les jours;
Qu'au lieu de mouches, les coquettes
Couvrent leur museau de paillettes,
Ont en bouche cannelle et clous,
Afin d'avoir le flaire doux,
Ou du fenouil que je ne mente,
Ou herbe forte comme menthe?

Scarron ne mentionne pas le manchon, que les hommes et les femmes portent au début du règne de Louis XIV. Les élégants le veulent en peluche de couleur feu; le genre suprême consiste à marcher les bras ballants, avec un manchon battant les cuisses comme une caisse de tambour. Mais, tandis que le manchon des hommes devient énorme, celui des femmes se réduit d'année en année, et vers 1680 ce n'est plus qu'un mignon joujou qu'on se passe au bras droit en guise de bracelet; la main, après l'avoir traversé, reste libre. Après 1695, un nœud de rubans à franges d'or orne cet objet de fantaisie. La Révolution fait perdre l'usage du manchon aux hommes, et le laisse aux femmes.

Ces costumes des merveilleux et des merveilleuses d'alors coûtent fort cher : Louis XIII avait beau prêcher d'exemple, et la reine se montrer, elle aussi, peu passionnée pour la toilette; « beaucoup de dames dans Paris font plus de dépense qu'elle. » Vainement le roi édicte, ordonne, défend, se plaint « de la passion effrénée de ses sujets à consommer leurs biens au luxe. » Alors comme au XVIe siècle, les gentilshommes mettent sur leurs épaules leurs champs, bois, prés et moulins. Un costume est une terre. Sans parler des accessoires, dentelles, chapeau, épée, etc., les habillements d'apparat valent trois et quatre mille livres. Changer tous les jours d'habit et de plumes, voilà la suprême élégance. « Il faut que le bourgeois ait des avis et des espions à la cour, qui l'avertissent à tout moment des changements qui s'y font; autrement il est en danger de passer pour provincial. » Les cols en dentelles coûtent jusqu'à deux mille livres et les élégants en changent plusieurs fois par jour. Les gants sont aussi fort luxueux; trois royaumes devaient contribuer à les faire: l'Espagne, pour en préparer la peau; la France, pour les tailler; l'Angleterre, pour les coudre. Tout le reste à l'avenant : jupes de chasse, manteaux de toutes couleurs, costumes de guerre. Cinq-Mars avait trois cents paires de bottes. La mode des bijoux fait fureur : seigneurs et dames de qualité en inondent leurs vêtements. Nos sujets sont *fondus de luxe*, dit le roi.... « Il y a des gens, écrit le lieutenant civil, venus à tel débordement que, *s'irritant contre leurs bourses*, ils appliquent les dentelles à leurs chemises et bas à bottes avec un tel excès, que leurs dépenses surpassent de beaucoup leur revenu. » Les nœuds et rubans emblématiques sont en grande vogue : le *galant*, touffe de soie rose, au-dessus de la tête; l'*apprétador*, chaîne de diamants ou de perles, entrelacé dans les cheveux; sur le cœur, le *mignon;* à la pointe du corset, le *favori*, etc. Au contraire, le costume de l'homme de robe et du bourgeois contraste par sa simplicité avec celui de l'homme d'épée.

II.

Au XVIIe siècle les dames françaises portent volontiers des gants en point d'Angleterre, arrangés en mitaines, et dont la mode vient d'outre-Manche. Qu'il soit tissé ou d'étoffe, de velours broché ou de peau, le gant sous Louis XIV monte déjà à la saignée du bras; les boutons toutefois restent inconnus. Gants d'hiver, mitaines d'été n'ont pas de doigts, se terminent en pointe, sont fendus dans le creux de la main : pour se servir de ses doigts, il faut les faire sortir par la fente du milieu et relever la pointe en arrière sur l'avant-bras. Une gravure de 1690 montre la princesse de Condé ainsi gantée : le pouce de la main reste engagé, mais les doigts gardent leur liberté. Au temps de Laurent le Magnifique, les dames de Florence portaient des gants brodés d'or, où perles et pierres précieuses se relevaient en bosse; sous la Régence, nos grandes dames eurent des gants ornés de peintures à la gouache. — En 1790, un médecin ayant avancé que le gant de soie dessèche la peau, ce gant tombe aussitôt en défaveur. — La femme de l'Empire laisse « aller sa ganterie en plis, » au rebours de sa robe qui plaque et comprime. Le suprême bon ton est d'être assez souple pour mettre ses gants en arrière de soi, en se cambrant. L'impératrice Joséphine prenait par an près de mille paires chez ses fournisseurs : détail piquant, elle avait auprès d'elle un gentilhomme dont l'unique fonction consistait à lui présenter sur un plat d'argent une paire de gants toute fraîche dès qu'elle avait les mains nues, car elle ne remettait jamais des gants dont elle s'était servie. Les femmes de la cour imitaient le plus possible la souveraine : or les gants ordinaires coûtaient trois francs au moins, et les gants brodés se payaient 40, 50 francs, davantage même.

Brantôme parle des mules et patins des dames du XVIe siècle, qui au fond ne s'éloignent guère de ceux des belles Grecques et Romaines. « Elles faisaient sortir le patin, et paroistre à demy du cotillon, et le faisoyent remuer et fretiller par certains petits tours et remuements.... Ou bien encore quelque escarpin pointu — et point quarré — par le devant. » Et le blanc est le plus beau, ajoute le chroniqueur. Ce blanc, on l'enjolive au petit fer, et les doreurs sur cuir exécutent ainsi la même besogne que faisaient, douze, treize siècles auparavant, ceux d'Antinoë. Gaignières nous offre la figure d'un patin vénitien, porté par une de ces danseuses qui montrent leur culotte d'homme en dansant la volte : il est à haute semelle, comme celui d'une mousmé japonaise, et repoussé au fer chaud. Sous Louis XIV, les patins s'agrémentent de rosaces, de rubans, de galons, de broderies, de dentelles, de boucles. La forme des escarpins de dame ne varie guère au XVIIIe siècle; souliers de femmes et souliers d'hommes sont munis de talons de bois, qui sonnent haut sur les dalles d'église. Ceux des hommes, larges de dix centimètres, sont teints de rouge ou garnis de cuir rouge : par morgue, par dédain du paysan au talon plat, le gentilhomme avait exhaussé le sien d'une manière excessive. Pied plat devint synonyme de rustaud ou maroufle. Les ouvriers talonniers exploitaient ces prétentions des gens du bel air.

Les boucles de souliers sont d'ordinaire en cailloux

du Rhin ou en argent ciselé pour les gens moins riches, en diamants pour les très grands seigneurs : l'inventaire de la dauphine Marie-Josèphe, publié par Germain Bapst, mentionne une boucle estimée 20,375 livres : ceci fait mieux comprendre la réflexion gracieuse de Boufflers après la Nuit du 4 août : « Je viens de déposer mes boucles aux pieds de la patrie. » Avec la Révolution, la boucle disparaît à peu près ; le talon, qui rappelait l'ancien régime, s'abaisse de plus en plus, sauf chez les courtisanes, que Chaumette voudrait forcer à porter des sabots, pour faire baisser le prix du cuir et permettre à nos soldats d'avoir des souliers. La défaite du talon achève de s'accomplir sous le Consulat et l'Empire ; le cothurne triomphe, point de souliers à talon rouge dans les cinq cents paires de chaussures que commande chaque année Joséphine ; chaussures infiniment légères, véritables bijoux d'étagère qui expliquent la réflexion de Coppé à une cliente. Celle-ci se plaignait que son soulier eût éclaté dès le premier jour : Coppé examine, réfléchit un moment, puis, avec explosion : « Madame aura marché peut-être ? »

Rappelons encore une étymologie fantaisiste proposée par Garsault au XVIIIe siècle : d'après lui, cordonnier viendrait de cette expression : *donneur de cors au pied.*

Chapel (qu'il ne faut pas confondre avec chaperon) est un des plus vieux mots de notre langue, répété dès le XIe siècle par tous les chroniqueurs, retrouvé dans les plus anciens textes. Il s'applique à tout ce qui enserre la tête pour la protéger; il est le « cuèvrechief, » la couronne de métal ou de fleurs qui maintient les cheveux, le couvre-tête, le capuchon, le bonnet. Aux hommes de guerre le couvre-chef de laine ou de soie est particulièrement indispensable, pour protéger les cheveux et le crâne contre les brutalités du métal, car les casques n'épousent qu'imparfaitement la forme de la tête.

De même, chapel, au XIVe, au XVe siècle, c'est aussi bien l'aumusse du chanoine, le bonnet du chevalier, le large cercle d'or, chargé de perles et diamants, que gentilshommes et dames portaient dans la tenue civile, et qu'on voit au duc de Bourbon, au duc de Berry. Pour les filles des champs, le chapel de fleurs remplace l'or des châtelaines; le chapel de fleurs, symbole de la virginité chez les filles à marier qui, en l'honneur de sainte Agnès, laissaient flotter leurs cheveux sur le dos. D'après quelques coutumes de notre ancien droit, un chapel de fleurs était la seule dot que les parents fussent tenus d'accorder à leur fille lorsqu'elle se mariait; il était souvent aussi apporté au seigneur, à titre de redevance. De ce petit chapel, ou chapelet de fleurs des épousées, viendra la symbolique fleur d'oranger, peut-être même la profession de fleuriste en France. Et quant au chapelet, son nom a aussi une poétique origine; il vient de la ressemblance avec le *chapelet*, petit chapeau de fleurs reliées par une soie ou un fil. A la fleur, à l'églantine de nos jours on a mêlé les fruits, ces fruits oblongs et roses, les premiers grains du chapelet sans doute : on put dire ainsi qu'en les égrenant, on répétait le rosaire.

L'histoire du chapeau se déroule dans l'excellent rapport de M. A. Mortier. En réalité, les différences ne sont pas très grandes entre le chapeau d'autrefois et celui d'aujourd'hui. C'est Philippe le Bon, duc de Bourgogne, qui met le premier chapeau haut de forme, semblable à ceux de l'Exposition Centennale, en tromblon, à longs poils, à bords plats. Charles le Téméraire a déjà, en embryon, le chapeau de Napoléon. Le riche bourgeois, l'*homme à l'œillet* du peintre Van Eyck, porte un chapeau haut de forme.

Avec Henri II, voici la toque des mignons, à fond ballonné, à très petits bords, plissée par un cordonnet. Les femmes ne tardent pas à l'arborer : la jeune reine Catherine l'ayant pris pour monter à cheval, toutes les dames l'adoptèrent. Et puis le chapeau de Henri IV, orné d'un panache blanc, chargé de plumes à partir de 1620, ce chapeau qui sera celui de Condé à Rocroy, à Lens, le couvre-chef de la Fronde. Il se modifie un peu vers 1660; la coiffe est devenue petite, modeste, les bords ont grandi, bordés d'une ganse d'or, couverts d'une petite forêt de plumes de casoar qui frissonnent au moindre mouvement. Un jour d'orage, Louis XIV, très épris de Marie Mancini, mettra ce chapeau sur cette tête aimée, pour la protéger : les femmes, depuis Anne d'Autriche, ne portaient guère que des fichus d'Angleterre. On a d'ailleurs son chapeau de soleil et son chapeau de pluie, ce dernier plus simple, sans or ni plumes, tenant lieu de parapluie avec les bords retroussés en gouttières chargées de renvoyer l'eau à gauche et à droite.

Insensiblement le chapeau d'homme en feutre gris, noir ou bleu, s'oriente vers le tricorne, dont le fond reste plat pour se prêter à l'étiquette qui veut que le chapeau se porte autant sous le bras que sur la tête. Ce tricorne, les femmes l'adoptent pour la chasse, pour le cheval ; il prévaut pendant le XVIIIe siècle, non sans se prêter à un certain nombre d'avatars, surtout sous le règne de Louis XVI, où sévit l'anglomanie, où le grand genre est de ressembler à un jockey.

La Révolution apporte le bonnet phrygien, la cocarde obligatoire, sans doute par imitation des lois somptuaires de l'ancien régime, avec une sanction bien autrement sévère : le coupable traduit séance tenante devant une commission militaire; heureux encore lorsque la populace ne se chargeait pas de juger et de prononcer. La mort pour des rubans ! Un homme d'esprit échappa à la lanterne par son sang-froid; la foule l'entoure, hurlant : « A mort! A mort! il n'a pas de cocarde ! » Il prend son chapeau, feint de le regarder, puis se frappant le front : « Oublieux que je suis ! J'ai enlevé ma cocarde pour l'attacher hier au soir à mon bonnet de nuit, et j'ai négligé de la remettre ce matin. » Dans la collection de M. Dublin, on rémarquait la cocarde caméléon, ainsi appelée parce qu'elle se composait de trois morceaux, bleu, blanc, rouge, et fabriquée hâtivement lors du retour de l'île d'Elbe.

Sous Henri IV, tous les genres de barbe sont admis ; on en voit de rondes, de carrées, de pointues, des barbes à la Ligue, en queue d'hirondelle, en feuilles d'artichaut, en satyre, en éventail. Cette dernière espèce de barbe était consolidée avec un mastic de cire parfumée; on la renfermait chaque soir, pour la nuit, dans une bourse destinée à la maintenir dans sa forme. Henri III n'admet point la barbe, Richelieu n'autorise que les moustaches et la barbiche. Quant à la perruque, elle devient à la mode vers 1620, lorsque le jeune roi Louis XIII fut atteint d'une calvitie précoce; toutefois on avait commencé à fabriquer la *fausse perruque*, la *perruque feinte*, sous Louis XI, et Guillaume Coquillart rimait le *Monologue des perruques* dont il attribue l'invention aux Italiens :

> Les autres, par folz appétitz,
> De la queue d'un cheval paincte,
> Quand leurs cheveux sont trop petitz,
> Ils ont une perruque faincte.
>
> Ainsi que Lombards et Romains,
> Ils portent ungz cheveux de laine,
> Tous propres, peignés et bien paingz
> Pour jouer une Magdelaine.

En 1633, 1634 [1], deux ordonnances somptuaires firent pousser les hauts cris aux dames; mais les faiseurs de caricatures se hâtèrent de les venger. Dans une estampe qui a pour titre : *Pompe funèbre de la Mode, avec les larmes de Démocrite et les ris d'Héraclite*, on vit la Mode promenée par quatre femmes, suivie d'une longue théorie de *faiseuses*, barbiers, brodeurs et tailleurs : ceux-ci lèvent en l'air des bâtons chargés de dentelles et d'ajustements. Au fond de l'estampe, un sarcophage, avec cette épitaphe :

> Ci-gist sous ce tableau, pour l'avoir mérité,
> La Mode, qui causait tant de folie en France :
> La mort a fait mourir la superfluité,
> Et va faire bientôt revivre l'abondance.

Prophéties pour rire! Les dames ne tardèrent pas à se rassurer.

III.

Le vertugadin, l'aïeul du panier, de la crinoline, date de la première moitié du XVIe siècle, et nous vient des

---

1. Quelques jansénistes imaginèrent de priver les femmes de la communion pascale lorsqu'elles mettaient de la dentelle à leurs

Flandres, mais paraît avoir commencé en France : il se compose de cerceaux de fer, de bois ou de baleine, cousus en dedans des jupes, et fait ressembler les femmes à des ballons renversés. On prétend que Louise de Montaynard, femme de François de Tressan, sauva le duc de Montmorency à l'aide de son vertugadin : celui-ci se trouvant bloqué par un ennemi supérieur en nombre dans la ville de Béziers, elle le plaça sous la cloche de son vertugadin, et protégea ainsi son évasion. Car, dit le *Discours sur la mode* paru en 1613,

> Le grand vertugadin est commun aux Françoises,
> Dont usent maintenant librement les bourgeoises,
> Tout de mesme que font les dames, si ce n'est
> Qu'avec un plus petit la bourgeoise paroist ;
> Car les dames ne sont pas bien accommodées
> Si leur vertugadin n'est large dix coudées.

A Paris, les ordonnances royales tombèrent bientôt en désuétude; mais certains parlements de province se montraient plus sévères. A Aix, une demoiselle de Lacépède, veuve du sieur de Lacoste, dénoncée à la cour pour l'ampleur séditieuse de son vertugadin, triompha de la sévérité des juges en leur jurant « que cette exagération de hanches, objet du délit, n'était autre qu'un don de nature. » On la crut sur parole.

Avec les paniers [1], les petites femmes paraissent de

---

mouchoirs : ils ne réussirent pas mieux que les rois avec leurs lois somptuaires. C'est à propos de dentelles qu'une beauté du XVIIIe siècle s'écriait : « Qui donc voudrait se couvrir de ces guenilles si elles ne coûtaient fort cher? »

1. Duguet : *Traité de l'indécence des paniers.* — *Journal de Verdun*, 1724. — *Entretien d'une femme de qualité avec son directeur sur les paniers*, 1734. — *Indignité et extravagance des paniers pour des femmes sensées et chrétiennes*, 1735. — *Journal* de Barbier.

loin comme des boules, et incommodent horriblement leurs voisines quand elles sont assises. Un marin rencontre deux dames dont les paniers tenaient toute la largeur de la rue. Que fait-il? Il saute par-dessus, dans l'espace laissé vide, aux grands applaudissements de la foule. Certain Panier, maître des requêtes, s'étant noyé en mer, son nom, par un caprice de la mode, se popularisa, et les dames s'amusaient, en montrant leurs énormes paniers, à demander : « Comment trouvez-vous mon maître des requêtes? »

Sous le ministère du cardinal de Fleury, les paniers atteignent trois mètres soixante de circonférence, et, un jour que la reine allait au théâtre, les deux princesses assises à sa droite et à sa gauche, firent remonter si bien leurs paniers et leurs robes étalées en éventail, que le public ne voyait plus la souveraine. Après mûre réflexion, Fleury décida que les deux fauteuils de droite et de gauche resteraient vides. Mais alors les princesses, les duchesses réclamèrent le même privilège : les ducs ayant publié un pamphlet anonyme, ce factum, déféré au parlement, fut brûlé, comme plus tard l'*Émile*, de la main du bourreau.

Une femme du XVIIIe siècle dira plaisamment qu'il n'y a plus que trois vertus en France : *Vertubleu, vertuchoux* et *vertugadin*.

Théophile Gautier réhabilite, dans une page charmante, un peu paradoxale, la crinoline. « Mais la crinoline, allez-vous dire : les jupes cerclées, les robes à ressort, qu'on fait raccommoder comme des montres par l'horloger lorsqu'elles se détraquent, n'est-ce pas hideux, sauvage, abominable, contraire à l'art? Les femmes ont raison qui maintiennent la crinoline malgré les plaisanteries, les caricatures, les vaudevilles et les avanies de toute sorte.

« Elles font bien de préférer ces jupes amples, étoffées, puissantes, largement étalées à l'œil, aux étroits fourreaux où s'engaînaient leurs grand'mères et leurs mères. De cette abondance de plis, qui vont s'évasant comme la fustanelle d'un derviche tourneur, la taille sort élégante et mince; le haut du corps se détache avantageusement, toute la personne pyramide d'une manière gracieuse. Cette masse de riches étoffes fait comme un piédestal au buste et à la tête, seules parties importantes, maintenant que la nudité n'est plus admise. Si l'on nous permettait un rapprochement mythologique dans une question si moderne, nous dirions qu'une femme en toilette de bal se conforme à l'ancienne étiquette olympienne. Les dieux supérieurs, en représentation, avaient le torse nu; des draperies à plis nombreux les enveloppaient des hanches aux pieds. »

Le vertugadin a pour complice ou collaborateur le busc, le corps de baleine ou corset, qui serre la taille si étroitement, que Henri Estienne parle de l'*espoitrinement des dames*. « Pour faire un corps bien espagnolé, observe Montaigne, quelle gehenne les femmes ne souffrent-elles pas, guindées et sanglées avec de grosses coches sur les côtes, jusques à la chair vive, oui, quelquefois à en mourir. » D'après une tradition plus ou moins authentique, un boucher du XIIIe siècle aurait imaginé le corset pour arrêter la langue de sa femme, en l'enfermant entre deux étaux qui l'empêchaient de respirer : mais d'un châtiment les femmes tirèrent un objet de toilette qui, depuis plusieurs siècles, résiste à tous les anathèmes médicaux et autres. Voici, sous forme d'apologue, un sermon contre le corset. Cuvier se promenait dans les serres du Jardin des Plantes avec une jeune femme pâle, anémique, qui s'arrêta longuement devant une belle fleur, la contemplant avec admiration : « Cette fleur, Madame, est votre image, dit le savant. Vous lui ressembliez hier, elle vous ressemblera demain. » Le lendemain, il ramena la jeune femme devant la même fleur. Quelle métamorphose! La fleur si fraîche, si vivante la veille, s'inclinait étiolée vers la terre. Une ligature faite au milieu de la tige avait causé ce triste changement.

Apologues de savants, ordonnances de médecins ne prévaudront pas plus contre le corset, que conciles et lois somptuaires ne parvinrent à ramener la simplicité.

Rappelons encore cette définition humoristique : il soutient les faibles, contient les forts et ramène les égarés.

Les femmes elles-mêmes [1] commencent à faire cam-

---

1. Comme bizarreries de toilettes, citons : la mode de porter des boutons d'argent en forme de têtes de mort sous Henri III ; les queues de martre que quelques grandes dames ont à la ceinture, non loin du miroir, dans certains portraits de la Renaissance : c'est l'attrape-puces ; ces bestioles s'y réfugiaient de préférence, et cet objet préservait plus ou moins de leurs morsures le reste du corps ; les coiffures de trois pieds de haut, sous Marie-Antoinette, ressouvenir des hennins du xve siècle ; certains noms d'étoffes, de robes : *couleur cuisse de nymphe émue, plaintes indiscrètes, désirs marqués, robe de soupirs ornés de regrets superflus, manchons d'agitation momentanée.* — Vers 1645, les femmes portent trois jupes l'une sur l'autre ; en langage précieux, la première, celle de dessus, s'appelle : la modeste, la seconde : la friponne, la troisième : la secrète. — Rappelons encore ce prince romain qui faisait attacher à ses pantalons des poches de toile goudronnée remplies d'eau ; aussitôt qu'il avait donné la main, il la plongeait dans une poche pour noyer le microbe que vous pouviez lui avoir apporté ; — ce grand seigneur qui avait vingt-cinq mannequins modelés sur sa personne, afin d'empêcher les vêtements de perdre ses formes et de contracter de mauvais plis.

pagne contre le corset, et peut-être réussiront-elles mieux que les hommes dans cette croisade. Une jeune étudiante, Mlle Tylicka, a consacré sa thèse de doctorat à ce qu'elle appelle un instrument de torture. D'après elle, le corset refoule les dernières côtes, provoque des troubles respiratoires, circulatoires et digestifs, déforme le foie et le rein, développe l'anémie, la chlorose, les dilatations d'estomac. Mais comment le remplacer? Par une brassière en toile forte, ajustée à la taille, descendant seulement jusqu'à la ceinture, boutonnée par devant, et, pour soutenir les seins, munie de deux baleines de chaque côté.

Mazarin ayant renouvelé l'interdiction qui pesait sur les galons, guipures et fines dentelles, on murmura fort, et Molière, dans l'*École des maris*, put égayer le public avec l'édit de 1660 :

Oh ! trois et quatre fois béni soit cet édit,
Par qui des vêtements le luxe est interdit !
Les peines des maris ne seront plus si grandes,
Et les femmes auront un frein à leurs demandes.
Oh ! que je sais au roi bon gré de ces décris,
Et que, pour le repos de ces mêmes maris,
Je voudrais bien qu'on fît de la coquetterie,
Comme de la guipure et de la broderie !
J'ai voulu l'acheter, l'édit, expressément,
Afin que d'Isabelle il soit lu hautement,
Et ce sera tantôt, n'étant plus occupée,
Le divertissement de notre après-soupée.

Le siècle de Louis XIV fut un siècle de magnificence pompeuse et raffinée, où le prince signait, lui aussi, des ordonnances contre le luxe qu'il encourageait par des fêtes ruineuses. Ces vers satiriques diront le cas que l'on fait des édits somptuaires du grand roi, l'impuissance des tout-puissants sur certains points.

On ne distingue plus nos dames
D'avecque le commun des femmes.
Dès qu'une personne d'honneur
Prend quelque jupe de couleur,
Ou bien qu'elle change de mode,
Enfin dès qu'elle s'accommode
Dedans un état éclatant,
Une bourgeoise en fait autant.
Elle s'ornera de panaches,
Et s'appliquera des moustaches,
Des postiches, des faux cheveux,
Des tours, des tresses et des nœuds,
Des coiffes demi-blanche ou jaune.
Où les toiles entrent par aune;
De ces beaux taffetas rayés
Qui parfois ne sont pas payés :
Car souvent tant de braverie
Cache beaucoup de gueuserie.

Dans les résidences royales, les dames invitées trouvaient souvent un habillement complet, présent de Sa Majesté. « A peine une mode avait-elle détruit une autre mode, observe La Bruyère, qu'elle était abolie par une plus nouvelle, qui cédait elle-même à celle qui la suivait, et qui n'était jamais la dernière. » A la fête de Vaux, chez le surintendant Fouquet, Mlle de la Vallière porte une robe blanche « étoilée et feuillée d'or, à point de Perse, arrêtée par une ceinture bleu tendre. » Épars en cascades ondoyantes sur son cou et ses épaules, ses cheveux blonds sont mêlés de fleurs et de perles. Deux grosses émeraudes rayonnent à ses oreilles; les bras découverts, ornés au-dessus du coude d'un cercle d'or ciselé à jour; les gants sont en dentelle de Bruges.

Louis XIV se plaint de ces fontanges qu'il avait aimées, prônées d'abord, mais qui dardaient vers le ciel, tant elles étaient devenues hautes; on ne l'écoute point : il ordonne formellement aux princesses et dames de la Cour d'y renoncer; au bout de quelques mois, la défense est oubliée. Mais voilà qu'une dame anglaise, se présentant à la Cour en 1714 avec une coiffure très basse, ces échafaudages altiers tombent en un clin d'œil, et le roi d'observer : « J'avoue que je suis piqué quand je pense, qu'avec toute mon autorité de oi de ce pays-ci, j'ai eu beau crier contre les coiffures trop hautes, pas une personne n'a eu la complaisance pour moi de les baisser. On voit arriver une inconnue, avec une petite coiffure basse; tout à coup toutes les princesses vont d'une extrémité à l'autre. »

Chaulieu fêta cette résolution soudaine et la mode des hauts talons, par ce madrigal épigrammatique :

Paris cède à la mode, et change ses parures :
Ce peuple imitateur, ce singe de la cour,
A commencé depuis un jour
D'humilier enfin l'orgueil de ses coiffures.

Mainte courte beauté s'en plaint, gémit, tempête,
Et, pour se rallonger, consultant les destins,
Apprend d'eux qu'on retrouve, en haussant ses patins,
La taille que l'on perd en abaissant la tête.

Voilà le changement extrême
Qui met en mouvement nos femmes de Paris :
Pour la coiffure des maris,
Elle reste toujours la même.

A propos de fontanges [1], Tallemant des Réaux va nous apprendre à quel degré d'insolence en venait Champagne, le coiffeur favori des beautés de robe et d'épée, vers 1650. D'ailleurs, on en aurait long à dire,

1. Certains nœuds, étayés des deux côtés du busc, étaient nommés *échelles*. Quelqu'un vantant devant Mme Cornuel les échelles de Mme de la Reynie, femme du célèbre lieutenant de police : « Je m'étonnerais bien, sourit-elle, s'il n'y avait pas quelque potence à côté. »

s'il fallait conter par le menu les impertinences des premiers ministres de la toilette, avant et après 1789.

« Ce faquin, par son adresse à coiffer et à se faire valoir, se faisait rechercher et caresser de toutes les femmes. Leur faiblesse le rendit si insupportable qu'il leur disait tous les jours cent insolences : il en a laissé telles à demi coiffées ; à d'autres, après avoir fait un côté, il disait qu'il n'achèverait pas si elles ne le baisaient ; quelquefois il s'en allait, et disait qu'il ne reviendrait pas si on ne faisait retirer tel qui lui déplaisait, et qu'il ne pouvait rien faire devant ce visage-là. J'ai ouï dire qu'il avait dit à une femme qui avait un gros nez : « Vois-tu, de quelque façon que je te coiffe, tu ne seras jamais bien tant que tu auras ce nez-là. » Avec tout cela, elles le couraient, et il a gagné du bien passablement; car, comme il n'est pas sot, il n'a pas voulu prendre d'argent, de sorte que les présents qu'on lui faisait lui valaient beaucoup. Lorsqu'il coiffait une dame, il disait ce que telle et telle lui avait donné, et quand il n'était pas satisfait, il ajoutait : « Elle a beau m'envoyer querir, elle ne m'y tient plus ; » l'idiote, qui entendait cela, tremblait de peur qu'il ne lui en fît autant, et lui donnait deux fois plus qu'elle n'eût fait. Avec cela, il était médisant comme le diable, et il n'y avait personne à sa fantaisie. » Il accompagna la reine Marie de Gonzague en Pologne et revint en France avec la reine Christine de Suède. C'était une manière de personnage : Loret annonce son retour dans la *Muse historique*

Mme de Sévigné conte une illustre galanterie de Langlée, un homme de rien qui tenait la banque dans les jeux de la cour, et avait su se rendre indispensable au point de diriger les modes, les fêtes et les goûts chez les princesses du sang et les premiers seigneurs. Voici comment il s'y prit pour faire agréer à Mme de Montespan une merveilleuse robe « d'or sur or, rebrodé d'or, rebordé d'or, et par-dessus, un or frisé, rebrochée d'un or mêlé avec un certain or. Ce sont les fées qui ont fait cet ouvrage en secret; âme vivante n'en avait connaissance. On la voulait donner aussi mystérieusement qu'elle avait été fabriquée.... et l'on s'entendit avec son tailleur à qui on savait qu'elle avait commandé une robe. Le tailleur de Mme de Montespan lui apporta l'habit qu'elle lui avait ordonné, il en avait fait le corps sur des mesures ridicules. Voici des cris et des gronderies, comme vous pouvez penser. Le tailleur dit en tremblant : « Madame, comme le temps presse, voyez si cet autre habit que voilà ne pourrait pas vous accommoder faute d'autre. » — On découvre l'habit : « Oh! la belle étoffe! Vient-elle du ciel? Il n'y en a point de pareille sur la terre! » On essaie le corps, il est à peindre. Mais le roi arrive. — Le tailleur dit : « Madame, il est fait pour vous. » — On comprend que c'est une galanterie. Mais qui peut l'avoir faite? « C'est Langlée, dit le roi. — C'est Langlée assurément, dit Mme de Montespan. Personne que lui ne peut avoir imaginé une pareille magnificence. C'est Langlée! C'est Langlée! » Les échos en demeurent d'accord : c'est Langlée! Et moi je dis, pour paraître à la mode : « C'est Langlée [1]! »

---

1. Au XVIIe siècle, on a chemise de nuit et chemise de jour, celle-ci naturellement plus ornée; au moyen âge, elle est moins rare que certains historiens ne l'ont prétendu, car, dans sa *Jeunesse de Bertrand du Guesclin*, Siméon Luce démontre qu'au XIVe siècle les paysans avaient déjà des chemises. Un fabliau du XIIIe siècle parle

Voici encore un costume de Mme de Montespan. Elle est habillée de point de France, coiffée de mille boucles, celles des tempes lui tombant fort bas sur les joues. Des rubans noirs à la tête, des perles de la maréchale de l'Hôpital, accompagnées de boucles et de pendeloques de diamants de la dernière magnificence. Trois ou quatre poinçons, point de coiffe.

A son tour, La Bruyère nous montre la mode en action, la mode et les modes dans leurs relations morales en quelque sorte avec ceux qui les portent, car elles ont leur morale et leur moralité, et aussi leurs ridicules.

« Le courtisan avait ses cheveux, dit La Bruyère en 1688, était en chausses et en pourpoint, et portait de larges canons, et il était libertin. Cela ne sied plus : il porte une perruque, l'habit serré, le bas uni, et il est dévot; tout se règle par la mode. »

Et dans la septième édition des *Caractères*, en 1692 : « Une femme coquette ne se rend point sur la passion de plaire et sur l'opinion qu'elle a de sa beauté : elle regarde le temps et les années comme quelque chose seulement qui ride et enlaidit les autres femmes ; elle oublie, du moins, que l'âge est écrit sur le visage. La même parure, qui a autrefois embelli sa jeunesse, défigure enfin sa personne, éclaire les défauts de sa vieillesse. La mignardise et l'affectation l'accompagnent

---

d'une noble châtelaine qui, recherchée par trois soupirants, leur envoie une de ses chemises en les avertissant qu'elle donnera son cœur à celui qui combattra dans un tournoi, couvert de ce simple vêtement. Deux chevaliers refusent, le troisième accepte, inonde de son sang l'armure de lin, est proclamé vainqueur, et reçu à merci par la châtelaine qui, devant son mari lui-même, a d'abord revêtu la chemise ensanglantée.

dans la douleur et dans la fièvre : elle meurt parée et en rubans de couleur. »

La Bruyère fait aussi le portrait de l'homme à la mode : « .... Iphis voit à l'église un soulier d'une nouvelle forme ; il regrette le sien et en rougit ; il ne se croit plus habillé. Il était venu à la messe pour s'y montrer, et il se cache ; le voilà retenu par le pied dans sa chambre, tout le reste du jour. Il a la main douce et il l'entretient avec une pâte de senteur. Il a soin de rire pour montrer ses dents ; il fait la petite bouche, et il n'y a guère de moment où il ne veuille sourire. Il regarde ses jambes, il se voit au miroir : l'on ne peut être plus content de personne qu'il l'est lui-même. Il s'es acquis une voix claire et délicate, et heureusement il parle gras. Il a un mouvement de la tête et je ne sais quel adoucissement dans les yeux dont il n'oublie pas de s'embellir. Il a une démarche molle et le plus joli maintien qu'il est capable de se procurer. Il met du rouge, mais rare ment, il n'en fait pas habitude : il est vrai aussi qu'il porte des chausses et un chapeau, et il n'a ni boucles d'oreilles, ni collier de perles ; aussi ne l'ai-je pas mis dans le chapitre des Femmes. »

Après les costumes de Mme de Montespan, on comprend mieux cette observation de Michelet, qui tout d'abord semble un paradoxe et une hyperbole : « La plupart des métiers, si longs à pénétrer au fond, sont les branches réelles d'un art. Ceux du bottier, du tailleur, sont bien près de la sculpture. Le dirai-je ? Pour un tailleur qui sent, modèle et rectifie la nature, je donnerais trois sculpteurs classiques. » Voilà des paroles que nos couturiers en renom devraient fairegraver en lettres d'or dans leurs salons d'essayage, comme Harpagon voulait faire graver la sentence de maître Jacques. J'ai dit couturiers : je me rétracte; l'un d'eux protestait en ces termes contre cette appellation : « Nous ne sommes pas plus couturiers que couturières, nous sommes des *tapissiers de femmes.* » Un autre s'intitulait sur ses cartes de visite : novateur dans l'art du vêtement de la femme. On sait comment Mlle Bertin, ministre de la mode sous Louis XVI, fulmine ses décrets somptuaires : « Dans mon dernier travail avec Sa Majesté, nous avons arrêté que les bonnets les plus modernes ne paraîtraient pas avant une semaine. »

Combien simple notre vêtement moderne à côté de tous ces falbalas et costumes d'autrefois ! Il a cependant trouvé son apologiste, un grand écrivain qui eut au plus haut degré le sens de la beauté, l'auteur des *Émaux et Camées*. Voici quelques lignes de cette défense, après laquelle on est tenté de donner raison à Théophile Gautier, sauf pour notre hideux chapeau à haute forme [1], et aussi pour la crinoline du second Empire.

« Le costume moderne, disent statuaires et peintres, les empêche de faire des chefs-d'œuvre; à les entendre, c'est la faute des habits noirs, des paletots et des crinolines, s'ils ne sont pas des Titien, des Van Dyck, des Velasquez. Cependant ces grands hommes ont peint leurs contemporains dans des costumes qui laissaient aussi peu paraître le nu que les nôtres, et qui, parfois élégants, étaient souvent disgracieux ou bizarres. Notre costume est-il d'ailleurs si laid qu'on le prétend ? N'a-

1. Mme de Girardin a une façon originale de défendre ce couvre-chef : « Votre chapeau tuyau de poêle est bien laid, bien incommode; mais gardez-le : il est difficile à bien porter. C'est le dernier détail où puissent se marquer la distinction et le savoir-vivre. »

t-il pas sa signification, peu comprise malheureusement des artistes, tout imbus d'idées antiques? Par sa coupe simple et sa teinte neutre, il donne beaucoup de valeur à la tête, siège de l'intelligence, et aux mains, outils de la pensée ou signe de la race.... Supposez Rembrandt face à face avec un homme de nos jours en habit noir; il concentrera la lumière, prise d'un peu haut sur le front, éclairera une joue, baignera l'autre d'une ombre chaude, fera pétiller quelques poils de la moustache et de la barbe, frottera l'habit d'un noir riche et sourd, plaquera sur le linge une large touche de blanc paillé, piquera deux ou trois points brillants sur la chaîne de montre, enlèvera le tout d'un fond grisâtre, glacé de bitume. Cela fait, vous trouverez le frac du Parisien aussi beau, aussi caractéristique que le justaucorps ou le pourpoint d'un bourgmestre hollandais. Si vous préférez le dessin à la couleur, voyez le portrait de M. Bertin par M. Ingres. Les plis de la redingote et du pantalon ne sont-ils pas fermes, nobles et purs comme les plis d'une chlamyde ou d'une toge ? Le corps ne vit-il pas sous son vêtement prosaïque, comme celui d'une statue sous sa draperie ?

« La beauté et la force ne sont plus les caractères typiques de l'homme de notre époque. Antinoüs serait ridicule aujourd'hui. Le moindre cric fait la besogne musculaire d'Alcide. On ne doit donc pas orner ce qui n'a pas d'importance réelle ; il s'agit seulement d'éviter la lourdeur, la vulgarité, l'inélégance, et de cacher le corps sous une enveloppe ni trop large ni trop juste, n'accusant pas précisément les contours, la même pour tous, à peu de chose près, comme un domino de bal masqué. Point d'or, ni de broderies, ni de tons voyants ; rien de théâtral: il faut qu'on sente qu'un homme est bien mis, sans se rappeler plus tard aucun détail de son vêtement. La finesse du drap, la perfection de la coupe, le fini de la façon, et surtout le bien porté de tout cela, constituent la *distinction*....

« Qu'un grand peintre comme Véronèse peigne l'escalier de l'Opéra ou le vestibule des Italiens, quand les duchesses du monde ou du demi-monde attendent leurs voitures, drapées de burnous blancs, de rubans rayés, de camails d'hermine, de sorties de bal capitonnées et bordées de cygne, d'étoffes merveilleuses de tous les pays; la tête étoilée de fleurs et de diamants, le bout du gant posé sur la manche du cavalier, dans toute l'insolence de leur beauté, de leur jeunesse et de leur luxe, et vous verrez si, devant son tableau, on parlera de la pauvreté du costume. »

Et n'est-il pas vrai que certains portraits, entre autres ceux du poète Stéphen Liégeard, du baron Sipière, par Benjamin Constant, du comte Jean de Sabran-Pontevès, du général des Garets, par le comte Muiszech, démontrent superbement la thèse de Théophile Gautier ?

IV.

Les mouches, le masque, l'éventail, les fards jouent un rôle important dans la toilette féminine sous l'ancien régime.

Le masque *contre le soleil* naît sous François Ier, dure cent cinquante ans et plus. Une petite tige d'argent, munie d'un bouton, entre dans la bouche de la femme, rend la voix méconnaissable. Beaucoup le gardent dans les promenades publiques, en voyage, au bal, même à l'église : il est fort à la mode pendant la Fronde, partout où l'on veut n'être pas vu. Et puis il sert d'ombrelle. Charles II d'Angleterre, la reine et toute la cour, se promènent masqués et pénètrent incognito dans les maisons des particuliers. « A l'égard des dames, dit un *Traité de la civilité* publié au XVIIe siècle, il est bon de savoir qu'outre la révérence qu'elles font pour saluer, il y a le masque, les coiffes et la robe, avec quoi elles peuvent témoigner leur respect; car c'est incivilité aux dames d'entrer dans la chambre d'une personne à qui elles doivent du respect, la robe troussée, le masque au visage, et les coiffes sur la tête, si ce n'est une coiffure claire. C'est incivilité aussi d'avoir son masque sur le visage, en un endroit où se trouve une personne d'éminente qualité, et où on peut en être aperçu, si ce n'est que l'on fût en carrosse avec elle. C'en est une autre d'avoir le masque au visage en saluant quelqu'un, si ce n'était de loin; encore l'ôte-t-on pour les personnes royales. »

Ainsi les dames ont trois visages : leur visage naturel, qu'elles ne montrent guère si l'on en croit les satiristes, deux visages artificiels, l'un de peinture, l'autre de carton ou de velours.

Pierre Clément rapporte que, la femme du procureur général des monnaies étant entrée masquée dans une église, la Reynie proposa de lui infliger une amende, — mais que, le marquis de Seignelay ayant pris les ordres de son père, on décida qu'il n'y avait pas lieu de punir cette irrévérence. Seulement la Reynie fut invité à rendre pour l'avenir une ordonnance prononçant la peine de l'amende; en 1683, aucune ordonnance ne défendait d'aller masqué à l'église.

Les danseurs de l'Opéra perpétuent jusqu'en 1773 l'usage du masque; aux partisans de la réforme, certains dilettanti objectaient que le masque dérobe à la vue la laideur de l'artiste, ou ses tics nerveux. Au contraire, les femmes, qui comprennent mieux les intérêts de leur beauté, dansaient à visage découvert, avec les hommes masqués, ce qui était une autre absurdité. Noverre fit la guerre à cette coutume, et finit par triompher.

Les mouches en taffetas noir sont en vogue depuis la Fronde : pour rien au monde une femme de qualité ne serait sortie sans ses mouches et sans son rouge; elle a sa boîte à mouches dont le couvercle à l'intérieur est garni d'un miroir.

La Fontaine nous explique le pourquoi de cette mode, le secret de sa durée :

> Je rehausse d'un teint la blancheur naturelle,
> Et la dernière main que met à sa beauté
> Une femme allant en conquête,
> C'est un ajustement des mouches emprunté.

On comptait sept principales espèces de mouches :

Au coin de l'œil, la *passionnée;*
Au milieu de la joue, la *galante;*
Au coin de la bouche, la *baiseuse;*
Sur un bouton, la *recéleuse;*
Sur le nez, l'*effrontée;*
Sur les lèvres, la *coquette;*
Une mouche ronde, l'*assassine;*

Viennent ensuite : la *sympathique*, l'*amoureuse*, l'*enchanteresse*, la *majestueuse*, etc.

Massillon, parlant contre les mouches, s'avise de demander ironiquement pourquoi les dames ne s'en mettent point sur les épaules. Ce fut un trait de lumière, et aussitôt les dames d'obéir à ce conseil à rebours, et de les appeler : les *mouches à la Massillon*.

Le maréchal de Tessé décrit, dans une de ses lettres, les mouches qui constellent le visage de la marquise Zenobio. « Elle avait autant de mouches qu'elle avait d'enlevures (petites ampoules sur la peau), et, comme le matin il s'en était trouvé seize sur son grand et long visage, son long et grand visage était porteur de seize mouches, dont celles de dessus le front représentaient des croissants; — celles des environs des yeux, des cœurs; — celles du menton et des environs de la bouche, des fleurs; — et, entre l'oreille gauche et la tempe, se trouvait une grande mouche, sans comparaison plus grande que les autres, qui représentait un arbre sur lequel je remarquai deux petits oiseaux qui se becquetaient.... »

Pendant la campagne de 1757, la marquise de Pompadour envoie au maréchal d'Estrées des plans stratégiques où sont marqués avec des mouches les endroits qu'elle conseille d'attaquer ou de défendre.

Au XVIIIe siècle, les mouches reçoivent le surnom d'amorces de l'amour; elles ont la réputation de rajeunir et d'attirer les admirateurs.

> Tel galant qui vous fait la nique,
> S'il n'est pris aujourd'hui, s'y trouve pris demain;
> Qu'il soit indifférent ou qu'il fasse le vain,
> A la fin la mouche le pique.

V.

L'éventail remonte à la plus haute antiquité. Il arrive d'Orient, nous le trouvons dans l'Inde, la Chine, le Japon, l'Égypte, la Grèce, à Rome, au Mexique ; il a ses poètes, ses historiens, ses collectionneurs comme Mme Duruy, la duchesse de Mouchy, la comtesse de Granville, la comtesse d'Armaillé, la vicomtesse Aguado, Mlle Riant, la baronne Alphonse de Rothschild, Mmes Heine, Cazalis, G. Fouquier, M. Lucien Doucet, la comtesse de Chambrun, etc. Il sert à tout, à punir, à rêver, à faire l'aumône, à correspondre, à saluer, à prendre des notes, pénètre toutes les classes de la société; les soldats chinois le maniaient sous le feu de l'ennemi, et, dans l'Inde, le chasse-mouche est, avec le parasol, un des attributs du commandement; dans la cosmogonie égyptienne, il devient l'emblème du bonheur et du repos célestes. Les païens emploient l'éventail pour activer le feu des sacrifices; l'Église chrétienne des premiers siècles l'adopte dans sa liturgie. Pendant la célébration des saints mystères, deux diacres placés aux deux extrémités de l'autel agitent des éventails en plumes de paon, soit pour tempérer la chaleur, soit pour chasser les mouches et autres insectes qui pourraient se poser sur les pains, ou tomber dans le calice. D'après l'ouvrage de Duranti, saint Hildebert envoie un *flabellum* ou éventail en présent à un de ses amis. Le flabellum figure au nombre des objets précieux qu'on exposait aux jours de fête dans les églises. On l'emploie encore chez les Grecs et les Arméniens, mais il a presque disparu de l'Église romaine dès le XIVe siècle : il ne se porte plus qu'à Rome, dans les cérémonies papales.

Ce *papillon de la femme* est par excellence une arme de coquetterie, le sceptre et le bouclier de la beauté, le confident de toutes les pudeurs et de toutes les malices féminines.

Amadis Jamyn, poète du XVIe siècle, improvise ce quatrain pour une des filles d'honneur de la reine, Mlle de Fontaine, qui agitait nonchalamment son éventail.

> Est-ce pour rafraîchir les charbons de mon âme,
> Que, de votre éventail, vous faites un doux vent ?
> Ou, pour croistre mon feu, allez-vous l'émouvant,
> Afin que je devienne un grand tison de flamme ?

Et l'on sait la réponse peu courtoise de la reine Christine de Suède à des dames françaises, qui lui demandent si elles doivent porter l'éventail hiver comme été : « Je ne crois pas, vous êtes assez éventées comme cela. »

Dans la comédie de Favart, *Ninette à la cour*, Fabrice, qui joue le rôle de l'ami du prince, présente à l'ingénue un éventail. « A quoi cela sert-il ? » demande Ninette, qui accompagne le couplet de minauderies charmantes.

> .... Je vais vous en instruire
> Pour la décence et pour la volupté,
> C'est le meuble le plus utile !
> Sur les yeux ce rempart fragile,
> A la pudeur semble ouvrir un asile,
> Et sert la curiosité.
> En glissant un regard entre ses intervalles,
> D'un coup d'œil juste, on peut, en sûreté,
> Observer un amant, critiquer des rivales ;
> On peut par son secours, en jouant la pudeur,
> Tout examiner, tout entendre,
> Rire de tout sans alarmer l'honneur :
> Son bruit sait exprimer le dépit, la fureur ;
> Son mouvement léger, un sentiment plus tendre.
> L'éventail sert souvent de signal à l'amour,
> Met un beau bras dans tout son jour,
> Donne au maintien que l'on sait prendre
> Des airs aisés et naturels....
> Enfin entre les mains d'une femme jolie,
> C'est le sceptre de la folie
> Qui commande à tous les mortels.

L'éventail moderne, est-il besoin de le dire, réalise la

dernière expression du goût, et les artistes célèbres qui lui apportent le concours de leur talent, en ont fait un bijou du plus grand prix. Rappelons quelques-uns des sujets qu'ils ont traités : *Une danse arabe*, par Horace Vernet; *Diane et Endymion*, par Ingres; *les Arts*, par Robert Fleury; *Un repas de chasse*, par Faustin Besson; *Un repas à la campagne*, par Diaz; *Arlequin et Pierrot*, par Gavarni; *Une scène vénitienne*, par Eugène Lami. Voici un éventail que Marie-Antoinette donna, le 6 octobre 1789, à Mme du Cray, conservatrice des dentelles et guipures de Sa Majesté : il est en ivoire de Ceylan, les brins, au nombre de vingt, séparés, roulant les uns sur les autres au moyen d'un petit ruban bleu qui les traverse par le haut, au milieu de filigranes dorés et incrustés sur le brin lui-même; sur chacun de ces brins on remarque un objet sculpté, fouillé avec un soin infini par Le Flamand, artiste ivoirier; l'ensemble de ces sculptures, dont Vien, premier peintre de Louis XVI, a fourni le dessin, représente l'entrevue d'Alexandre et de Porus. Cet éventail avait été offert à la reine par la ville de Dieppe, en l'honneur de la naissance du Dauphin. « C'est une merveille de délicatesse et de goût, et l'on peut dire, en le voyant, ce que dit Canova en présence du beau crucifix d'ivoire qui est dans la chapelle de la Miséricorde, à Avignon, sculpté par Guilhermin : « Examinez-le avec soin, on ne vous en ferait jamais un pareil. » (Note de M. de Thiac.) Balzac affirme que l'éventail de Marie-Antoinette est le plus beau de tous les éventails connus.

Comme tant d'autres ornements de toilette, l'éventail se fait Protée, se transforme selon les engouements, les passions de l'époque.

Vers la fin du XVIIe siècle, les femmes ont des *éventails à jour* appelés *lorgnettes,* qui permettent de voir ce qu'on n'oserait regarder en face : entre les flèches se trouvent une ou plusieurs petites fenêtres garnies d'un verre :

Pour cacher la pudeur d'usage,
Contre un beau front le papier sert,
Et les brins forment un passage
Par où l'œil voyage à couvert.

Un poète anonyme avait placé deux couplets en regard d'une gravure intitulée : *le Baiser et l'Éventail.* Celui-ci n'est-il pas un des présents offerts par l'amour, conservés par l'amitié, et transmis par le souvenir ?

A la suite de la Beauté,
Soyez certain de voir les Grâces ;
L'Amour lui-même est enchanté
D'aller au-devant de leurs traces ;
Chloé ne peut leur refuser
Cet éventail et ce baiser.

Du baiser qui l'enflammera
L'éventail sera le remède ;
Tant que Zéphyr respirera,
Aux belles il servira d'aide;
Et le cortège des plaisirs
Ne va pas bien sans les zéphyrs.

Au XVIIIe siècle, les éventails deviennent très grands ; d'où sans doute cette épigramme plus ou moins vraie sur un abbé mondain :

Ici gît l'abbé Duportail,
Qui mourut d'un coup d'éventail.

On eut, à la fin du XVIIIe siècle, l'éventail patriotique, l'éventail assignat, l'éventail à la Marat, l'éventail comique, satirique, anagrammatique, musical, royaliste.

Un éventail de 1789 représente Louis XVI assis sur son trône, ayant auprès de lui Necker debout en costume de Minerve; au-dessus, ces deux distiques :

La France, par Brienne au bord de son tombeau
Conduite, par Necker renaîtra de nouveau.

Necker a de Pallas la sagesse et l'égide,
Et le juste Louis a Minerve pour guide.

Le roi tient en main cette devise : *Je veux faire le bien*. A droite, un bourgeois, figurant le tiers état, lui présente une requête avec ces mots : *Réforme des fermes;* à ses côtés, un paysan réclame l'*égalité des impôts*. Sur la gauche, un évêque et un noble répètent ces paroles qui consacrent le souvenir de la Nuit du 4 août : *Nous abdiquons nos privilèges*. Aux deux extrémités de l'éventail, cinq couplets célèbrent la gloire de Necker. Ainsi les éventails célébraient le retour du ministre; et bientôt après ils acclamèrent sa chute, avec la docilité d'une épitaphe ou d'un prospectus.

Charlotte Corday tue Marat sans quitter son éventail ; elle le frappa d'une main et tenait l'éventail de l'autre.

Pendant le Directoire, les mécontents ont leurs éventails symboliques ; éventails de crêpe noir lamé et pailleté d'argent, où, sous une pression des doigts, le bouquet de fleurs blanches se transforme en un beau lis. Il y a encore l'*éventail au saule pleureur*, dont les feuilles, lorsqu'on y regarde de près, figurent le roi, la reine, Madame Royale et Louis XVII; Mme Despeaux, éventailliste en renom, les vendait de 180 à 200 livres.

Un coup d'éventail donné à notre consul par le dey d'Alger, acheva de décider l'expédition de 1830, la ruine de ce prince.

Bien entendu, l'éventail, comme les fleurs, a son langage. Les Espagnols appellent *abanicar* le jeu de l'éventail, et *ojear* le jeu de la prunelle ; les deux font la paire, et il suffit de l'un d'eux pour perdre un homme.

« Une dame espagnole, observe Benjamin Disraëli, ferait honte, avec son éventail, à la tactique d'une troupe de cavaliers. Tantôt elle le déploie avec la lenteur pompeuse et la consciencieuse élégance de l'oiseau de Junon ; tantôt elle l'agite, ou avec une morbidezza nonchalante, ou avec une attrayante vivacité ; tantôt l'éventail se referme avec un frémissement qui ressemble au battement d'ailes d'un oiseau, et vous fait tressaillir. Pstt ! au milieu de votre confusion, l'éventail de Dolorès vous touche le coude ; vous vous retournez pour écouter, et celui de Catalina vient vous piquer au flanc. Instrument magique ! Dans ce pays il parle une langue particulière ; la galanterie n'a besoin que de ce délicat bijou pour exprimer ses plus subtiles conceptions, ou ses plus raisonnables exigences. »

Par exemple, si j'en crois de grands docteurs dans l'art de plaire, l'éventail ouvert, couvrant la poitrine, signifie : « Soyez discret. »

Ferme et tenu droit, il dit : « Vous pouvez parler en toute sécurité, rien ne nous dérange. »

Présenté à l'interlocuteur par le petit bout, il témoigne indifférence ou antipathie.

Présenté horizontalement par le bout large, il autorise le flirt.

Trois compartiments ouverts veulent dire : « Je vous aime. »

Deux compartiments indiquent une amitié amoureuse. Un seul, la chaste amitié.

Même dans les pays tropicaux, on n'ouvre jamais plus

de trois compartiments pour cette télégraphie sentimentale; si le fait se produisait, ce serait inadvertance ou indice d'une passion dévorante.

L'éventail fermé joue aussi un grand rôle. Posé sur le front, il signifie : mon mari va venir; sur le bras gauche : mon frère ; sur la ceinture : ma mère ou tout autre parent.

Un mouvement circulaire, fait en se jouant avec l'éventail, est un avertissement : « Prenez garde, on nous voit, on nous épie. »

On ne peut choisir un meilleur moyen de donner un rendez-vous. Trois petits coups frappés discrètement avec l'ongle sur la quatrième feuille, diront clairement: « Jeudi, à trois heures ! »

En ouvrant l'éventail aussitôt après, la télégraphiste ajoutera : *chez vous.*

En le fermant : *chez moi.*

Et ainsi de suite.

Ce qu'on a dit de plus joli peut-être sur l'éventail, c'est le quatrain de Lemierre, dont le comte de Provence (le futur Louis XVIII) se laissa fort bien attribuer la paternité. Ce quatrain aura servi davantage à la réputation du poète, que ses tragédies au style rocailleux, où éclatent cependant, de loin en loin, quelques beaux vers. C'est proprement la devise de l'éventail manié par une jolie femme :

Dans le temps des chaleurs extrêmes,
Heureux d'amuser vos loisirs,
Je saurai près de vous amener les zéphyrs :
Les amours y viendront d'eux-mêmes.

« Il y a tant de façons, dit Mme de Staël, de se servir de ce précieux colifichet, qu'on distingue par un coup d'éventail la princesse de la comtesse, la marquise de la roturière. Et puis quelle grâce ne donne pas l'éventail à une dame qui sait s'en servir à propos! Il serpente, il voltige, il se resserre, il se déploie, il se lève, il s'abaisse selon les circonstances.... »

« L'éventail, observe à son tour Édouard Pailleron, cela dit tout, cela répond à tout, cela se ploie dans le calme, se déploie dans le trouble, ondule dans le bonheur, s'agite dans le dépit, se brise dans la colère. C'est le plus secourable des voiles, et le plus indiscret aussi.... »

Un des plus riches éventails du monde est celui qu'a offert un Américain, M. Howard Gould, à sa fiancée, miss Catherine Clemmons : il a coûté cent mille dollars. C'est un éventail Empire, avec monture d'ivoire ornée de diamants, sur lequel sont peintes huit miniatures, copies de maîtres célèbres.

Parfois, à ces éventails artistiques, je suis tenté de préférer d'autres éventails très simples de forme, et qui ont bien peu coûté chez le marchand, mais qui valent par la volonté du possesseur, la grâce et l'esprit de ses amis [1]. Ils ont une âme en quelque sorte, une âme multiple, harmonieuse, l'âme des penseurs, des poètes qui mirent sur leurs feuilles quelques parcelles d'eux-mêmes. Tel l'éventail de Mme Beulé, ce fameux éventail académique, sur lequel les seuls membres de l'Institut avaient le privilège d'inscrire une pensée. Anatole

---

1. Une femme du monde, à laquelle Goncourt avait offert un éventail, lui adressa ce joli remerciement : « Pour moi, les choses qu'on me donne, et que je pose sur une commode, ou que j'accroche au mur, ne me sont de rien; je n'aime que les choses qui me suivent, que je porte avec moi, que mes doigts peuvent toucher, comme cet éventail. »

France, qui n'était encore immortel que par ses livres, crut faire plaisir en proposant de signer à son tour. Quel ne fut pas son étonnement lorsqu'on lui répondit : « Oh ! non, monsieur France, je préfère attendre que vous soyez de l'Académie française, ce qui, d'ailleurs, ne saurait tarder. » On glosa sur le refus dans les salons littéraires; on en reparla lorsque, après l'élection de l'auteur du *Crime de Sylvestre Bonnard*, Mme Beulé le sollicita vainement d'inscrire une pensée sur le précieux éventail. Mais celui-ci est très riche d'idées, de noms célèbres, et j'ai pris plaisir à les noter. A vrai dire, les auteurs qu'on met ainsi à contribution, font plus souvent appel à leur mémoire qu'à leur imagination; d'aucuns même ont, une fois pour toutes, choisi une maxime, bonne ou mauvaise, au moyen de laquelle ils s'acquittent de la corvée de l'éventail : tel Renan, qui faisait de grandes révérences aux belles indiscrètes, avait l'air de réfléchir un instant, et écrivait invariablement ces mots : « L'amour est un ruisseau qui reflète le ciel. »

Voici quelques pensées et vers tirés de l'éventail de Mme Beulé.

« L'homme vit par l'esprit, les femmes par le cœur. »
(Édouard Hervé.)

« Sans la femme, il n'y aurait pas d'art. »
(Ernest Hébert.)

« Tout se commence en vers, et tout s'achève en prose. »
Camille Doucet.

« L'homme n'est ni aussi bon qu'il le dit, ni aussi méchant qu'on le croit. » (Alexandre Dumas.)

« Dumas a raison de dire que l'homme n'est pas aussi

méchant qu'on le croit, mais il a tort de ne pas ajouter qu'il est cent fois plus bête. » (Victorien Sardou.)

Veux-tu savoir vieillir ? Compte dans ta vieillesse,
Non ce qu'elle te prend, mais ce qu'elle te laisse
E. Legouvé.

Le poète aimera toujours ton charme frêle,
Éventail, car son sort ressemble tant au tien !
Une femme te prend : elle est jeune, elle est belle,
Et sa main fait de toi cet être aérien,
Vivant, et qui frémit avec des frissons d'aile.
Cette main te referme et te pare, et loin d'elle,
O fragile éventail, quitté, tu n'es plus rien.
Paul Bourget.

Les dames qui réclament des autographes, des vers, savent-elles qu'elles marchent sur les traces des Chinois, que les albums-éventails de ceux-ci se conservent précieusement dans les familles? En 1868, un diplomate chinois offrit au négociateur français ses poésies autographes sur des éventails. Un éventail chinois, célèbre par sa beauté et son caractère historique, fut donné en 1804, lors du couronnement de Napoléon, à la comtesse de Clauzel, passa dans la collection de sa petite-fille, Mme Ville de Sardelys.

Mlle Marie Abbatucci possède deux précieux éventails couverts de pensées, de strophes musicales, de dessins et figures, par les lettrés et artistes qui fréquentaient le salon de la princesse Mathilde, auprès de laquelle cette femme de cœur et d'esprit a passé dix-neuf ans. Un journaliste, après les avoir examinés, s'avisa de raconter que l'un d'eux valait au moins vingt-cinq mille francs. Et aussitôt la tourbe des faux pauvres de s'abattre sur Mlle Abbatucci, et les lettres de pleuvoir. Un solliciteur qui demandait une aumône ou un prêt de deux mille francs, poussa le cynisme jusqu'à ajouter ce post-scriptum : « Comme je n'aime pas monter les escaliers, je vous prie de déposer ces deux mille francs, sous enveloppe cachetée, chez votre concierge : je viendrai les chercher demain. »

C'est aussi pour un éventail que M. Jules Lemaître a composé ces vers si gracieux :

DIALOGUE GALANT

L'ÉVENTAIL

Ainsi qu'une mouette, à l'heure
Où le ciel empourpre la mer,
D'un vol silencieux effleure
La surface du flot amer,
Captif aux blanches mains de celle
Dont tu maudis les chers yeux bleus,
Je frôlerai du bout de l'aile
Son sein charmant, parfois houleux.

L'AMOUREUX

Plus heureux que moi, frôle, frôle
Son beau corsage, et frôle aussi
Ses frisons d'or et son épaule....
Mais au moins promets-moi ceci :
S'il faut qu'enfin je m'enhardisse
A dire plus que je ne dois,
Ne me donne, éventail propice,
Que des coups légers sur les doigts.
Et si quelque méchante envie
Lui vient alors de me railler,
Dérobe-moi son ironie
Derrière ton aile en papier !

L'éventail reste éternel, comme la beauté, comme la grâce, comme la coquetterie, comme l'amour : utile, nécessaire, agréable, il est un instrument de conquête, et, comme on sait, la dictature de l'éventail se montre parfois aussi absolue que les autres tyrannies.

VI.

Quant aux fards, cosmétiques et teintures, leur origine se perd dans la nuit des temps. L'homme est un animal qui se bat et se querelle, a écrit un disciple de Hobbes; il est aussi un animal qui se peint : tout d'abord il devine qu'il y a dans la couleur un principe de beauté, de force, d'attirance et de gaieté. Peaux-Rouges, Éthiopiens, Australiens, Bretons, Pictes, se teignent le corps. Récemment encore, les Japonais de la basse classe se couvraient d'un tatouage ornemental et pittoresque appelé : chemise de chair. L'homme le plus brut sait que l'ornement trace une ligne de démarcation infranchissable entre lui et la bête; et quand il ne peut broder ses vêtements, il brode sa peau, tantôt au moyen de stigmates coloriés (le tatouage), tantôt avec des enluminures plus ou moins habiles.

D'après l'étude de M. Louis Bourdeau, la mode des fards est aussi ancienne que le désir des femmes de paraître belles. L'auteur du livre d'Enoch assure que, même avant le déluge, l'ange Azaël avait enseigné l'art de se farder aux filles des hommes. Dans des tombes chaldéennes on a trouvé des pains de couleur noire qui servaient à peindre les sourcils. Job donne à une de ses filles le surnom de « Vase d'antimoine » ou de « Pot à mettre les fleurs. » Isaïe, énumérant les artifices de toilette féminine, cite les aiguilles qu'on emploie pour les sourcils. Prophètes hébreux, Pères et docteurs de l'Église prêchent contre ces diaboliques engins. — « Oignez vos yeux, s'écrie saint Cyprien, non avec ce fard du démon, mais avec le collyre du Christ! » — Et il menace

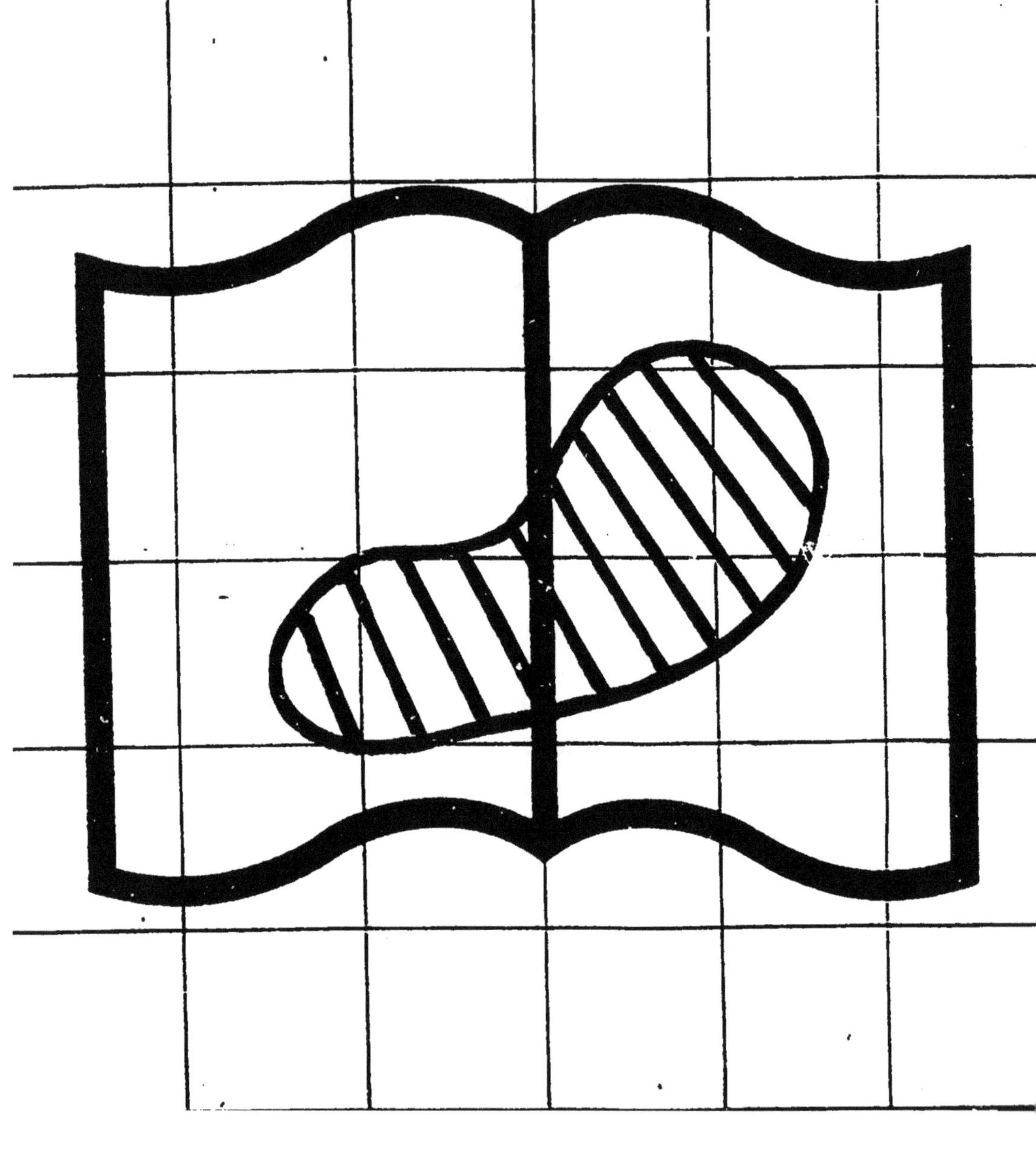

de l'enfer les femmes fardées, car Dieu ne pourra les reconnaître sous leur masque de peinture. — « Puisque, fulmine Berthold, puisque les femmes veulent cacher le visage que Dieu leur a donné, le bon Dieu, lui, se souviendra qu'on a eu honte de son œuvre ! » — Au contraire, Mahomet ordonne le sulfure d'antimoine et le henné, sans doute parce que les médecins prônaient le premier comme préservatif contre les ophtalmies ; aussi les poètes orientaux le célèbrent-ils pompeusement ; il donne, disent-ils, aux femmes des yeux de gazelle. Faire de la coquetterie un exercice de dévotion, c'était se ménager de précieuses recrues.

Les satiriques latins et français font chorus avec les docteurs et moralistes.

« Pendant que tu es chez toi, raille Martial, on frise tes cheveux chez un coiffeur de la rue Suburrane qui, chaque matin, t'apporte tes sourcils. Chaque soir, tu ôtes tes dents comme ta robe ; tes attraits sont enfermés dans cent pots divers et ne dorment pas avec toi. » Le rouge, dans le principe, était réservé aux dieux, et l'art d'enluminer les saints a conservé des adeptes parmi les peuples du Midi.

« Les deux tiers de Messaline se trouvent enfermés dans des boîtes. Sa table de toilette est composée d'une centaine de mensonges, et lorsqu'elle vit à Rome, ses cheveux rougissent sur les bords du Rhin. Un homme n'est pas en état de lui dire qu'il l'aime, car ce qu'il aime en elle, ce n'est pas elle, et, ce qu'elle est, on ne peut l'aimer. » Les apprêts d'une toilette, remarque Ovide, renferment plus de mystères que les cérémonies de la bonne déesse.

Criton, médecin de l'impératrice Plotine, dans son

livre sur *le Cosmétique*, énumère vingt-cinq sortes de pommades et d'essences.

L'Estoile parle de religieuses qui, en 1593, se promènent dans les rues de Paris fardées, masquées et poudrées.

« Ma tante l'abbesse de Maubuisson, écrit la Palatine, seconde femme du frère de Louis XIV, m'a raconté que la reine Marie de Médicis avait auprès d'elle un homme que l'on appelait *le raccommodeur du visage de la reine.* »

Vous savez les plaintes du bonhomme Gorgibus dans les *Précieuses ridicules*, comme il reproche à Cathos et Madelon d'avoir usé à « se graisser le museau » le lard d'une douzaine de cochons pour le moins, et ne voit plus dans sa maison que « blancs d'œufs, lait virginal et mille autres brimborions inconnus. »

Mme Cornuel interpellait ainsi une jeune dame : « Quel joli masque vous avez là, ma mignonne, on voit votre visage à travers. »

« Le rouge, confesse Mme de Sévigné, peut être regardé comme la loi et les prophètes; c'est tout le christianisme. »

« Les femmes de ce pays (Versailles), dit la Bruyère, précipitent le déclin de leur beauté par des artifices qu'elles croient servir à les rendre belles : leur coutume est de peindre leurs lèvres, leurs joues, leurs sourcils et leurs épaules, qu'elles étalent avec leur gorge, leurs bras et leurs oreilles.... Si les femmes étaient telles naturellement qu'elles le deviennent par leurs artifices, c'est-à-dire qu'elles perdissent tout à coup la fraîcheur de leur teint, qu'elles eussent le visage aussi allumé et aussi plombé qu'elles se le rendent par le rouge et les peintures dont elles se fardent, elles seraient inconsolables.... Si c'est aux hommes qu'elles désirent de plaire, j'ai recueilli les voix, et je leur prononce de la part des hommes, ou de la plus grande partie, que le bleu et le rouge les rendent affreuses et dégoûtantes, que le rouge seul les vieillit et les déguise.... »

Je citerai encore ce quatrain du XVIIe siècle :

Au dedans ce n'est que malice,
Et ce n'est que fard au dehors.
Otez-leur le fard et le vice,
Vous leur ôtez l'âme et le corps.

La mode du rouge en vint à tel point qu'on mit du rouge aux princesses mortes pour leur conserver un fantôme de vie pendant qu'on les exposait. Cet usage n'a pas entièrement disparu : en Allemagne, en Suisse, on peint très souvent le visage des morts pour les exposer; et j'ai vu, dans une salle annexe de la principale église de Lucerne, un jeune homme ainsi fardé qui semblait dormir; il avait aussi, à chaque doigt de la main, des petites sonnettes qui auraient donné l'alarme s'il eût fait un mouvement.

Le rouge, le blanc, l'art de s'émailler, de se procurer un teint de lis et de roses, ont continué de faire leur chemin dans le monde, en dépit des sarcasmes et des imprécations des gens dont c'est le métier d'invectiver ou de se moquer, mais qui ne savent guère ce que c'est que la beauté. Les femmes le savent, elles, et elles la créent, cette beauté, et les hommes les approuvent, puisqu'ils les aiment ainsi. Là comme ailleurs, c'est, bien entendu, une question de mesure, de tact, de juste milieu, et le mieux est l'ennemi du bien. Se peindre, ce n'est donc point se salir avec art, c'est ajouter de la beauté à la beauté, et réparer les défaillances de la beauté naturelle. Aussi j'imagine que nos mondaines souriront avec dédain en apprenant ce trait de Philippe de Macédoine qui, au dire de Suidas, destitua de ses fonctions Antipater parce qu'il avait changé la nuance de ses cheveux; cette réponse de l'empereur Adrien à un solliciteur qui, repoussé une première fois, revenait le trouver avec des cheveux teints : « J'ai déjà éconduit votre père. » Il y a tant de questions qui se résolvent par un sourire! Au contraire, le librettiste Saint-Georges s'excusa fort joliment d'avoir fait repasser ses cheveux du blanc au noir : « Je n'étais pas digne des autres. » Les beaux esprits se rencontrent! Longtemps auparavant, le poète persan Visaï avait invoqué une excuse du même genre : « Cela te fâche que je me farde et que je me teigne les cheveux? Je ne cherche point à me rajeunir : j'ai peur seulement qu'on ne cherche en moi la sagesse, et qu'on ne la trouve pas. »

Et pourquoi le rouge, le blanc, la poudre de riz [1], les mouches, seraient-ils à l'index, lorsque l'on accepte sans mot dire tant d'autres ornements de la toilette? Qui, mieux qu'une femme intelligente, saura comprendre les harmonies nécessaires entre le costume et le visage? Tel auxiliaire de la beauté, qu'une jeune fille, une jeune femme doivent éviter soigneusement, convient à mer-

---

1. « Maman, disait ingénument un enfant à sa mère, tu as oublié ta *poudre de rides.* » — Cette mode de se poudrer la tête avec de l'amidon ne domine tout à fait que vers la fin du règne de Louis XIV. On cite quelques princes qui saupoudrèrent leurs cheveux et leur barbe de limaille d'or. Des économistes prétendirent que, sous Louis XVI, vingt millions de francs en farine étaient ainsi gaspillés à poudrer leurs perruques ; aujourd'hui les gens du bel air ne se poudrent plus, mais ils font poudrer leurs cochers.

veille lorsqu'au printemps de la vie ont succédé l'été, l'automne peut-être.

Et nous allons retrouver ici encore le charmant théoricien de la beauté, Théophile Gautier.

« De même que les peintres habiles établissent l'accord des chairs et des draperies par des glacis légers, les femmes blanchissent leur peau, qui paraîtrait bise à côté des moires, des dentelles, des satins, et lui donnent une unité de ton préférable à ces martelages de blanc, de jaune et de rose qu'offrent les teints les plus purs. Au moyen de la poudre de riz, elles font prendre à leur épiderme un mica de marbre, et ôtent à leur teint cette santé rougeaude qui est une grossièreté dans notre civilisation, car elle suppose la prédominance des appétits physiques sur les instincts intellectuels.... Peut-être même un vague frisson de pudeur engage-t-il les femmes à poser sur leur col, leurs épaules, leurs seins et leurs bras, ce léger voile de poussière blanche qui atténue la nudité, en lui retirant les chaudes et provocantes couleurs de la vie. La forme se rapproche ainsi de la statuaire, elle se spiritualise et se purifie. Parlerons-nous du noir des yeux, tant blâmé aussi ? Ces traits marqués allongent les paupières, dessinent l'arc des sourcils, augmentent l'éclat des yeux, et sont comme les coups de force que les maîtres donnent aux chefs-d'œuvre qu'ils finissent.... »

Parmi les partisans du fard, je nommerai un personnage qu'on ne s'attendait pas sans doute à rencontrer en cette affaire : Napoléon Ier. Joséphine, qui se fardait énormément, et dépensait plus de trois mille francs de rouge par an, l'avait habitué à cette mode, et il lui arriva plus d'une fois de rudoyer des dames de la cour, parce qu'elles ne s'arrangeaient pas assez le visage : « Allez vous mettre du rouge, grondait-il, vous avez l'air d'une morte ! » Ou bien encore : « Qu'est-ce que vous avez à être si pâle? Relevez-vous de couches? »

Un dernier argument. Les gens de théâtre ne peuvent se passer de fards, et la vie mondaine n'est-elle pas, sous certains rapports, une comédie? Ce n'est pas toujours sur les planches qu'on trouve les meilleures actrices.

VII.

En résumé, point de victoire, d'événement politique, littéraire, artistique qui, depuis deux siècles surtout, n'ait suggéré quelque singularité somptuaire. La plupart de nos vrais ou faux grands hommes ont été consacrés par une mode nouvelle, vêtement, bibelot, mets, phrase proverbiale. N'a-t-on pas vu sous Louis XVI les modes *à l'insurgente*, *à la Boston*, *au glorieux d'Estaing*, *à la Belle-Poule* (la frégate de ce nom, célèbre par le combat naval de 1778, parut sur la tête des dames avec ses mâts et ses batteries), bonnets *à l'électricité*, chemises *à la Mesmer*, perruques *à la Sartine*, coiffures *au compte rendu*, *à l'Iphigénie en Tauride* (hommage rendu au musicien Glück), bonnets *à la Voltaire*, modes *à la Jeannot*, *à la Montgolfier*, couleurs *feu et fumée d'Opéra*, bonnets *au parc anglais* (les cheveux formaient des collines où l'on voyait des moulins à vent tourner, des chasseurs battre la forêt, des plaines avec des moutons et des bergères) ? En 1784, la harpie éclipse les autres modes ; on parlait d'un monstre trouvé au Chili, ayant deux cornes, des ailes de chauve-souris, des cheveux et une figure humaine, mangeant par jour un bœuf ou quatre cochons. Et les élégantes de s'habiller *à la harpie*, ce qui inspira des vers peu galants à Hoffmann :

A la harpie on va tout faire :
Rubans, lévites et bonnets ;
Mesdames, votre goût s'éclaire :
Vous quittez les colifichets
Pour des habits de caractère.

Et de même, sous chacun des gouvernements qui se succédèrent depuis 1789, les modes, par centaines, par milliers, ont reflété l'histoire de nos admirations et de nos engouements, notre génie et nos génies, nos vertus et nos sottises. J'en dirai quelques-unes lorsque j'étudierai plus spécialement l'histoire de la société française de 1789 jusqu'à nos jours.

Comme l'observe Charles Louandre, « chaque changement, dans l'architecture civile, l'ameublement et le costume, correspond à un changement dans les idées, les mœurs et les institutions. Le type gallo-romain atteste, en se perpétuant jusqu'à la chute de la dynastie carlovingienne, la persistance de la civilisation antique. Une ère nouvelle commence avec la féodalité et l'épanouissement du mysticisme ; la société civile s'inspire de la société ecclésiastique. Nobles et bourgeois sont vêtus à l'instar des moines. A dater de Charles VI, le type monacal fait place aux excentricités les plus désordonnées, aux hennins, aux robes à queue, aux vêtements mi-partis : on dirait que la folie du roi est contagieuse. La Renaissance s'inspire de l'Italie des Médicis, de l'Espagne de Charles-Quint ; on sent que les peuples se sont rapprochés tout en se combattant, et que les lettres, les arts et l'industrie ont abaissé les barrières qui les enfermaient chacun dans leur isolement. Sous Richelieu et Louis XIV, le pouvoir absolu imprime à toute chose une régularité somptueuse. La nation, prosternée devant son maître, met son honneur à l'imiter, à donner aux diverses pièces du costume le nom de ses victoires et de ses maîtresses : Steinkerque ou Fontanges. Une double influence agit sur le XVIIIe siècle. Il est poussé par le désordre des mœurs à épuiser tous les raffinements d'une coquetterie éhontée. Les mêmes ornements, les mêmes étoffes servent à parer les deux sexes : les hommes portent des dentelles, les mignons revivent dans les roués. D'autre part, les idées de liberté, d'égalité, fermentent dans les esprits. Le frac anglais, les cheveux courts des puritains sont adoptés par ceux qui rêvent pour leur patrie d'autres lois que les caprices du pouvoir absolu.... »

Et voilà sans doute un résultat curieux de la révolution de 1789 : l'abolition des lois somptuaires, l'uniformité actuelle affirmant les principes de liberté et d'égalité civile, l'unité se réalisant dans les meubles et les vêtements comme elle se réalise dans les lois ; seul l'argent établit ici des différences, l'argent, et aussi le bon goût qui, heureusement, n'abdique jamais, car la mode, après tout, est à l'élégance ce qu'est le parvenu au grand seigneur, le Philistin à l'homme d'esprit, la copie à l'original, et on n'achète pas plus l'élégance chez le couturier que la noblesse chez un fabricant de généalogies ou le courage chez l'armurier. La véritable élégance est en quelque sorte un état d'âme, où, comme dans une mosaïque, entrent beaucoup de qualités morales et physiques, personnelles et héréditaires, acqui-

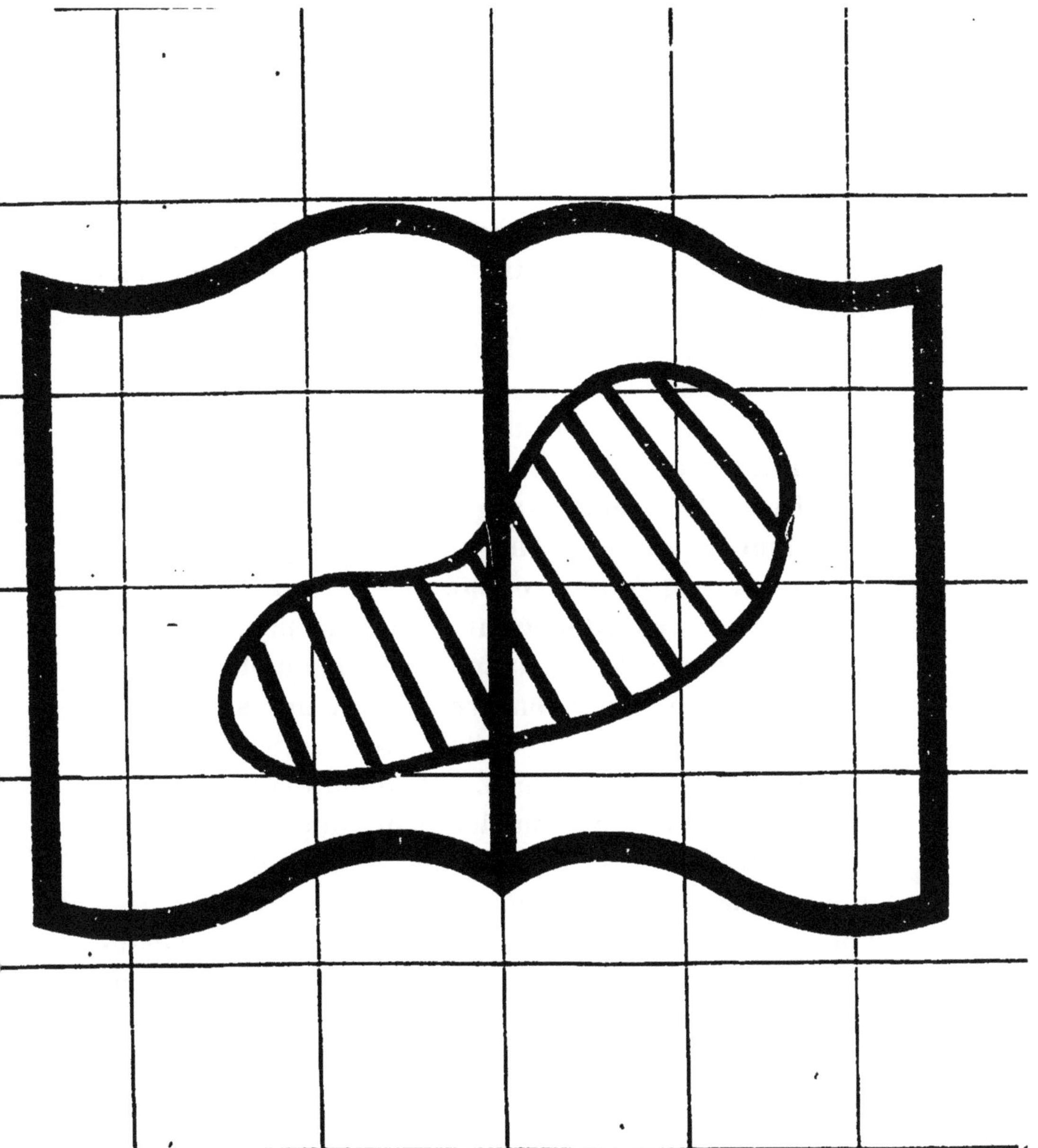

ses et instinctives. Il y a des gens qui, fussent-ils couverts des diamants de la couronne, feront toujours penser à l'âne chargé de reliques; il y en a qui, fussent-ils mis à la mode de demain ou d'après-demain, auront toujours l'air de pasticher quelqu'un, ou qui, par une nuance quelconque, souvent à peine perceptible, friseront le ridicule.

Dans une intéressante étude que vient de publier la *Revue scientifique*, M. Félix Regnault a essayé de déterminer avec précision les lois qui président à l'évolution de la mode. D'après lui, celle-ci se développe comme tous les êtres et tous les corps qui nous environnent : elle a une naissance, une période d'accroissement, un arrêt, une période régressive, puis arrivent la décadence et la mort. Et il cite comme exemples : les souliers à la poulaine, dont la pointe atteint une telle longueur à la fin du xive siècle, qu'on est obligé, pour pouvoir marcher sans peine, de les attacher au genou; le pelisson, pardessus en peau, avec ses manches d'une ampleur extravagante; le hennin; le chaperon, qui se met sur la tête pour garantir de la pluie, et finit par mesurer deux mètres de long; les fraises, etc.... D'ailleurs, l'évolution ne se développe pas d'une manière simultanée : la mode est ce qui se porte aujourd'hui ou demain, et, individus, classes, provinces, préfèrent souvent ce qui se portait hier ou avant-hier (costumes ruraux, costumes du magistrat, du prêtre, deuils, uniformes du soldat) ; d'où ces variétés, ces bigarrures à l'infini chez un même peuple. M. Regnault semble adopter cet aphorisme de Viollet-le-Duc, que rien n'est moins capricieux que la mode, mais qu'elle varie selon les goûts, les tendances et les mœurs d'une époque; il assigne au costume des origines complexes : le besoin, l'ornement, la pudeur, le climat, le milieu social, les passions. Et puis le costume obéit aux lois primordiales d'imitation, d'exagération, de misonéisme, qui se retrouvent dans la mode comme dans l'histoire des religions, des guerres, et dans l'évolution sociale tout entière : les invasions, les croisades, les conquêtes amènent encore des changements dans les costumes et les mœurs. Il y aurait donc une *modologie*, comme il existe une sociologie et une ethnologie.

Ces conclusions sont assurément ingénieuses, mais à force de généraliser, de systématiser, l'auteur ne tombe-t-il pas un peu dans l'empire du vague ? Que les causes soient les mêmes dans l'évolution de la mode et dans l'histoire d'une nation ou de l'humanité, cela est possible ; mais, pour parler de la mode seulement, comment n'être pas frappé de l'extrême diversité de ces causes, des conflits que cette diversité engendre, et des résultats prodigieusement variés qu'ils amènent ? C'est cette diversité même, ce sont ces entre-croisements qui produisent un labyrinthe inextricable, où le fil conducteur échappe sans cesse : il y a là des combinaisons, des luttes d'influences qui empêchent toute analyse raisonnable ou même rationnelle. Vouloir ramener à quelques lois générales des milliards de faits, d'idées et d'événements, c'est renouveler la méprise de ces savants qui prétendent mesurer avec des formules géométriques la puissance idéale d'un homme de génie, d'une doctrine ou d'une religion. Que, dans une certaine mesure, on puisse déterminer après coup les grands courants de la mode, montrer leurs rapports avec l'état social d'un peuple, rien de plus naturel ; mais à côté des grands courants, il y a les petits et les moyens, il y a la part énorme qu'il convient de faire au hasard, à l'imprévu, à l'imagination individuelle, à la loi d'ironie. On peut dire qu'en pareille matière les exceptions confirment et anéantissent souvent les règles; que celles-là dominent celles-ci, comme les victorieux dominent le droit des gens, comme la vue d'un beau paysage l'emporte sur la description la plus éloquente. L'axiome de Viollet-le-Duc reste donc fort contestable, sinon erroné.

Une autre observation qui se dégage d'une étude sur la mode, c'est que, depuis des centaines d'années, Paris décrète la loi somptuaire des nations [1]; et c'est là un fait d'une importance capitale pour les nombreuses industries qui vivent du luxe. A cet égard, la France reste toujours à la mode dans le monde civilisé. Beaucoup de modes ont débuté à l'étranger; à Paris seulement elles reçoivent leur consécration, leur croix d'honneur en quelque sorte; à Paris seulement on apprend à les porter. Nos élégantes, qui n'ont jamais été mieux habillées qu'aujourd'hui, sont aussi de grands artistes, souvent bien plus artistes que leurs couturiers et autres collaborateurs : ceux-ci exécutent, elles commandent, dirigent, gagnent la bataille de la mode, imposent leur goût à l'envie et à l'admiration de l'univers, concourent ainsi à augmenter notre patrimoine de gloire : je me pare, donc je sers la France. Quelques-unes sont des

---

1. « Le dôme des Invalides, écrit mistress Trollope en 1835, les tours de Notre-Dame, la colonne de la place Vendôme, les moulins à vent de Montmartre, appartiennent moins exclusivement à Paris, que l'air d'un chapeau, d'un bonnet, d'un châle, d'un tablier, d'une boucle, d'un gant.... portés par une Parisienne dans la ville de Paris. »

Napoléons du costume, qui ont à leurs ordres d'excellents généraux; elles conquièrent, maintiennent leur réputation de beauté, et qui sait si certaines toilettes, accompagnées de certains sourires, à certaines minutes, n'ont pas changé ou inspiré la volonté des tout-puissants? « Il y a du génie dans le goût, observe George Sand, et jusqu'ici le goût est peut-être encore tout le génie de la femme. » Oui, cette suprématie parisienne date de loin : Isabeau de Bavière en 1391, Anne de Bretagne en 1496, envoient des poupées habillées à la dernière mode à la reine d'Angleterre, à la reine d'Espagne; pendant la guerre de la succession d'Espagne, les cabinets de Versailles et de Saint-James accordent un sauf-conduit à la poupée d'albâtre qui accréditait les modes nouvelles de l'autre côté de la Manche. Mais on n'adressait pas en même temps la grâce, l'art de porter, la science des combinaisons et des harmonies de la toilette. Un peintre du XVIIIe siècle disait de ses élèves : « Ces jeunes gens savent faire un bras, un nez, des jambes, un buste, mais ils ignorent comment on les assemble, comment on compose une personne entière. » Il en est un peu de la Parisienne, vis-à-vis des autres femmes, comme du peintre avec ses élèves.

Quelle importance a la mode, le commerce, l'industrie le savent à merveille. Et aussi le lettré, l'historien : avec nos expositions de portraits anciens, un Eugène Müntz, un Robert de la Sizeranne évoquent le passé, nous communiquent la délicieuse sensation de la présence réelle dans les siècles ressuscités : nous redevenons les contemporains de nos aïeux, nous vivons avec eux, leurs âmes se mêlent à nos âmes, nous sommes près d'eux sans quitter notre fauteuil; ainsi, par un coup de baguette magique de la science, l'opéra, la comédie viennent nous trouver chez nous. Comment ne pas regretter que le Palais du Costume, inauguré à l'Exposition universelle de 1900, n'ait pas eu un caractère permanent ? Comment ne pas s'associer à la pensée généreuse de ceux qui veulent établir de tels palais à Paris, dans nos villes de province ? Car les vieux costumes disparaissent, et, en même temps qu'eux, bien d'autres choses ; il importe donc de perpétuer nos traditions, comme nous conservons nos monuments historiques : la couleur locale est un élément de poésie, de gaieté, de lumière, de beauté pittoresque.

Il faut constater aussi l'influence psychologique des modes. Si la nature extérieure agit puissamment sur nos idées, combien plus le costume qui nous touche de si près, nous enveloppe, adhère en quelque sorte à nos os, crée dans une certaine mesure le charme, le mystère et la pudeur ! Mettez successivement au même homme une toge, un habit d'Arlequin, son état d'âme se modifiera d'un instant à l'autre ; avec l'un, il sera tenté de faire les gestes solennels du magistrat ; avec le second, des pensées roses traverseront sans doute son cerveau, toutes les générations d'Arlequins qui l'ont précédé viendront l'inviter à danser une folle sarabande, à sortir de lui-même. Une mode est aussi un symbole.

« Nos pères, dit M. Jules Lemaître, qui portaient des dentelles, des plumes, des habits rouges, bleus, gorge-de-pigeon, vert-pomme et lilas tendre, devaient se sentir plus enclins à la joie en se coiffant comme des parterres. Le jour où la mode nous forcerait de nous promener dans les rues en habit zinzolin, nous serions sauvés du doute et de la désespérance. » Et en réalité, l'habit fait le moine, de même que le moine fait l'habit.

L'écrivain anglais Addison rencontrait chaque jour, dans une taverne de Londres, un gros homme qui, après avoir parcouru les gazettes, levant les bras au ciel, s'écriait :

« Dieu soit loué ! Tous les princes étrangers se portent bien ! »

Lui demandait-on les nouvelles de Vienne, il répondait avec l'orgueil d'un parent : « Grâce au ciel, je n'ai qu'à me féliciter de l'excellent état de la santé de Leurs Altesses les princes d'Allemagne. » — Et ainsi de suite.

Cet homme était un royaliste universel. Addison finit par découvrir qu'il était marchand de soieries, de rubans, fort intéressé à la santé des princes de l'Europe, la mort de l'un d'eux ayant pour effet inévitable d'arrêter pour quelque temps la vente de ses produits. Aussi, chaque fois qu'il embauchait un ouvrier, ne manquait-il pas d'insérer cette clause dans le marché : « Tout ceci sera bien et dûment exécuté, pourvu qu'aucun prince étranger ne vienne à mourir dans l'intervalle du temps marqué ci-dessus. »

Et cet apologue signifie, en bon français, que sous n'importe quel régime, empire, république, monarchie, la paix, la tranquillité engendrent le crédit, cette alchimie de la richesse, développent la mode, le luxe, permettent à ces divinités charmantes de s'épanouir dans toute la splendeur de leurs caprices absurdes ou exquis.

Ainsi, la mode est le personnage insaisissable par excellence ; sans cesse cause et effet, elle crée et elle est créée, et sa loi principale consiste à ne pas reconnaître de lois immuables. Comme la pensée, comme l'électricité, elle va en deux bonds d'une extrémité du monde à l'autre, tantôt excentrique, incohérente, tantôt pleine de grâce ingénieuse, se rapprochant en général, et quelquefois s'éloignant de son but qui est de produire la plus grande somme d'art et d'agrément. C'est une des déesses de la civilisation : ses continuelles métamorphoses rappellent les mille incarnations du dieu Brahma, sa postérité si nombreuse fait songer à cet Olympe païen

Où quatre mille dieux n'avaient pas un athée.

Elle défie le logicien, le philosophe, elle applique à sa manière le mot de Descartes : *Je plais, donc je suis*, — et elle aussi prouve sa puissance irrésistible en marchant, en se renouvelant, en forçant tout le monde, jeunes et vieux, hommes et femmes, à porter sa livrée, tout au moins à traiter avec elle. Seule enfin, la tyrannie de la mode survit à toutes les révolutions.

TABLE DES MATIÈRES

II. — Les Prédicateurs dans la chaire royale.

III. — La Société d'après les sermons des prédicateurs.

IV. — Le cardinal de Retz

V. — La famille de Mazarin.

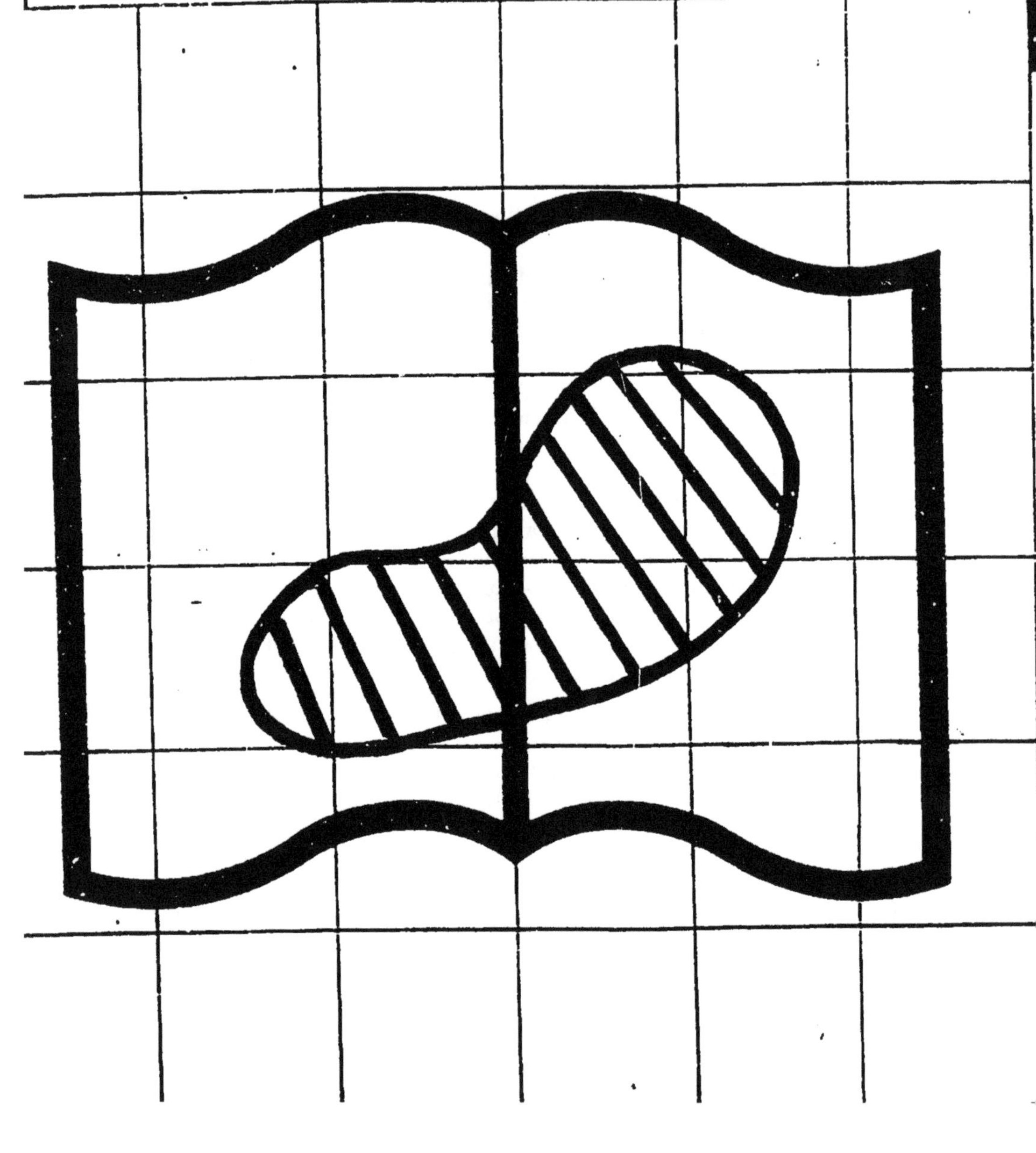

VI. — Le Salon de Mlle de Scudéry.

VII. — Les amis de Mme de Sévigné.

VIII. — Modes et costumes.

BESANÇON. — IMPRIMERIE DE PAUL JACQUIN.

Besançon. — Impr. de Paul Jacquin

www.ingramcontent.com/pod-product-compliance
Ingram Content Group UK Ltd.
Pitfield, Milton Keynes, MK11 3LW, UK
UKHW012153240726
13966UKWH00002B/315

9 782012 876088